AU TONKIN

OUVRAGES DU MÊME AUTEUR :

Le Tour du monde d'un troupier........ 1 vol.
Charlot s'amuse, 16ᵉ *édition*............ 1 vol.
Une femme a bord, 3ᵉ *édition*........... 1 vol.
Autour de la Caserne, 4ᵉ *édition*........ 1 vol.

Au bord du fossé, un acte en prose, 2ᵉ *édition*. 1 vol.

EN PRÉPARATION

Par l'alcove .... 1 vol.
A la mer................................ 1 vol.

PAUL BONNETAIN

AU TONKIN

DEUXIÈME ÉDITION

PARIS
VICTOR-HAVARD, ÉDITEUR
175, Boulevard Saint-Germain, 175.

1885

Tous droits de traduction et de reproduction réservés.

A M. FRANCIS MAGNARD

Rédacteur en chef du FIGARO

En ce temps de reportage à outrance, au moment où l'interview et le feuilleton dit populaire tiennent le haut du pavé avec la première page des journaux, à une époque enfin où M. Émile Richebourg parle au nom des lettres françaises au centenaire de Diderot, vous avez pensé que la vieille renommée du Figaro *lui imposait de se faire représenter en Indo-Chine par un écrivain, et vous avez bien voulu me désigner.*

Donc je vous dois doubles remerciements.

En même temps, en effet, que vous me permettiez

de compléter mon tour du monde par un superbe voyage, vous me faisiez un honneur très grand. Il faudrait même dire très périlleux, car votre correspondant temporaire, mon prédécesseur, Pierre Loti, avait, le merveilleux artiste, gâté votre public.....

Et voilà pourquoi je me permets de vous dédier el livre dans lequel j'ai réuni les lettres écrites à votre intention. Votre nom lui portera bonheur. D'ailleurs, je trouve ainsi l'occasion de vous témoigner ma reconnaissante sympathie, et ces occasions étant aussi rares que les journalistes de votre valeur, on les doit saisir aux cheveux.

Agréez donc ma dédicace, mon cher Rédacteur en chef, comme un faible témoignage de ma vive gratitude et croyez toujours à mon entier dévouement.

Paul BONNETAIN.

Paris, le 15 octobre 1884.

AU TONKIN

I

DÉPART

Marseille, 5 janvier 1884.

Aimer la mer, c'est professer une religion.

On n'aime pas à moitié ce qui est grand et beau : on l'adore — ou l'on en a peur. Parfois, amour et crainte se heurtent, mais devant la mer, ces sentiments se confondent. De là, logiquement, un culte.

Inavoué ou étalé, ce culte a la force naïve et empoignante d'une foi basée sur des sensations plus que sur des raisonnements. Instinctif, il ne se discute pas. Pour diviniser l'infini bleu, il suffit souvent d'aspirer le vent du large ou de se mêler, une seule seconde, au baiser pâmé du ciel et de l'eau dans un horizon de soleil.

Il y a quatre ou cinq ans, j'étais en Guyane, aux îles

du Salut, ces rochers où les nuits sont si paradisiaques, si laiteuses, si bleues, que Delescluze lui-même, bien que proscrit et rongé du mal de France, s'émerveilla à leur douceur illuminée, et les déclara plus belles que les tant vantées nuits de Naples. Je savourais mon exil, mon isolement ; j'adorais l'espace et ma libre aventure, mes paysages tropicaux dont les cocotiers étaient les hachures, les vagues le fond ombreux. Pourtant, à certaines heures, un lambeau de journal parcouru au corps de garde, une conversation avec un officier, un mot tombé dans le silence du poste, un rien, m'enlevaient loin de là. Sous la palpitation bruissante des maubins et des cocotiers, dans le silence ami de la lune, je fermais les yeux, involontairement, pour une évocation. Et, tout à coup, c'était Paris, un coin du boulevard, un angle de rue, qui surgissaient avec une netteté de vue photographique, un fini de détails d'une étonnante vigueur.

Distincte perception : à la terrasse d'un café, j'assistais au défilé des passants et des voitures, et il me semblait entendre jusqu'aux bruits de leur marche, boire la grondante rumeur de la foule, vivre d'une vie réelle, boulevard Montmartre, à six heures du soir. Cependant la vision toujours se précisait en quelque point, grand ou petit, qui me sautait aux yeux à croire que, tout à l'heure, en étendant la main, je l'allais toucher. La façade du théâtre des Variétés revenait surtout, obsédante, sans qu'il y manquât une pierre. Ou bien encore, plus près, au ras du trottoir, se perdant dans cet ébouriffement exquis qu'ont les platanes parisiens en avril, c'était une colonne Morris rutilante d'affiches multicolores. Derrière elle, à demi masqué, un fiacre stationnait, jaune clair, sans cesse le même, le cocher lisant un journal sur son siège.

Je me secouais. Paris, le boulevard disparaissaient soudain, et l'ordinaire tableau revenait, trop connu. Un fugitif serrement de cœur, un passager regret de la non-réalisation du rêve... Je partais faire ma ronde, — oublier.

Le temps coula : je revis Paris, ma famille, le boulevard. Et je m'assis à la même terrasse, devant le paysage urbain, jadis évoqué, les nuits de garde, sur la jetée de l'île Royale. La jouissance fut béate d'abord, puis glissa dans l'accoutumance, s'éteignit dans l'user. Un jour, les rêves revinrent.

Cette fois, ce furent la Guyane, les Antilles, dont la vision troubla mes heures. Une négresse riant au seuil d'une case, ou s'enlevant sur un mur blanc, sous un ciel bleu cru, remplaça le théâtre, la colonne, l'ancien point précis. Et j'eus encore des palpitations de cœur, au moment du réveil, en découvrant que je n'étais point *là-bas*. De nouveau je regrettai la non-réalisation du rêve. A la devanture d'un libraire, à présent, la vue d'un dessin de Sahib, ou bien une page coupée dans un volume de voyage, m'empoignaient pour des heures longues. Dès lors, la mer me hanta. Je ne me débattis que pour la forme, et, ce matin, je l'ai retrouvée.

Toujours belle et toujours désirable, malgré le ciel gris, malgré le crêpe des nuages se déroulant du Faron ocreux à l'indécis horizon. Toujours belle et soufflant son parfum fort, ses aromes de sel et d'iode. L'aimée, pourtant, n'avait pas changé que les tentures sous lesquelles elle dort : je l'ai trouvée en robe neuve, d'un vert de pin que je ne lui connaissais pas.

Mais qu'importe! Verte ou bleue, elle est pareille, adorable plus que jamais. Et puis, c'est le même cadre, les mêmes montagnes casquées de forts, tachetées d'oliviers, veinées de sillons rougeâtres qui meurent dans des ilots de grisailles. Saint-Mandrier, à l'extrémité de la rade, rit encore de toutes ses fenêtres, et coupe de sa blancheur de craie le velours des pins maritimes. De mon canot, je découvre toujours Tamaris, où George Sand aima et rêva, et la Grosse Tour, et les Batteries, et toute cette côte déchiquetée qui enserre la plus belle rade du monde. Enfin, ce sont les mêmes amis qui peuplent rade, ville et port : des navires à la silhouette familière, monstrueux jusque dans leur repos, des uniformes aimés.....

Avec une joie d'enfant, je reprends possession de Toulon, au café du Commerce, sur le *carré du port*. A quelques mètres, l'eau clapote au milieu d'une flottille de baleinières, de yoles, de youyous. A droite, au premier plan, ponton lamentable, invalide de la mer, la vieille *Belle-Poule* carre son impotente masse gris-bleu. Autour d'elle, des troupes d'oiseaux de mer, d'un blanc de neige, tourbillonnent incessamment. Toutes les cinq minutes, c'est un canot qui arrive. L'arrière est *paré*. Un tapis noir bordé de rouge, timbré d'ancres, y laisse ses coins effleurer l'eau. Un sifflet susurre. Tous les avirons rentrent et sonnent, tandis que sous l'éparpillement des gouttes qu'ils projettent, de grands cercles concentriques s'élargissent et, lentement, viennent mourir contre les appontements.

A gauche, à côté du café, la Mairie met sa façade bourgeoise, dédaigneuse de tout luxe architectural avec ses cariatides merveilleuses du Puget qui halètent, grimaçantes, superbes de vie, sous le poids du balcon. Juste en face, un brick de commerce décharge à quai, et, se détachant en vigueur sur les flancs goudronnés du navire, un matelot grec vanne du blé d'or avec un beau geste large et régulier.

Tandis que je goûte ce tableau trop familier jadis, et que sa longue perte me rend cher, voici que mes anciens compagnons d'armes accourent.

— Comment! c'est vous? Mais ce n'est pas possible! Vous tombez bien! La *Garonne* est arrivée hier, nous ramenant les uns du Sénégal, les autres de la Guyane, et le *Tonkin* vient de mouiller devant le Lazaret attendant sa libre pratique : nous allons être une bande de vieux camarades!

Là-dessus, on met des rallonges aux tables. On bavarde. Le questionnaire habituel est feuilleté. J'interroge :

— Lieutenant alors? Bravo, cher! Et un tel?
— En Cochinchine.

— Et un tel ?
— Il vient de se faire tuer à Son-Tay.
— Et un tel ?
— Nommé capitaine. En congé de convalescence.
— Et un tel ?
— Je ne sais pas ce qu'il est devenu... Il doit être mort...

Le « Il doit être mort » reparaît souvent. Pauvres et braves *marsouins !* La phrase leur semble toute naturelle — comme la mort.

Que d'envieux je fais pourtant, lorsque j'explique ma présence à Toulon ! Je me rends au Tonkin, et avant de m'embarquer à Marseille, j'ai voulu serrer quelques mains dont l'étreinte m'est douce, revoir aussi notre beau port de guerre dans l'animation pittoresque qu'y éveille une expédition. Au Tonkin ! Les trois syllabes sonnent sans relâche au milieu des voix. Débarqués à peine, ces officiers rêvent tous d'aller combattre là-bas, et à la pensée de la campagne, les yeux luisent sur les faces anémiées.

Par malheur, les troupes de renfort qui doivent prochainement partir ne sont pas encore sur les quais. Les causeries prennent les heures ; bientôt, il faut songer à regagner Marseille ; mais l'*Anadyr* n'en part que demain, et l'on m'emmène à bord du *Richelieu* qui porte le pavillon du vice-amiral commandant l'escadre. Alors, du haut de sa passerelle, j'admire un incomparable panorama.

Derrière nous sont le *Marengo* et l'*Amiral Duperré*, —

le roi de ces géants — qui complètent la première division de l'escadre. La seconde est composée du *Trident*, de l'*Océan* et du *Redoutable*. Six monstres accouplés et qui dorment.

Une mouche, le *Desaix*, leur sert d'éclaireur. Vue du *Richelieu*, elle ressemble au *Touriste* qui navigue de Paris à Saint-Germain. La rade, cependant, a d'autres hôtes, sans compter les remorqueurs, les « patouillards ». Aux appontements, du côté de Castigneau, je reconnais la *Moselle* qui charge du matériel, le *Japon*, aujourd'hui bâtiment torpilleur, le transport la *Garonne*, arrivé d'hier, et qui a essuyé une si violente tempête que ses cuivres sont arrachés par larges places. Enfin, plus près de nous, l'*Annamite* attend à son corps-mort le moment de repartir pour l'Indo-Chine. Le 20 de ce mois, il larguera ses amarres et emportera *là-bas* des troupes fraîches.

Le *Tonkin*, son frère cadet, est tout à l'entrée de la rade, pauvre solliciteur dont on examine les papiers et la mine avant de lui accorder l'hospitalité.

Et, durant cette quarantaine dont on ignore la durée, de pauvres troupiers s'impatientent ou agonisent. Beaucoup sont à l'hôpital du bord, malades ou blessés, aspirant par les sabords et les hublots étroits l'air du pays, l'air de France. Hâves, décharnés, misérables en leurs uniformes froissés par un long séjour dans les sacs, ils appètent l'heure de la délivrance, de la mise à terre.

Ce sera pour beaucoup l'hôpital encore, ce Saint-

Mandrier dont le cimetière, là-haut, sur la colline, est d'un sol si gras ; mais ce sera, tout de même, le *bon plancher des vaches* dont, paysans ou ouvriers, la plupart des soldats ne peuvent longtemps se séparer. Ce sera la salle claire et propre, où tout reluit ; la sœur qui sourit surtout aux plus malades, et le médecin qui complète sa médication d'une promesse de congé. Ce sera la fin des grosses misères, l'oubli des cauchemars de la traversée : couchettes qu'on trouve vides au réveil, chocs de portes la nuit, et, sous le plafond bas, à la lueur louche des lanternes du faux pont, formes blanches pareilles à des corps que deux infirmiers enlèvent, et puis, bruit mat de choses lourdes tombant à la mer... Ce sera l'oubli du chapelet de cadavres égrené en route, le premier jeté avant Singapoore, le second et le troisième avant Ceylan, les autres dans l'Océan indien et la mer Rouge, les décès se multipliant à mesure qu'on se rapproche du pays, comme si la joie du retour était trop forte pour les pauvres dyssentériques de Cochinchine, comme si le vent qui vient des côtes de France les achevait, ces moribonds qui l'aiment tant, leur France !

— Vous ne partirez pas encore !

MM. les aspirants du *Richelieu* me font l'honneur d'insister pour que je visite leur poste en détail. J'accepte, et leur exubérante bonne humeur est si contagieuse que j'oublie bien vite le Tonkin, la guerre et toutes les choses tristes auxquelles je songeais.

DÉPART

Ce n'est pas un palais, le poste des aspirants, mais on ne s'y amuse pas moins. Un « office », qui m'a l'air d'un fameux gabier, y fait circuler des bouteilles variées. Tandis que le chef de poste remplit les verres, j'admire les Grévin et les Léonnec peints ou dessinés sur les caissons. Les tables sont couvertes de théories, d'ouvrages scientifiques, de blagues à tabac, de tables de logarithmes, de cartes... à jouer et de conférences autographiées pleines de sinus et de cosinus rébarbatifs.

Mes hôtes travaillent de quatre heures du matin à la nuit, et le second commandant, le « frégaton », pousse leur instruction nautique sans relâche. Les Saint-Cyriens et les Polytechniciens sont de vrais pachas à côté des malheureux aspirants de 2ᵉ classe embarqués. N'importe ! la gaité n'abandonne pas les futurs loups de mer, et l'aumônier de l'escadre, qui lit son bréviaire en se promenant au-dessus de leurs têtes, sourit plus d'une fois en écoutant leur chœur classique :

> Nous avons dîné vendredi dernier
> Chez la mère Parmentièr...e
> Nous avons mangé un baril entier
> De fromage de Gruyère !
> On rigolait, on s'amusait, etc...

Les verres sont enlevés, les tables débarrassées ; le domestique du poste, l' « office », en un clin d'œil a transformé la pièce en une salle d'étude. Un officier entre, les aspirants s'asseoient autour de lui ; on apporte un tableau noir, de la craie, et la conférence commence :

« ... Messieurs, on détermine le centre de voilure par deux ordonnées prises par rapport à la ligne de flottaison et à la perpendiculaire-milieu... »

A l'avant, dans la batterie, entre les pièces monstrueuses de 27, la musique du vice-amiral répète un pot-pourri sur les *Cloches de Corneville*.

. . . .

Me voilà de retour à Marseille. Quelques heures me séparent à peine de mon embarquement. Pendant que je classe ces premières notes, la mélancolie des départs glisse en moi lentement.

Tout à l'heure, il n'y paraîtra plus, mais je voudrais en avoir fini et dormir dans ma cabine, bercé par le ronflement assourdi des hélices... Allons, messieurs les mécaniciens de l'*Anadyr*, *goa head !*

Encore quatre heures ! Il ne fait pas jour, mais je ne pourrai pas dormir. Et cette pensée d'Auerbach me revient :

« Lorsqu'on emballe son lit, il semble qu'on y enveloppe aussi son repos. A l'avance l'âme voyage avec les coffres sur les routes inconnues... »

II

EN ROUTE

En mer, 8 janvier

Au lendemain d'un embarquement, les premières impressions sont complexes. Il ne serait pas inutile qu'avant de les publier, on s'excusât à propos de la prédominance des sensations sur les idées. D'abord, devrait-on voyager quand on n'a pas de yacht à soi ? Les colis ne raisonnent point.

Aujourd'hui, je rêve au *Manuel du parfait voyageur* qui reste encore à écrire. La première page de ce livre idéal pourrait débuter par un conseil pratique. Oyez-e tous, braves gens que travaillent, en de vagues nostalgies, la démangeaison de ne plus être où vous êtes et la soif d'horizons inconnus !

« Jamais, au grand jamais, ne vous rendez à bord d

navire qui vous doit emporter sans être accompagné par des parents, des amis, ou tout au moins par des êtres confusément sympathiques, et tels qu'avec une invite cordialement souriante on en peut racoler partout. Avant de larguer les amarres, l'équipage les renverra, mais la séparation n'aura pas le déchirement brutal et prompt dont la fuite du train coupe en gare les épanchements derniers. Ils demeureront sur le warff, sur les quais, dans les embarcations voisines, et leurs adieux vous suivront avec des souhaits muets, tant que vous resterez en vue. Lorsqu'on fait *machine en avant*, être, sur un paquebot, le seul passager que ne saluent aucun chapeau, aucun mouchoir, aucune main levée, c'est débuter par une souffrance. Chez les sensitifs, celle-ci gâte les premières semaines de route. Mieux vaut être conduit au bâtiment par tout un cortège, dût-on, grâce à ses obsessions, oublier à terre les objets auxquels on tient le plus!... »

12 janvier

L'*Anadyr* est un paquebot pareil aux autres, mais il possède un commandant comme la Compagnie des Messageries Maritimes n'en saurait compter beaucoup parmi ses officiers. Le lieutenant de vaisseau Tillier est non seulement un excellent marin, mais un savant très remarquable que ses travaux d'histoire naturelle ont fait connaître du monde scientifique. Aussi, je gage que ce *journal* ne se remplira guère, pendant que nous naviguerons ensemble. D'où cette nouvelle note pour le *Manuel* précité :

« Ne connaître personne à bord, si l'on désire travailler, mais surtout n'y pas retrouver un ami. »

25 janvier

Je ramasse au fumoir un papier ployé en quatre. De l'œil je le parcours, puis, avec un tressaut de surprise, je le lis, car il contient des vers :

> Pourquoi, diront-ils, ce lointain voyage ?
> Qu'allais-tu chercher au delà des mers ?
> Et savais-tu point que dans ton sillage
> Suivrait le regret de tes jours amers ?
>
> Qu'on ne peut au port ancrer sa souffrance,
> Noyer sous les flots les tourments passés,
> Et qu'un même deuil nous ramène en France
> Le cœur inguéri, les membres lassés ?
>
> Lors, je rougirai du vœu chimérique,
> De l'espoir d'enfant que j'osais nourrir
> De trouver un sol où l'on vit fleurir
> L'oubli, cette fleur d'aucune Amérique !
>
> Car son souvenir fait mon lâche émoi,
> Et son ombre flotte aux plis de ma tente,
> Tandis que la Mort rit de mon attente,
> Et sans m'effleurer se berce avec moi !

J'ai porté le papier au commissaire du bord. Tout de suite, il a reconnu l'écriture :

— Ce doit être l'œuvre de votre voisin de cabine, M. de C...

— Et quel est ce monsieur de C... ?

— C'est un spéculateur que le krach a ruiné et qui se rend au Tonkin dans l'espoir d'y reconstituer sa fortune...

26 janvier

Ce soir, durant ma promenade sur le pont, en levant par hasard les yeux, j'aperçus en l'air, à travers une fente de la toile, des allées et venues de bras tendus vers le large. Ma surprise m'amena jusqu'au point où finit la tente qui, trop bas, recouvre l'arrière-moitié du paquebot.

Debout sur la claire-voie ferrée surmontant la machine, se profilant en noir sur la teinte lilas que prend le ciel à l'Est, dans les mers chaudes, lorsque le couchant saigne encore, les chauffeurs arabes faisaient leur prière. C'était étrange et très beau, la prière de ces misérables, laids et sales, vêtus comme nos ouvriers européens de cottes et de bourgerons bleus, et qui, juchés très haut, entre la cheminée et les mâts, découpaient sur la splendeur du soir leurs silhouettes rapetissées pareilles à des ombres chinoises!

Les yeux clos, ils priaient dans une ferveur silencieuse. Avec leur face enduite de sueur et de poussier de charbon, ils ressemblaient à des nègres. Sur le noir des visages, les paupières baissées plaquaient deux blanches coquilles, seuls lambeaux de chair que les escarbilles n'eussent pas mâchurés ; et ces trous blancs regardaient la mer. Parfois, dans une envolée lente, les bras se levaient, se portant vers la tête ou tendus en avant comme pour une évocation. Puis, c'étaient des génuflexions, des agenouillements prolongés, qui jetaient, anéantis, à plat ventre, ces hommes dont les barreaux de fer meurtrissaient les membres.

Le soleil depuis longtemps s'était couché. Sous le verdissement du ciel s'éteignait le confus horizon. Une brise passa qui culbuta ses nuages, et, pendant une minute, dans la fuite agitée des cumulus, la pourpre du couchant reparut au ras de l'eau. Cela fut bref comme ces flammes d'incendie surgissant soudain de la fumée et que d'autres fumées étouffent aussitôt, plus opaques ; cela fut bref comme ces coups de lueur que souffle la gueule d'un four d'usine, ouvert et refermé en un clin d'œil. De nouveaux nuages surgirent qui voilèrent tout. Alors la nuit tomba sans transition. La brise fraîchissait. La mer prenait un clapotis uniforme ; ses vagues basses, régulières, courant au Nord toutes ensemble, avaient un alignement balayé. Et comme toutes teintes se dégradaient dans l'ombre croissante, une morne impression de tristesse et de solitude se leva de cette eau sans couleur qui courait sans bruit. Pas une étoile en haut, pas une phosphorescence en bas. Une mélancolie coulait avec les ténèbres.

Une voix appela les chauffeurs qui priaient. C'était leur tour de quart; ils descendirent. Penché sur la claire-voie, je suivis cette descente qui n'en finissait point. Ils saisissaient des échelles après des échelles, tour à tour glissant entre les manches à vent et les tuyaux démesurément grossis aux falottes lueurs des fanaux. Tout au fond de l'interminable puits un reflet rouge dansait : la flamme de la chaufferie. C'est là qu'ils se rendaient, à six mètres au-dessous de la mer, dans l'enfer de la machine. Le bruit de leurs talons martelant les parquets de tôle des étages successifs s'enfonça, diminué graduellement. A la fin, leurs ombres seules, grandes comme la main, m'apparurent, et je n'entendis plus que le heurt des ringards détachant les blocs de houille ou tintant contre les portes de fonte, que le grincement des pelles enfournant le charbon. Une odeur de graisse montait, avec des bouffées d'air gras, brûlant, irrespirable. A ce moment, comme je me rejetais en arrière, la seconde bordée de chauffeurs, dont le quart était fini, se mit à grimper. Presque entièrement nus, ruisselants, démoniaques, ils se hissaient, avides d'oxygène et de repos. Le premier qui sortit empoigna une gargoulette de terre pleine d'eau et but à la régalade, sans s'arrêter, longtemps, très longtemps. Le filet d'eau faisait un glou-glou gargouillant dans sa gorge. Transpirant plus fort, la peau du misérable fumait. Sa poitrine mouillée luisait dans l'ombre comme un bronze, et la sueur tombait de ses flancs et de ses coudes à grosses gouttes qui s'écrasaient sur les barreaux de la claire-voie, avec un bruit métallique et mou.

Quand ils eurent tous bu, ils s'agenouillèrent, et, prosternés dans la direction de La Mecque, perdus dans le noir, ils prièrent à leur tour.

III

A L'ÉTAPE

Colombo, 27 janvier

Un vieil officier, ce pauvre Péreyre. Vingt ans d'Afrique ; un vrai soldat.

Il était capitaine au 2ᵉ bataillon de *zéphyrs*; dur-à-cuire par conséquent, mais de ces durs-à-cuire dont l'œil bon, sympathiquement loyal, illumine la face tannée, de ces durs-à-cuire dont le cœur bat la chamade comme un autre, — mieux qu'un autre, — quand sonne l'heure des héroïques ou tendres dévouements...

Ses grades, il les avait conquis un à un, à la pointe de sa baïonnette d'abord, puis à celle de son épée. Soldat humble et non savant, on le comptait parmi ces braves dont la peau semble particulièrement difficile à trouer et qui, se faisant un dieu du Devoir, demeurent, leur vie durant, les fakirs tranquilles et stoïques de leur dieu.

Ce vaillant était las. Les campagnes, cela use, et le soleil d'Algérie anémie vite le sang qu'ont ménagé les blessures. Péreyre songeait souvent avec bonheur que dans quelques mois — en juillet — il aurait droit au repos, à la retraite, qu'il pourrait rejeter son glorieux harnois, planter ses choux, soigner ses rhumes.

Ses rhumes. Il toussait, le capitaine. Il toussait comme une jeune Anglaise poitrinaire, ce troupier si crâne et si dur ! Car tout se paie : nuits passées sous la tente, mauvais sommeils sur la terre nue, et l'eau trop fraîche qu'on boit avidement au puits des douars, après l'interminable étape de la colonne dans les sables incendiés.

Seulement, il ne s'en émouvait pas ; même il en riait, quand, frappant sa large poitrine, vibrante sous le choc, il disait à ses camarades :

— Le coffre est bon ! Et puis, il en a vu bien d'autres...

Toutefois, à dire le vrai, le capitaine l'attendait impatiemment ce mois de juillet. Sur son calendrier de poche, ce collégien de quarante-sept ans effaçait un jour chaque matin, et le mirage de la retraite entrevue attendrissait son sourire, lorsqu'il bouclait son ceinturon pour se rendre à son service.

La guerre du Tonkin arriva. Une guerre encore ? Il en avait tant vu ! Celle-ci d'ailleurs le laisserait à son poste. Ces diables de *marsouins*, qu'il avait admirés à Bazeilles, en auraient seuls l'aubaine.

Au *mess*, il lut régulièrement tous les journaux, et son vieux sang battit plus vite à chaque écho perçu des combats lointains. Un jour, il apprit que le ministère préparait des renforts à l'infanterie de marine et qu'on songeait à la vieille armée d'Afrique. Cela le remua comme une bonne nouvelle. Peu après son bataillon fut officiellement désigné. Alors, il déchira son calendrier.

Autour de lui, les jeunes gens se réjouissaient, enthousiastes. Il sourit à leur joie, ayant, à leur âge, connu des joies, des enthousiasmes pareils; ensuite, il attendit, impassible, voulant ne pas penser que juillet était proche et que toutes ses ambitions de soldat, maintenant réalisées, ne lui permettaient plus d'espérer en la bataille.

Ses chefs intervinrent : il n'était pas assez bien portant pour partir... Pourquoi aller exposer sa vie, lui, vétéran blanchi, qui, dans six mois, devait accrocher son sabre au râtelier ? Il fallait céder la place aux nouveaux venus, à ceux qui grillaient de faire leurs preuves à leur tour et de mettre au clair leur épée neuve...

Péreyre refusa. Puisqu'il était assez valide pour faire son service jusqu'au bout, il l'était bien assez pour voir le feu une fois encore. D'ailleurs, le devoir était là, et jamais il ne discutait avec le Devoir.

Il partit.

Les premiers temps, il ne toussait plus, ou, plutôt, il étouffait ses crises. L'état-major du corps expéditionnaire était à bord du *Vinh-Long*, le transport sur lequel il s'était embarqué, et le brave homme aurait été navré si les généraux s'étaient aperçus qu'il avait les poumons malades, lui un « vieux de la vieille » !

Courageusement, il refréna le mal opiniâtre.

— La mer me guérira, disait-il à ses camarades. Cette campagne vaudra pour moi une saison de ville d'eaux !

Donc, il fit son service, ne s'occupant que de la campagne prochaine, rêvant la nuit de Pavillons-Noirs, de sièges, d'embuscades, et enfouissant sa tête dans l'oreiller, quand ses « gueuses de bronches », cuisant trop fort, rendaient inévitable le déchirement soulageant de la toux. Il espérait que ses voisins ne l'entendraient pas et que sa souffrance resterait secrète. On l'entendit pourtant. Les amis du vieil officier, effrayés soudain, l'étudièrent. Le jour, tandis qu'épuisé de fièvre et d'insomnie, il se désespérait à haute voix des lenteurs du navire et des stoppages nécessités par les avaries de la machine, ses auditeurs le montraient de l'œil aux médecins. Les observations commencèrent. On voulut qu'il se soignât à l'hôpital du bord. Pércyre refusait de croire à la gravité de son état, quand, un matin, il fut pris d'une violente douleur au côté. La bronchite s'était compliquée d'une pneumonie : le capitaine s'alita et trouva pour la première fois la vie injuste et lâche.

Un jour encore, on le revit sur le pont, car ses préoccupations ne l'abandonnaient pas, et devant les arrêts toujours plus fréquents du transport, il se rongeait les poings d'impatience. Durant un des derniers stoppages, il insista pour être porté à l'arrière, afin de voir ce qui se passait et d'interroger ses chefs. Déjà on n'osait plus lui refuser quelque chose.

Hâve, maigri, méconnaissable, il apparut au grand soleil, et les cœurs se serrèrent devant ce cadavre aux yeux luisants. Le vieux soldat avait voulu se mettre en tenue. Sur le dossier du *rocking-chair*, blanche sur les coussins blancs, sa tête émergeait du col d'ordonnance, et sa tunique était correctement boutonnée, jusqu'au dernier bouton.

Le mal empira, rongeant chaque jour davantage cet organisme usé à qui la jeunesse et les forces manquaient pour la lutte. Bientôt, l'espoir abandonna le malade lui-même. Condamné, le vieux brave ne broncha point, et sa résignation colora ses dernières heures d'un calme sourire.

— Il le fallait! disait-il, devinant les muets reproches des désespoirs qui l'entouraient. Il le fallait, car c'était le devoir : on ne déserte pas son poste la veille du combat!... Seulement, puisque j'étais condamné à défiler la parade avant que sonnât ma retraite, j'aurais préféré mourir à l'ennemi, servir encore à quelque chose!... Enfin! ce qui est écrit est écrit, comme disent nos arbis. J'ai toujours eu le mal de mer et je vais mourir comme un marin!...

Il s'éteignit. Au pied de son lit, beaucoup pleurèrent qui d'apparence sont bronzés. Ce sont des pleurs navrants que des pleurs de soldats...

Le surlendemain, le *Vinh-Long* devait mouiller à Colombo, dans l'île anglaise de Ceylan ; on put donc conserver les restes de Péreyre et donner à ses camarades la joie de les voir sauvés de la tombe bleue, sinistre et oublieuse, où le corps du marin s'enfonce, un boulet aux pieds.

A quatre heures et demie du soir, on descendit le cercueil dans une baleinière qui se dirigea vers le warff, suivie de toutes les embarcations du bord, pavillon en berne et remplies d'officiers. Un corbillard attendait sur l'appontement, au milieu d'une foule curieuse. Les sous-officiers de la compagnie du capitaine chargèrent le corps sur leurs épaules, et du canot le portèrent sur le char. Deux jeunes misses s'étaient approchées, surprises. On enveloppa la bière dans un drapeau tricolore, puis le cortège se forma, et lentement se mit en marche.

Les Anglais n'avaient pas cru devoir envoyer une députation et faire représenter leur garnison à ces funérailles d'un officier français, mais ni nos généraux ni leur état-major, ni tous les autres assistants, officiers et soldats des divers corps, ne parurent, en leur tristesse recueillie, s'apercevoir de cette inconvenante abstention. Et le char funèbre traversa la ville, avec son escorte de Français en uniforme, avec les plis de son pavillon tricolore voltigeant sur le cercueil...

Le soleil chauffait le sol rouge et blanchissait de nappes éblouissantes la façade des cottages coloniaux entourés d'une verdure tropicale étrange, superbe, inoubliable. Sur le bleu cru du ciel, des grands vols d'oiseaux entrelaçaient leurs cercles noirs ; d'immenses cocotiers hachaient partout le cadre mouvant du tableau ; et çà et là, au bord de grands étangs couverts de lotus sacrés, au seuil des mosquées ou des pagodes, des groupes de Cinghalais, de Malabars, de Macaïstes, de Parsis arrêtaient leur promenade bigarrée pour voir passer ce cortège d'inconnus. Plus loin, dans les haies des villas, les grandes fleurs d'ibiscus, pareilles à des coquelicots, ouvraient leur prunelle sanglante...

A l'église catholique, un prêtre italien dit l'office des morts. Le cercueil fut ensuite replacé sur le char ; les sous-officiers rejoignirent leur bord, et le convoi, suivi des officiers seuls, se dirigea vers le cimetière. Quelques Anglais curieux suivaient.

A la porte de l'enclos funèbre, on s'arrêta. Personne pour décharger le triste dépôt, personne pour recevoir le cercueil. Alors les officiers se précipitèrent, — tous, mais les lieutenants et sous-lieutenants du bataillon de Péreyre protestaient. C'était à eux que revenait ce devoir, cet honneur ! On s'inclina, et ce furent eux, les jeunes, qui descendirent la bière du char et la portèrent à bras jusqu'à la fosse. Ce furent eux encore qui la descendirent au fond du dernier logement.

Le soleil ardait toujours en descendant à l'horizon. Les indéfinissables parfums de la terre indienne passaient dans la brise avec les cris rauques d'oiseaux de proie...

La terre briqueteuse résonna sur les planches ; le cercueil n'apparut plus qu'à peine dans l'ombre noyée du trou.

A ce moment, le général Millot, le commandant en chef du Corps expéditionnaire, s'approcha, et tous, ceux du *Vinh-Long*, ceux de l'*Européen* arrivé la veille, firent cercle, serrés les uns contre les autres, très émus.

Le général parla. Un gros homme, le général ; petit, sanguin, l'air volontairement bon enfant... Il parla, et un souffle mystérieux, autour de lui, courba les têtes, enleva tout le monde.

Lui-même se transfigura, les cheveux au vent, grandi d'une coudée. La voix, elle aussi, montait, s'élargissant avec le geste. Pas un n'en perdra le souvenir de ceux qui l'entendirent.

Voici quelle fut cette oraison funèbre, concise et simple. Lue, elle ne paraîtra que bien ; dite, et dite avec ce geste, cette émotion, cette voix, et dans ce décor inattendu, sur cette terre anglaise, elle fut empoignante :

Messieurs,

J'ai peu vu, peu connu le capitaine Péreyre ; mais je tiens à lui rendre hommage, comme à un homme de cœur, — comme à un homme du Devoir !...

Le Devoir... Tout est là, messieurs : faire son devoir, dans l'armée comme dans la société.

Nul plus que le capitaine ne l'a compris. Nul n'a marché

plus résolument dans cette voie qu'il avait donnée pour but à sa vie...

Malade, il a voulu suivre sa compagnie, son bataillon. Il est mort debout avec une abnégation stoïque.

A ce titre, messieurs, je vous le propose à tous comme exemple et déclare que sa mort est une perte douloureuse pour le corps expéditionnaire...

Adieu, « mon capitaine » ! Vous n'emportez pas seulement notre estime : vous emportez notre admiration...

Des larmes coulèrent sur les faces de ces mâles, larmes de soldat, brèves et terribles, que burent les manches galonnées des dolmans.

Et l'on s'en revint, après que le prêtre italien eût dit au général sa propre émotion. On s'en revint, par le même paysage étrange, superbe, inoubliable. L'œil rouge des fleurs d'ibiscus se fermait aux approches du soir. La nature tropicale, comme pâmée, soufflait plus fort ses parfums grisants.

Mais on ne remarquait pas le paysage, mais on ne sentait plus les odeurs fauves du santal et des fleurs. La prunelle humide encore, les officiers allaient sans rien dire, et leur regard vague qui songeait oublia même, en découvrant la mer, de s'orienter pour chercher les chemins du retour. Ils poursuivaient leur mélancolique rêverie, le cœur vibrant encore, l'esprit perdu, tandis qu'à leurs pieds, molle et bleue, la grande berceuse psalmodiait, à coups de vagues sur le sable et sur les galets, ses profonds psaumes rythmés par les brises du large.

Cependant, là-bas, bien loin à l'horizon, — du côté de l'Occident, où sont patrie, famille, amours, — le soleil descendait, las de ses incendies, et, pareil à un boulet de feu, s'éteignait dans une mer de sang.

IV

UN DÉBUT

Hanoï (Tonkin), 14 février

Ceci pourrait s'intituler : *Introduction*.

Epris d'aventures, passionné de couleur, l'écrivain s'est embarqué, brusquement, un beau matin, avec l'insouciance du soldat qui part en campagne. Pendant des jours, presque pendant des mois, il a fait de la route, comme disent les matelots, et promené son rêve par des immensités. Maintenant, le but est atteint, le prologue fini, l'ancre mouillée, et la jouissance du repos l'empoigne, accablante.

La nuit tombait avant qu'il eût défait ses malles. D'Hanoï, il n'a rien vu que des paillottes grisaillant au crépuscule, qu'un pullulant troupeau de coolies... Qu'importe ? Il est enfin arrivé. Sous les traits du Résident, la Providence lui est apparue. Il a trouvé le couvert mis, et les vins de France rubisant les cristaux sur la nappe blanche, autour des corbeilles de roses, de jasmins et de lys, fleurs de France soignées avec amour que le fonctionnaire exilé a fauchées en l'honneur de son hôte. Par contre, le gite fut moins facile à découvrir. La ville, que l'ennemi entourait hier encore, est sens dessus dessous, le consulat petit. Le Parisien a donc béni sa bonne étoile en pénétrant dans une maison chinoise que la mort récente de son propriétaire laissait à louer. Même en sa lassitude heureuse, il ne s'est pas plaint de ce que son habitation ne fût qu'une enfilade d'étroits rez-de-chaussée, humides comme des caves, et en partie à ciel ouvert. Les murs de sa chambre suintent, les dalles sont moussues, mais il est chez lui ; sa porte est close, et deux *matahs*, qui ronflent déjà, la barricadent de leurs corps, du côté de la rue. Vide est la pièce, sauf le fond, l'alcôve, où un lit laqué, énorme, semblable à un catafalque, reluit à la clarté de la verrine. Coucher là, dans ce trou où l'indigène est mort ? Mieux vaut défaire ses bagages, monter sa couchette de campagne et dormir au bord même de cette sorte de piscine où pleurent les gouttières, presque sous la fente du toit chère aux gens du pays. C'est fait. La bougie meurt. Le nouveau venu s'assure de la présence de son bon revolver Guinard, et s'abandonne bienheureusement. Alors, comme il ferme les yeux afin de ne plus voir la blancheur rectangulaire du pan du ciel auquel bâille son toit, un afflux de sensations indéfinissables envahit son cerveau. C'est d'abord une vague odeur que précise et que varie, peu à peu, chaque aspiration. Tantôt, un parfum grisant de santal domine, ou bien une âcre odeur de camphre, ou le relent fort de l'opium. Bientôt, une nuance l'emporte, écœurante : *cela sent le Chinois.*

Et l'étranger se rappelle ce qu'il a entendu dire, ou ce qu'en route il a observé déjà. Cette race n'a point que son art et ses mœurs bien à elle : plus encore, ces étranges senteurs qui affadissent l'atmosphère sont spéciales à son pays.

Cependant, ce n'est point la découverte de cette sensation innommée qui fait tourner et retourner le Français. Ce ne sont pas non plus les premiers moustiques dont les tirailleurs avancés s'abattent sur son front et ses mains. C'est une impression plus étrange : la conscience de sa stabilité sur un sol ferme, dans un silence recueilli. Depuis trente-sept jours, il n'a quitté un navire que pour sauter sur un autre, et, pendant trente-huit nuits, la *grande bleue*, la berceuse féroce et douce, a balancé ses courts sommeils. Ce qui manque au voyageur, c'est la chanson de la mer, les mille bruits du bord, le sentiment d'une vacillante et molle flottaison.

Et ses yeux se rouvrent et ses regards montent des coins noyés d'ombre à la bande grise qui est le ciel. Tant pis ! S'il ne dort pas, il n'en rêvera pas moins. Voilà que ses longues étapes se déroulent processionnellement en sa cervelle hallucinée. Il refait la route parcourue, mais avec une rapidité vertigineuse, et sa songerie tournoie si fort, qu'il pense assister à quelque défilé d'ombres chinoises projetées sous son front par une lanterne magique, mais par une magique lanterne laissant aux images leurs couleurs.

C'est le brusque départ, Paris, la gare, les derniers adieux si doux ensuite à revivre; Marseille, l'embarquement, l'émotion du « *Dérapez !* », quand, l'ancre à pic, l'hélice tourne, hésitante ; quand le paquebot s'ébranle, frémit, s'élance enfin, entre les quais couverts de monde, de gens agitant chapeaux et mouchoirs, et parmi lesquels, à ne reconnaître aucun ami, le cœur se serre, très bêtement, d'instinct.

Puis, des visions passent, visions de ciel, visions de mers. Des bleus crus, d'un bleu d'enseigne de coiffeur en Provence, des indigos amidonnés, des bleus tendres — bleus de Paris un matin clair. Des gris ensuite, et des noirs, mélancoliques ou sinistres, intraduisibles presque toujours. Mais, sous la féerie des soleils, sous la tristesse menaçante des nuages bas, l'Océan incessamment ondule, et la continuité de son évocation retient plus longtemps les mouvants souvenirs.

En cinq ou six aspects, elle se fixe, l'éternelle changeuse qu'on a vue sous cent aspects. Irisée, verte, jaune, violette, teintée d'encre, rutilante de lumière, ou frémissante et laiteuse sous ses phosphorescences, la mer forme le fond du tableau, reste pareille, qu'elle s'étale, huileuse, qu'elle bouillonne en écume, qu'elle clapote, menaçante et glauque, ridée d'une colère qui monte, vibrante d'un accès passé.

Or, sur ce fond — rideau de scène qu'un vent agite, — des décors passent, peu nombreux, mais intenses encore de coloris, et qui résument des notes d'étapes, des souvenirs confus d'escales. C'est Naples — une Naples que, naïf, on croit inédite : une Naples pluvieuse et nocturne, d'un noir qui fait plus sales les rues, plus glissante la lave, plus lamentables les corricolos, mais qui met en valeur l'aigrette incendiée du Vésuve. C'est une Naples-Ghetto, devant laquelle se cabrent les réminiscences romantiques, et dont on se souvient, surpris, comme d'un faubourg Montmartre empoisonnant moins le macaroni que la marée.

Ensuite, c'est l'Égypte, descente de lit pelée, mouillée par places. Des oiseaux blancs rayent le ciel de hachures crayeuses. Port-Saïd apparaît, lumineux jusqu'à l'exagération, peuplé de bourricots, de mercantis et de soldats anglais. Au second plan, un highlander se promène. Roide, blond, gras et rose, pareil à une fille, la badine à la main, il débat on ne sait quel marché avec un Bédouin sec, à barbe de chèvre, aux yeux de chat.

Des paysages se succèdent, imprécis : Suez, ville morte, où, dans une brasserie allemande, des Allemands chantent une chanson allemande qui n'éveille rien ; le canal, morne, désespérant, où la nuit, aux garages, on regarde, sous la lune, des chacals allonger sur le sable leur ombre fantastique ; Aden, crevassé de soleil et peuplé de chameaux galeux ; des bouts d'îles, des phares perdus ; des flots sans fin qu'anime une voile — une seule. Et c'est alors Ceylan, l'île splendide, avec ses verdures métallisées, ses étangs couverts de lotus. L'esprit capricieux s'y pose une minute, le temps de revoir un coin de cimetière où un soldat, mort du Devoir, repose sous le regard rouge des fleurs d'ibiscus trouant les haies.

Après, le défilé court plus rapide, ramenant des choses plus récemment vues : Singapoore et ses lanternes chinoises, son théâtre parsi, ses *misses* aux grands pieds jouant au *law-tennis*, ses Chinois ivres que des *djin-rik-cha*, traînées par d'autres Chinois, ramènent de la fumerie d'opium ; le cap Saint-Jacques où la Cochinchine se fait, pour un instant, bonne fille ; Saïgon, où l'on boit et l'on rit en français, où l'on joue l'opérette.

La mentale promenade s'accélère encore, tandis que, la tête brisée de revoir si vite après avoir vu si vite, le voyageur sent sa migraine grandir, plus lancinante sous l'acharnée persécution des maringouins. Pourtant, il frissonne au passage des derniers jours, des derniers tableaux : traversée de Saïgon à Haïphong, par la mousson et le courant contraires, et par le froid, et par la pluie — choses qu'il avait cru exclusivement européennes. Haïphong noyé déchire à peine le brouillard. La montée du fleuve Rouge, plus lente, ramène des croupes de montagne étonnamment déchiquetées, puis, l'infini des plaines, des rizières découpées à angles droits, des pagodes surprises entre les banians et les manguiers, des buffles se profilant campés sur les digues et regardant filer la canonnière, des types et des choses étranges, qu'auparavant il eût dites lunaires, et dont la découverte prête le plus banal réalisme à la fantaisie simulée des paravents chinois.

A présent, c'est fini. Seuls, éternels, les bambous, déjà trop connus, hantent la mémoire du malheureux qui regimbe. Jamais, avec des mots sur du papier, du blanc sur du noir, il ne les représentera, eux et le paysage qu'ils encadrent. Il se venge, les traite de « saules pleureurs à demi consolés », savoure son image, et rêve de dormir.

Alors, un orage éclate. La pluie l'inonde, et ses projets d'art s'envolent à ses jurons. Des heures passent, blanches et brisantes. Second orage, seconde accalmie, et le rectangle du ciel réapparait, très clair, entre les poutres du toit. Oh! dormir!... Il ferme les yeux, s'hypnotise en dedans, s'abandonne, malgré ses couvertures mouillées, malgré la pensée du lit derrière lui, du lit qui sent la mort... Il s'abandonne, bercé par la vibrante chanson des moustiques, la tête enfouie pour ne plus être piqué. Comme il serait bien, s'il avait pu avoir des draps, se dévêtir!

Adieu le réel! le songe l'enlève. Bientôt, c'est le cauchemar. Soudain, il devient affreux : un Pavillon-Noir vient de poser un genou sur la poitrine du dormeur... Un cri rauque échappe à la victime, et la seusation se fait si réelle, si tangible, qu'à demi réveillée, elle envoie sa main en avant pour chasser l'ennemi. Les doigts crispés rencontrent quelque chose de poilu, de visqueux, d'humide. C'est un rat, un rat énorme, qui mord et s'enfuit !

Des rats, il y en a partout, maintenant. Leur bande met à sac les bagages, dévore le nécessaire de toilette, entraîne les bottines vers ses trous, se gorge de savon et de cuir. Horrifié, une sueur froide au front, le Parisien sensitif, qui a la féminine horreur des rongeurs, se lève et se condamne à faire les cent pas par la pièce. Il va et vient, furieux et lassé, butant à tous les angles, guettant le jour qui ne vient point, frissonnant presque quand quelques-unes des hideuses bêtes lui passent entre les jambes avec de perçants *cui! cui!* Et les minutes durent des heures.

Tout à coup, comme il maugrée plus fort, un strident chant de coq s'élève dans la nuit, et, tout de suite après, un cuivre sonne, plus alerte encore et plus clair. Ah ! les revoilà donc les notes d'autrefois ! Le revoilà, le bon petit clairon des marsouins, vibrant et joyeux ! C'est la diane qui éclate en fanfare, là-bas, au loin, il ne sait où, et c'est un marsouin qui la joue : un autre, légionnaire ou turco, la battrait au tambour !

C'est la diane, le jour qui naît, la pointe d'aube qui glisse du toit. Debout et en tenue, boulevardier manqué, pour aller serrer la main à tes vieux camarades ! Et, puisque tu te souviens, à présent, des pauvres diables venus ici pour souffrir et se faire trouer la peau, ne te plains pas d'une nuit blanche, des rats, de l'orage, et du lit rembourré de cailloux !

L'écrivain déboucle sa valise. Un *matah* ouvre la porte. Le Résident de France passe la tête.

— Eh bien ! avez-vous reposé ?

— Merci, à merveille !...

Mais le fonctionnaire sceptique sourit :

— Ces Parisiens ! décidément tous les mêmes !

Dans le lointain, le clairon reprend. C'est la distribution qu'il sonne cette fois.

Au café, les marsouins !

V

DE HANOÏ A BAC-NINH

8 mars.

Sur l'immense plaine monotonement plate, la nuit tombe. Lentement, pareilles à des pluies, des nappes de bistre coulent, voilant l'horizon, voilant tout. Un à un, les feux du bivouac s'allument, clair-semés encore, et roses, dans le louche crépuscule qui s'en va.

Des secondes passent, fugitives ; l'averse de noir s'épanche plus fort. Les feux jaunissent dans une hésitation pâlissante, puis, se hérissent en flammes violettes, sans étincelles, sans fumée, avec la froideur fausse d'une flambée d'alcool. Et, tout à coup, à la nuit qui triomphe enfin, les brasiers répondent par un éclat rouge, joyeusement tordu, d'une crépitation vivante et claire, sous une aigrette d'étincelles poudroyées.

Cependant, elle est menaçante, la paix descendue avec la nuit. L'ombre palpite à l'anhélation de vies qu'on ne voit plus. Il y a vingt foyers pour cinq mille hommes tassés dans quelques mètres de terrain, et le mystère de cette force invisible et qu'on sent, rend l'ombre formidable.

Plus loin, hors du camp, dans le large, la sensation persiste, captivante en sa nouveauté. L'horizon demeure un souvenir, la distance, une inconnue non mesurable. Un crêpe sans fin se déroule que trouent seules les premières lucioles zigzaguant très bas.

Elle ne dort pas, cette terre; elle est morte, ivre de chaleur mouillée, anéantie, cuvant sa fécondité molle. Mais, telle quelle, sous son repos de bête lasse de maternité, elle reste effrayante. Son obscurité n'a point le silence auguste de nos campagnes, bleuâtre assoupissement réparateur des labeurs durs. Elle n'a pas non plus la troublante pâmoison des terres tropicales dont, rêveur, le tiède sommeil rumine et exhale voluptueusement, sous les étoiles, le souvenir de caresses ensoleillées. C'est un écrasement énorme qui continue celui du jour, mais s'horrifie en des ténèbres. A présent, devant les feux élargis, des silhouettes fantastiques se promènent. Des turcos passent et repassent, avec des gestes que l'éloignement fait étranges. Et des rumeurs montent : chocs de bidons, hennissement de chevaux, *qui vive* brefs des sentinelles, ou, parfois dans les intervalles, un levier de fusil qu'on arme, et qui sonne avec un bruit sec.

Pour bien embrasser le camp, j'ai dû grimper sur une éminence, maigre mamelle de cette plate étendue. Nous sommes sur l'emplacement d'une ancienne citadelle de la dynastie des rois Lê, et notre bivouac s'étend sur des tombes. Tantôt, aux derniers rayons du jour, j'ai vu là-bas, derrière ce tertre, un débris de pagode ou de mausolée royal. Quatre éléphants de pierre en relèvent les angles, surnageant seuls entre les dalles moussues, au milieu de l'envahissement sacrilège des rizières. Agenouillés, monstrueux, impassibles, les géants de marbre se contemplent de leur œil morne. Des siècles ont coulé sans amollir leur rigide paupière; mais, aujourd'hui, leur regard est vrai, miroir terne du passé, que semble avoir seule éteint l'immuable indifférence des choses mortes.

Plus même un écho. Pas même la majesté des ruines, ce prétexte à touristes et à déclamations. Un terrain bossué que ne respectent ni le riz, ni les arachides, quatre statues polies dont la chique de bétel d'un passant abruti a, d'un jet de salive, ensanglanté les flancs : voilà ce qu'il reste d'une ville, d'une civilisation disparues.

Et maintenant, voyage, artiste ou rêveur. Sois réaliste, lamartinien, romantique; broie du Schopenhauer, ou emmaillonne des rimes riches, soudures de mots sur de postiches idéals, tu verras partout la vie pareille et le monde également petit. Des bords de l'Amazone à ceux du Mékong, où que te conduise ta fantaisie, tu les retrouveras, races et dynasties proscrites ou disparues, sympathiquement habillées d'art, ou abandonnées au navrement des infortunes inconnues, à la réalité des deuils qu'on n'efface jamais. Fleurs de lys ou fleurs d'ibiscus, cocardes ou parasols, tout se copie. Hommes et révolutions tournent par tous les ciels un même cercle banal.

Et pour que rien ne manque à cette leçon de choses, des lectures anciennes reviennent, tandis qu'à la lune timide, enfin parue, les statues surgissent de l'ombre et reluisent. Ces Lê, ces Stuarts asiatiques, n'ont plus un descendant. Le dernier de leur race est mort, il y a cent ans, lamentable gratte-papier d'un ministère chinois, à Pékin. Pas un des dauphins simulés de cette dynastie légendaire, que les révolutions font sortir brusquement d'un village, ne pourrait lire sur ces socles le nom de ses prétendus aïeux. Faux Louis XVII d'Indo-Chine, Tichborne tonkinois, fantoches dont jouent les partis politiques, ils n'ont pas le « dernier fidèle » des ambitieux sachant s'imposer, ils n'ont pas davantage cette consolation et cet appui suprêmes : le prêtre. Ce sont nos religieux à nous, nos missionnaires, qui, par habitude, rêvent leur restauration.

Cependant, là-bas, à l'entrée de ce Bac-Ninh sur lequel nous marchons, nous Barbares, le vieil éléphant à anneaux d'or attend toujours son cavalier !...

En campagne ! Nous sommes en campagne. Enthousiasme de soldat mal *désuniformé*, curiosités d'écrivain et de philosophe, tout se heurte encore. Nous sommes partis ce matin.

Cela a commencé par le passage du fleuve Rouge, d'Hanoï à la rive gauche ; opération compliquée, savante même, où j'ai vu seulement la couleur et le pittoresque prendre leur revanche sur le ciel gris, l'eau bourbeuse, le paysage monotone.

Un bataillon ou deux avaient été transbordés hier. En arrivant à la Concession, à pointe d'aube, nous avons découvert, de loin, leurs faisceaux qui trouaient la brume, puis, les vapeurs montant, des groupes de soldats qui se formaient autour des marmites de café, dans un éparpillement heureux. Et le passage a commencé sur des jonques que des petits vapeurs remorquaient par trois.

Pour dire vrai, rien de grandiose dans ce spectacle, mais un joli tableau d'arrangement simple, bien venu. Croquis hâtif d'un peintre militaire, première étude aux deux crayons d'une composition à jeter plus tard sur la toile, esquisse rapide, avec des hachures contrariées sur les bords et une incertitude des perspectives, mais avec, çà et là, comme si l'artiste s'abandonnait à la tentation de fixer un coin plus spécial, poses ou choses tirant l'œil, des morceaux achevés : marines, groupes de soldats ou de chevaux, dessins finis dans le croquis... Ce serait même resté, pour l'œil, un épisode de grandes manœuvres, sans l'instinctive sensation de la présence de l'ennemi, là-bas, dans les derniers plans fuyants, sans les éclaireurs qu'on apercevait se profilant plus loin encore, dressés sur leurs chevaux, la carabine sur la cuisse et fouillant l'horizon.

A cet endroit, le fleuve fait un coude.

Du côté d'Hanoï, ses eaux boueuses que jaunit encore le jour croissant, battent les berges qui le surplombent, terres ocreuses, s'élevant par tranches imbriquées, écaillées par les grandes eaux, et dont les lamelles s'effritent par endroits sous le frottement des amarres des jonques. Au-dessus, entre des taches vertes, clair-semées, les toits de la Concession française, rouges aussi, avec leurs tuiles neuves, et ceux de la ville, tuiles ou chaumes brunis, surgissent et s'échelonnent irrégulièrement jusqu'à la Douane, gros cube blanc massif qu'égaye le frissonnement d'un drapeau. Du milieu de l'eau, on croit à une falaise, à un village perché au-dessus, sans que rien de nouveau, de beau ou de simplement curieux différencie ce coin du Tonkin des banalités connues. C'est à la sépia qu'il faudrait peindre cette terre.

Plus tard, pour se la remémorer, si l'on ne note rien, on regardera la plus commune des banlieues européennes avec un lorgnon aux verres fumés, ou teintés d'orangé — contre le soleil, — et le pays, examiné et coloré de la sorte, fera, quel qu'il soit, l'évocation suffisamment exacte. Trois notes seulement pour le ciel, le sol et l'eau ; et de ces trois notes, toutes neutres, le rouge ocreux l'emporte, avec la décourageante obsession des choses ternes, inconscientes de leur laideur.

Heureusement, les soldats animent ce cadre. Aussi bien, l'on a la ressource de localiser ses impressions, et de fixer cette seule fourmilière de troupiers qui pointille l'ensemble.

Le passage s'achève. Au coin le plus aigu du coude, l'eau se rétrécit, coulant plus vite.

Il y a là, sur la rive gauche, une sorte de plage qui monte vers les bambous et les rizières, une large bande de sable et de vase séchée — rouge encore. Sur ce fond, le débarquement plaque nettement ses mille détails. Des chevaux, agacés du séjour dans les jonques, se cabrent et hennissent, des compagnies se forment, s'ébranlent, semblables à de monstrueux insectes, et qu'auréolise un scintillement de baïonnettes, que supporte le va-et-vient gigotteur de mille-pattes — pieds agiles guêtrés de blanc. Chaque corps s'arrête devant des poteaux numérotés, qui indiquent sa place. Tout le long de la rive, des officiers d'état-major courent sans cesse, pour ralentir ou activer les mouvements, et papillotent dans une galopante promenade. Leurs casques ont des turbans rouges, bleus ou rayés, suivant l'état-major auquel ils appartiennent; dans la claire lumière qui se décide à éclater enfin, la robe de leurs chevaux se métallise.

Notre tour vient d'aller les rejoindre. On s'embarque. Un dernier regard à Hanoï, aux amis d'hier qui, du haut des berges, nous saluent, aux *congaï* en chapeaux immenses qui, de leurs dents laquées, sourient aux soldats barbares, un inconscient regret, très humainement bête, aux habitudes jeunes, déjà fortes, que le voyageur a contractées dans sa garnison passagère, et qui s'en vont, se dégradant à chaque battement de l'hélice, — puis, l'on coupe le fleuve en biais, et l'on n'a plus que le souci de veiller sur son cheval. Observations et rêves seront souvent rétrospectifs avec le soin de la vie matérielle qui désormais mangera les heures.

Pourtant, comme en accostant on cherche l'idée à laquelle plus tard le souvenir se raccrochera pour reconstituer ce départ, cette veille du premier combat, l'œil tombe sur le vapeur remorqueur, bateau chinois loué par l'Etat. A côté des jonques annamites, sales, antédiluviennes, aux voiles nattées, le minuscule steamer s'allonge plus effilé, plus étroit, plus propre, semblable à un yacht. Son capitaine, un Célestial vêtu de blanc, va et vient le cigare à la bouche, derrière l'homme de barre non moins blanc et correct. Entre leurs épaules, leurs longues queues pendent comme des serpents morts. Le pont a l'air d'un parquet de maison hollandaise.

Les cuivres reluisent, la machine est miroitante. Toutes les minutes, un timbre argentin, très clair, résonne, — signaux du capitaine au mécanicien invisible. A l'arrière, deux matelots, Cantonnais trapus, jaunes à peine, ne daignent point nous regarder. Tandis que l'un d'eux lave de la salade à grande eau dans une porcelaine bleu-tendre, son compagnon, le torse nu et cambré, les muscles du cou saillants, la tête en arrière, se brosse les dents, longtemps, longtemps, avec des soins infinis, et ses yeux bridés, sans un clignotement, fixent le grand ciel.

On marche sur les digues, à la file indienne, rarement deux par deux, pendant des heures, avec de courtes haltes pour permettre aux canons qui s'embourbent de reprendre leur place, leur chemin une fois frayé.

La colonne s'allonge et s'étend indéfiniment. Serpentine, elle évoque on ne sait quelles comparaisons classiquement démodées, avec ses allures de monstre qui rampe dans le vert et reflète la lumière sur ses changeantes écailles. Des armes s'allument, en aigrettes de flammes sur les fusils, en réguliers éclairs sur les fourreaux de sabre. Les vareuses noires de l'infanterie de marine, les chemises de laine des marins se veloutent. Les turcos sont habillés de ciel avec des passementeries de soleil ; l'état-major flambe ; l'artillerie a l'air d'une plate-bande de géraniums qui marcheraient. Mais c'est à l'avant-garde que la matinée prodigue ses plus intenses incendies. Comme un troupeau de paons faisant la roue, la petite troupe s'échelonne : tirailleurs tonkinois aux bleus nuancés, au harnachement jaune, aux salacos vernissés et fulgurants que couronne une cocarde tricolore, et tirailleurs annamites vêtus d'un noir lustré, mais dont le haut chignon supporte, noué par une écharpe cerise, flottante par derrière, un petit salaco, tout plat, assiette de bambou, qu'on dirait d'écaille blonde et dont le centre s'irradie en une étoile cuivrée, aveuglante.

Où allons-nous ? Rejoindre la brigade du général de Négrier, remonter au-dessus de Bac-Ninh et tomber sur l'armée chinoise du côté par lequel elle ne nous attend point. Voilà comment nous sommes en pleine rizière, loin de la route fréquentée, relativement large et facile qu'enfileraient les canons Krupp de l'ennemi.

La colonne tourne et retourne sur elle-même, sans cesse et sans fin, au gré des digues étroites, simples sentiers un peu surélevés, murs de boue sèche qui délimitent les champs.

A droite et à gauche, le paysage reste le même, conservant sa plate monotonie, son immensité sans grandeur. Des plaines de riz succèdent à des plaines de riz, et deux teintes de vert à deux teintes toujours semblables. La plus foncée a la couleur de nos jeunes blés : riz non repiqué, aux tiges pressées, dont les vagues, quand passe une brise, ont un fugitif reflet d'argent, qui court, oscille à perte de vue, et meurt à peine, alors que le premier plan réimmobilisé reprend sous la chaleur lourde ses tons primitifs.

La seconde est une teinte de transition, émeraude mouillée, claire et tendre, celle des graminées repiquées sur des sillons en interminables files, dont l'espacement rapetisse les épis. L'une et l'autre se touchent par damiers, et leurs couleurs tranchent mieux les vastes rectangles, que les rigoles ou les rubans de boue les séparant, indistinguables à deux cents mètres. Leur échiquier, à droite et à gauche de la digue, s'étale ainsi, durant des lieues, jusqu'à ce que l'éternel tapis vert se confonde avec le ciel.

Et de cette étendue monotone, monochrome, une lassitude monte qui plane sur le pays entier. Mais ce n'est point l'œuvre morale d'une sensation ressassée jusqu'à l'ensommeillement, l'effet instinctif d'un spectacle cruellement immuable. Cette sensation demeure identique chez tous, chez ceux-là même qui ne savent ou ne veulent pas voir. C'est une impression physique, scientifiquement mesurable, dont un hygromètre dirait la force en chiffres exacts.

Elles baignent dans de l'eau, ces rizières, et l'eau se retrouve partout autour de nous : flaques ou mares le long des digues, croupissements boueux sous les tiges vertes, stagnations cristallines entre les jeunes épis. Sans relâche, de tous ses pores, cette terre sue, et l'admirable et industrieuse agriculture annamite, qu'aucun patient labeur ne décourage, active encore cette transpiration féconde. Un drainage superficiel remplace le nôtre, charriant l'engrais et la vie ; il n'est pas jusqu'à cette boue enlisante dont l'homme ne surveille la production.

Cependant, sous le soleil qui arde et pompe, toute cette humidité fermente et s'évapore, incessamment renouvelée par la condensation brumeuse des matins et la fréquence des pluies. Un travail si continu sourd dans ce sol détrempé, que la terre reste victorieuse en sa lutte avec le soleil. L'astre demeure en vain plus longtemps à l'horizon, exagérant ses cuisantes morsures à les rendre mortelles à l'homme : le marais, où vies animales et végétales grouillent de conserve, où les racines sont noires de sangsues, n'est pas desséché. Ses vapeurs montent inépuisables à l'aspiration furieuse du ciel.

De là, cette lourdeur lasse qui nous tombe aux épaules et nous courbe anéantis; de là, la fatigue des poumons haletant comme dans une étuve; de là, l'éreintement prompt des soldats d'Afrique ou des marins habitués aux chaleurs sèches et qui s'épongent le front, surpris de voyager à travers un Hammam.

Il faut marcher pourtant, marcher encore, sur la digue étroite où souvent l'on glisse, et coupée de courtes ravines qu'on doit combler pour l'artillerie. Les troupiers n'ont pas une plainte. Ils vont ainsi pendant des heures, avec des haltes plus fatigantes que les marches. Dans ces moments d'arrêt, tandis que les unités retardées « serrent » sur le gros de la colonne, ils regardent autour d'eux, les braves dépaysés. Des jugements naïfs, ou des boutades, presque toujours des rires, courent dans les rangs. Puis, l'on donne « un coup de sac pour le plaignant », comme au loto, — déhanchement des reins et frisson de l'échine qui ramènent aux épaules l'*azor* trop lourd, — on boit un coup au bidon, et l'on repart; comme disait Francis Garnier : En avant pour cette vieille France !

Nous avons fait halte à midi et demi, dans un village, à l'ombre de banians et de haies de bambous. Derrière les feuilles, des indigènes, des paysans nous regardent curieusement. En nous retournant, nous avons la surprise de nos deux ballons qui surgissent à l'horizon, du côté d'Hanoï. Les deux grosses masses rose-chair avancent sans un mouvement, captives d'hommes qu'on ne voit pas, et monstrueuses. Leur apparition révolutionne le paysage. Je songe à notre poésie d'instinct et de race, artificiellement affaiblie par l'éducation que l'on sait. Les mots me manquent pour rendre, comme je les vois et je les sens, ces géants nouveaux venus, anti-naturels, inouïs. Essoufflement ou langue pauvre?... Et je me demande aussi ce qu'il adviendra de notre art paysagiste, quand ces brutes ailées, entrées dans notre vie, voleront partout, et toujours. Avant que l'habitude en soit venue, nos toiles auront l'air de vignettes chromolithographiées pour volumes de vulgarisation. Puis, on peindra du haut des nacelles. Ce sera le triomphe des panoramas, des projections déformantes et décolorantes, le bonheur peut-être de l'école du *plein air*. Aurons-nous au Salon des *Forêt de Fontainebleau vue à 700 mètres d'altitude?* Quel écoulement pour les primes encartées du *Monde illustré*: l'*Exposition de Chicago à vol d'oiseau*, avec chiffres et légendes dans la marge !

Notre caravane a déjeuné devant une pagode, sous un banian sacré, près d'un étang. Une fraîcheur entrait en nous, reposante. La pagode en ruines, les écorchures de son fronton montrant les briques, se regardait dans l'eau moirée. Des lotus, des iris, des nénuphars, çà et là, voilaient l'image, et, à considérer seulement dans cette glace le temple en abandon, on l'eût dit brodé d'une treille verte.

Aux bords, des bambous éplorés se réfléchissaient sur la surface sans frisson, plus fins encore ainsi, plus mélancoliquement grêles. Comme lancé par une fronde, un saphir siffla. L'eau eut une ride, des roseaux chuchotèrent, un couple de libellules s'envola, et, plus loin, entre les arceaux de la pagode, le saphir reparut, le temps d'un éclair. C'était un martin-pêcheur.

La marche a recommencé, pareille, dans le pays pareil, mais avec des tâtonnements, des incertitudes, car nous avons de simples cartes de renseignement, inexactes, et l'on hésite au croisement des digues.

Souvent, maintenant, celles-ci sont crevassées. Sur les côtés, on ne voit plus, par places, ni eau, ni boue. Le soleil cependant n'a pas pour cela gagné la partie. Sous la croûte de ces vagues fossés nous séparant de la rizière, l'eau boueuse demeure. On la devine et l'on n'ose s'y risquer. Nos Annamites, espions ou interprètes, se hasardent seuls, mais à peine leurs pieds nus s'appuient-ils, tandis qu'ils courent. La pellicule mal séchée ne crève point, prend à peine une empreinte ; seulement elle cède, élastique, puis se regonfle, l'homme passé, avec le rebondissement d'une balle de caoutchouc sous la pesée du doigt.

Et les éternelles digues se continuent plus impraticables dans la plaine verte et plate, toujours plate et toujours verte. Parfois, on découvre au loin, véritable oasis, une rustique pagode, avec deux pins parasols à sa porte et des ficus sacrés et séculaires, d'un bleu velouté, à son chevet. Pas d'autres arbres. Ou bien, c'est un village dont on ne voit point les toits : rectangle ou carré régulier clos entièrement de bambous, ballots de dentelle verte dont le sommet s'effiloche.

Je suis resté une heure sur le tertre de l'ex-citadelle, regardant le pays noyé dans de l'encre de Chine, avec, par endroits, des flaques claires, laiteuses huiles que la lune incertaine jetait sur le noir. Je n'étais plus seul. Un appareil de télégraphie optique était dressé là-haut, et sa ronde lentille soufflait vers Hanoï un cône lumineux. Sur les côtés de la boîte, aux contours et aux jambes perdus dans l'obscurité, une fenêtre laissait voir une lampe à pétrole d'un insoutenable éclat avec ses réflecteurs. Par derrière, un officier et deux soldats, tour à tour, se penchaient, l'œil sur une longue-vue engagée dans le toit de la machine, et fouillaient l'horizon. Un martèlement mécanique scandait des signaux sur la tôle sonore, signaux Morse d'un obturateur masquant et démasquant la lumière à coups réguliers. Tout le reste était silence, et ce bruit, ces deux lumières à quelques pieds du sol, ces têtes d'hommes sans corps surgissant à toute minute devant la baie radieuse de la fenêtre, prenaient un mystérieux caractère.

Cependant l'officier — un sous-lieutenant de turcos, à tête intelligente, finement mobile, énergique sans rudesse, — s'impatientait de ne pas découvrir au loin le feu de la tour d'Hanoï. Brusquement, il eut un *euréka* joyeux, un vrai cri de délivrance. Là-bas, aux confins du ciel gris et de la terre noire, une petite lumière crue surgissait, avec les régulières éclipses d'un signal.

D'en bas, des voix appelèrent l'officier :

— Saillard !... Saillard !... à la soupe !

Un grelottement joyeux de cuillers et d'assiettes de fer-blanc montait avec les cris.

Mais le sous-lieutenant ne bougea pas.

Sans s'en rapporter à personne, il transmit la dépêche de son général.

Et lorsqu'il redescendit à neuf heures manger son frugal dîner froid (il avait un couplet d'opérette aux lèvres), j'admirai cet homme satisfait, cet humble servant du devoir. Puis, j'eus un peu honte aussi de mes flânes d'artiste, de mon inutilité dans ce camp de soldats et de travailleurs, et je compris le beau dédain des troupiers, que vexe au fond la présence de mon veston de pékin au milieu de leurs uniformes, et qui sur mon passage murmurent avec un pli des lèvres : « Journalissse ! » ...

9 mars.

On a mangé hier soir comme on a pu, très tard, quand le convoi des bagages est arrivé. Second repas de campagne, simple et court, à la fin duquel les vins de France font voir la guerre en rose ! Autour de nous, les chevaux mal entravés se battent avec des hennissements furieux ; nos bougies s'éteignent à tout instant, et, dans les moments d'obscurité, on sent contre sa joue, pareil à un souffle, le frottement de l'aile des phalènes.

Puis, on a fait son lit, — ô proverbe ! — on s'est endormi sous le ciel sans étoiles, et l'on n'a pas, à force de lassitude, senti les piqûres aiguës des moustiques et, plus tard, le froid arrosage d'un *crachin* pire qu'une pluie.

Nous nous réveillons trempés, glacés, les membres roides, et nous repartons, dépassant cette fois le gros de la colonne.

Maintenant, c'est une réelle averse qui tombe, embrumant les lointains et faisant livide le peu qu'on découvre du pays.

Les digues se rétrécissent, coupées de rigoles de boue, de crevasses molles et glissantes. L'eau détrempe tout ; nos chevaux suivent une perpétuelle ornière. Parfois, on patauge dans une véritable terre glaise, mi-grise et mi-jaune, pâte de savon gras qui adhère au sabot des bêtes. L'ondée prend de face, nous aveugle. Nous avançons par la solitude morte au milieu du flic-flac agaçant de notre cavalerie battant les flaques, étoilant le peloton d'éclaboussures, et du bruit des gouttes qui s'aplatissent sur nos manteaux de caoutchouc avec une chanson mouillée.

Mais on ne songe pas à soi. Voici que la digue est barrée. C'est d'abord une batterie de 80, puis une batterie de Hotchkiss qui se sont embourbées. Pauvres artilleurs, pauvres marins ! Ils poussent aux roues, barbotent dans la boue enlisante, s'attellent eux-mêmes, remplaçant les coolies — des Annamites sans nerfs qui grelottent. Je vois un lieutenant de vaisseau, un capitaine, qui passent la bricole à l'épaule et tirent au premier rang. Devant eux, des hommes, sac au dos, fusil en bandoulière, chargés comme des mulets, s'acharnent à coups de pioches et de pelles à réparer la digue pour que les pièces puissent continuer. Officiers et sous-officiers, tout le monde s'en mêle, et tout le monde a la face baignée. Ce n'est point de la pluie, c'est de la sueur. Une vaporeuse buée flotte sur eux. Les barbes fument dans la froideur matinale.

Parfois, sur une pente, malgré tous les efforts, une pièce roule, tombe de côté dans la rizière et reste renversée, une roue en l'air, fangeuse, lamentable, enterrée à moitié. On se précipite, de l'eau jusqu'au ventre, car les coolies effarés n'entendent rien à ces manœuvres de force auxquelles leurs bras immusclés se refusent, et, peu à peu, lentement, avec des peines inouïes, on redresse le canon. Encore un coup de collier. Le revoilà sur la digue, mais elle n'est pas assez large pour lui, et des hommes soutiennent les roues de côté, béquilles vivantes, dont les « hans » essoufflés font mal. En marche ! on nettoiera l'enfant en route. L'artilleur et le canonnier remplacent le cheval, mais demeurent les servants intelligents de leur maître de bronze.

Or, à regarder ces soldats dont on ne voit plus sous leur couche de boue les doubles bandes rouges, ces marins débraillés qui, perdant leur salaco, — chapeau de lampe à coiffe bleue, — retrouvent dans leur sac le vieux béret du bord, à considérer tous ces vaillants, il vous passe cette mélancolique réflexion qu'on ignorera toujours en France leur dévouement sans bornes, leur admirable courage.

Mais l'infanterie et l'artillerie de marine, mais la flotte, si belles et si braves, ont la résignation stoïque des grands oubliés, qu'enorgueillit une accoutumance aux obscurs sacrifices. Elles savent la Patrie distraite et légère, l'opinion paresseuse. Elles savent que les distances refroidissent les gloires, que les océans ne répercutent aucun écho, que Cochinchine et Sénégal, Madagascar et Tonkin sont plus éloignés que la Tunisie, que personne ne vulgarisera leur merveilleuse histoire aux pages écrites avec du sang, et qu'enfin, on ne porte de fleurs, chez nous, qu'aux seuls cimetières qui sont proches...

Et sans récriminer, humbles, persévérantes, sans jalousies, elles *vont de l'avant*, toujours, comme vont ces deux batteries.

Personne ne murmure. On est admirable avec simplicité, par devoir, par discipline, parce qu'il faut être ainsi — pour l'honneur.

Et l'on ne maudira les *pépitiers* que plus tard — si la mort en laisse le temps.

Peu à peu la pluie diminue, et cesse enfin, au moment où les batteries dépassées par un crochet à travers la rizière inondée, nous atteignons le village où l'avant-garde de la brigade a passé la nuit.

Ce village est un gros bourg dédaigneux des palissades de bambous verts, dont les hameaux détachés ont l'habitude de se clore. On y pénètre par une allée de gros arbres, du genre figuier, superbement ombreux et vénérables.

L'eau en a lavé les feuilles, accentuant le vert des branches basses, et veloutant les sommets. De grosses gouttes d'eau en tombent, parfois aussi des pleurs de sève, émissions blanches et crémeuses, à l'odeur fade. Au milieu, entre des pagodes aux briques émaillées de chimères, aux toits recourbés — kiosques de paravent, auxquels manque la réjouissante lumière — l'excellent commandant Coronat, à cheval, entouré de ses officiers, attend l'ordre de reprendre sa route. A côté, des groupes de petits marsouins se secouent, éparpillant de leurs vareuses de laine de fines aspersions de pluie. Ce tableau militaire apparaissant sous les verdures, pour grise que soit sa tonalité matinale, a le charme profond que le demi-jour verse sur les choses. Des coqs sonnent des fanfares, si les clairons se taisent, et les chevaux trompettent, impatients du départ.

A quelques pas du petit état-major, immobiles sur des haridelles qui paissent, deux hommes surgissent entre les bananiers. Vêtus de barbes incultes et de vestes superposées, sérieux et les dents longues, la pipe aux lèvres, coiffés, l'un d'une inénarrable casquette, l'autre d'un indescriptible chapeau mou, un crayon à la boutonnière, un attirail de lorgnettes, de sacoches, de gourdes — de gourdes surtout — retombant à leurs côtés, flanqués pour tout bagage d'un indien-malabar à turban rose, juché sur un poney-squelette, ces deux étrangers, d'un linge plus douteux que leur nationalité, regardent lever le cantonnement.

On s'informe.

— Master Coll et master Pyrnell ! répond un officier qui, sans doute pour imiter l'accent d'un des deux personnages, semble, en prononçant leurs noms, avoir trois cuillerées de bouillie dans la bouche.

Et nous reconnaissons alors les deux gentlemen, honorables reporters d'importants journaux de Londres et gallophobes distingués.

Rencontré le général Brière de l'Isle, un vaillant et un fort dont la main est bonne à serrer.

Sur le calepin où je note mes impressions au crayon, chemin faisant, à la diable et sténographiquement — calligraphie et équitation s'accordant mal — je trouve, en regard du nom du général, ces simples mots : « Ses yeux... » Longtemps je me rappellerai la sensation qu'ils me produisirent. Deux lentilles de diamant noir. Le sourire, le bon sourire des êtres conscients de leur force attendrit l'acuité du regard de ce géant, mais ce soldat, par sa vue perçante, décourage son état-major comme, à bord, il décourage les marins. Sans jamais employer de lorgnette, il distingue à d'extraordinaires distances la plus petite voile, le mieux dissimulé des tirailleurs ennemis.

Habitude des infinis, ou traduction physique de son rêve cherchant dès l'enfance les mystérieux au-delà ? Je ne sais, mais ce que je sais bien, c'est la façon dont cet œil puissant envisage le devoir. Et, pendant que je donne l'accolade à la gourde de vieux rhum de mon ancien chef, je le revois, en 1879, apprenant à Paris que la fièvre jaune a envahi le Sénégal dont il est gouverneur, et oubliant ce qui reste à courir de son cher congé, ne pensant point au péril, repartant aussitôt pour son poste, sans phrases, *sans réclames*, avec la grandeur simple des dévouements qui s'ignorent.

Halte et déjeuner dans la plaine à l'ombre de trois pins. Les pontonniers arrivent, grimpent sur les arbres, les ébranchent. Nous laissons trois squelettes. Il faut bien cuire les vivres. Ces arbres nus, d'ailleurs, sont mieux dans la note du pays.

... Mes observations de carnet se font plus rares, plus concises, à mesure que croissent les difficultés. On n'est pas écrivain et soldat en même temps ; or, dans la colonne, tout le monde est soldat quand il s'agit de traverser rizières et marais, de faire passer son cheval dans des lacs de boue sans mouiller ses fontes et de nourrir *la bête* qui n'en peut plus. C'est du corps dont je parle : nos petits étalons, plus heureux, ont le riz à discrétion.

Je ne cherche plus des effets de couleur, mais plus prosaïquement du bois pour mon feu, et de l'eau n'engorgeant pas trop mon filtre ! Quand je regarde le ciel c'est pour suivre, dans mon appétit inutile, le vol des bécassines et des canards sauvages, pour regretter le merveilleux arsenal dont Guinard m'a muni et qui, après avoir fait l'admiration et l'envie du *Tout-Hanoï*, me permettrait des chasses sans pareilles, si l'on pouvait tirer en campagne, sans crainte d'occasionner d'alerte...

9 mars, soir.

Oh ! ce joli cantonnement de Dong-Ko !

Son souvenir me réconcilierait avec le Tonkin

De l'eau, des arbres, beaucoup d'arbres, des bois charmants.

Nous y sommes arrivés par un sentier bordé de haies de bambous tout jeunes.

On se serait cru dans une de nos oseraies. Il y avait partout des aigrettes, se sauvant à peine devant nous, d'un vol lourd et bruyant qui laisse pendre sous les ailes de neige les fines pattes jaune-clair.

Pour entrer dans le village, on franchit un arroyo ou un canal. Je ne sais plus. L'eau y est rare, fangeuse comme toujours, découvrant des plages de vase sur chaque rive. Mais cette eau, sous le soleil, semble sanglante, d'une belle teinte de sang vif ; puis, sur cette vase, il y a des échassiers qui picorent, — hérons gris, flamants roses. D'ailleurs, les berges dominent le tout, feuillues à souhait, avec des verts sans nom, variés à l'infini que peuplent des batailles joyeuses d'oiseaux.

On franchit un pont. Pont japonais, cintré et massif, fait de grosses dalles de marbre commun, et couvert d'une forte toiture de paille, arc-boutée sur d'énormes bambous. Cela ressemble de loin à un bateau-lavoir. Il n'y manque que les lavandières.

Du village, je n'ai vu que les pagodes, quelques-unes ouvertes au culte encore, d'autres abandonnées, où les lichens et les graminées folles appellent du dedans les herbes grimpantes du dehors. Nous cantonnons dans une de celles-ci, et c'est un curieux tableau que celui de notre installation sur le parvis sacré, sous l'œil impassible des divinités bouddhistes, monstrueuses et froides. L'arroyo est en face. Des jeunes filles annamites y viennent puiser d'incessants seaux d'eau, et leurs cris et leurs rires accrochent des chansons aux buissons dentelés.

Nos chevaux sont entravés à peine, devant la porte, sur le gazon où ils se roulent, que le gros de la colonne arrive. Assis sur l'autel de Bouddha, ma nuque sur le nombril glacé d'une gigantesque statue, j'assiste de loin au défilé. La brigade entière s'éparpille sur la passerelle ; de ma place, je m'imagine à voir ce grouillement marcheur, entre les dalles, la toiture et les piliers du pont-lavoir, que tout cela, bien éloigné, se découpe dans la baie d'une large fenêtre.

Quand la procession se ralentit, lorsque turcos,

marins, artilleurs, marsouins, chasseurs d'Afrique, tirailleurs tonkinois et annamites, toute cette armée de couleurs diverses gaiement sautillantes, ont fini de passer, je descends voir les ballons qui hésitent, empêchés de franchir l'obstacle.

Étrangement neuf, un inattendu tableau m'attend au débouché du pont. Le général en chef se promène devant la porte de sa pagode, à côté de la musique des zéphirs qui s'installe, cercle de pantalons rouges qui bientôt trépide au battement des premières mesures. Le général me prend le bras et m'annonce un coup d'œil curieux. Je tremble. Ces vieux officiers ne respectent rien. Celui-ci va m'entretenir de ses canons, de ses aérostats, de « son plan », me présenter des cartes qui me donneront mal à la tête. Mais non. Craintes vaines : M. Millot, le doigt tendu, me montre, débouchant sur le pont, un nouveau défilé dix fois plus étrange, et plus impressionnant encore que le premier. C'est celui des coolies.

L'inoubliable armée ! Hâves, jaunes, efflanqués, loqueteux, les jambes et les pieds nus, empestant la sueur, haletants et démoniaques, les mercenaires descendent devant nous, deux par deux, incessamment. Sur les épaules de chaque couple, un bambou repose, moins jaune que la chair sur laquelle il s'appuie. Au milieu, suspendu par un ingénieux amarrage de cordes et de lianes, une caisse, ou un tonneau, ou une cantine, ballottent, avec des à-coups secs pour les arrêts et les descentes, et de régulières amplitudes de pendules dans les marches en terrain plat.

Il y a des centaines et des centaines de centaines de
ces couples, tous lamentablement pareils, hideusement
semblables. Coolies portant les bagages de chaque bataillon, coolies des ambulances portant les funèbres couches
de toile qui, demain, charrieront nos blessés, coolies portant les munitions. Des soldats de l'arrière-garde les
escortent, aussi fatigués qu'eux et pliés par le sac, essoufflés de leur rôle de chiens de berger, égosillés de crier
depuis l'aube : *Maulen ! Maulen !* (Vite ! Plus vite !) à ce
troupeau de brutes, bêtes de somme volontaires. Et
ce n'est pas fini : notre brigade, comme l'autre, traîne
trois mille de ces hommes derrière elle. Leur fleuve
sale roule toujours. Quand la nuit tombera, voilant les
rizières, il y en aura encore qui marcheront, fantômes
effrayants à la lune, résurrection d'âges morts. Ceux-là, les derniers, font dix kilomètres seulement en
tout un jour, mais plus lassés, soufflent davantage à
l'époumonnement de la course dernière qui les réunit au gros de leur armée.

Ils passent, ils passent toujours, affolante cohue. Au
tournant du pont, sur la descente, ils hésitent tous à
la même place, moutons idiots, et, pour une seconde
immobilisés, profilent sur le ciel doré par le couchant
la même silhouette.

— *Maulen ! Maulen !...*

Le torrent se rue plus fort, sans jamais une chute,
un accroc au fardeau. Quand une épaule se meurtrit
sous le poids du bambou, le bambou passe sur l'autre,
mais l'infernale marche ne s'arrête pas pour cela. Le

barre de bois tourne et glisse, aidée par le tortillement que l'homme courbé donne à son épine dorsale. Un moment, la perche ne repose plus que sur le cou, et c'est horrible à voir comme les disloquants exercices des hercules de foire, mais les deux misérables dont le fardeau est la chaîne commune renouvelée du bagne, accentuent, ensemble, leur légère conversion du torse, en sens contraire, et symétrique. Le bambou glisse, avance, se retrouve sur l'autre épaule et la course s'accélère encore, furieuse.

Et les coolies succèdent aux coolies, avec un piétinement croissant de bêtes rentrant à l'étable, poursuivies par un orage. On s'étonne que le pont résiste. Des coolies, toujours des coolies. Ainsi des bisons qui émigrent, ainsi des sauterelles qui voyagent. La procession fantastique des squelettes de bronze se poursuit obsédante, sans trêve ni fin.

A présent, ce sont les coolies du grand convoi, le convoi du service administratif, la foule innombrable et sauvage des esclaves promenant la farine, le biscuit, l'eau-de-vie, le vin de l'armée. Les caisses suivent les caisses, les tonneaux les tonneaux avec une monotonie infernale. Et tous ces hideux fantômes, tous, ont au bras un brassard, un chiffre, une marque distinctive. Et ils se suivent en classements réglés, sans un empiètement, déroulant la numération arithmétiquement logique de leurs matricules, avec une régularité et un ordre effroyables. L'envie prend de demander grâce.

Cependant, les ballons ont enfin franchi l'arroyo. Su-

perbes et libres, dégagés de la pesanteur dégradante,
ils se balancent dans le bleu, au-dessus de ces hommes,
au-dessus de la foule des habitants du village, qui les
contemplent, stupéfiés, apeurés, hors d'eux-mêmes.
La musique joue, presque aussi surprenante que les
aérostats rose-chair. Elle joue valses et polkas, *Le
Jour et la Nuit* et *Fanfreluche*. Elle joue des airs d'opérette. Des turcos qui passent, allant en corvée, secouent,
comiques, leurs culottes bouffantes et esquissent un
vague *chahut*, puis retombent, en voyant le Commandant en chef, et saluent, corrects, spontanément glacés.

Les coolies passent toujours.

— Eh bien ? demande le général, vous les avez vus
les misérables ? (... Il a très bien dit ce mot : misérables, le général !...) Ça travaille dur dans l'espoir de
piller. Ce sont d'aspirants pirates, ou d'ex-pirates, des
bandits sans ouvrage, des parias. N'importe ! Je vais
leur faire distribuer une ration de riz supplémentaire.
Ils seront aux anges !

Je partis, comme les premiers du troupeau, soudain
guéris de leur fatigue, se battaient autour des sacs de
riz, avec une gaieté aboyante de chiens. La musique,
tournant au classique, attaquait alors les *Noces de
Jeannette* :

Margot, lève ton sabot...

Sur le ciel attendri, un fin croissant de lune décou-
pait un C incomplet, lettre d'argent d'une enseigne
inachevée ou perdue dans le bleu clair. Les ballons

passaient du rose au bleu noir. Au débouché du pont, les deux derniers coolies s'étaient arrêtés. L'un nous regardait, l'œil glauque, semblable à une bille d'émail ; l'autre, un pied posé sur le fardeau commun, arrachait délicatement de son talon en sang une épine entrée dans les chairs. Et, debout, près d'eux, résigné et très digne, le dernier homme de l'escorte, un gendarme de la Prévôté essuyait son front mouillé de sueur avec un mouchoir à carreaux, immense.

10 mars.

Notes rares.

Entendu, hier soir, un petit soldat d'infanterie de marine, engagé volontaire, imberbe, joli comme une fille, très jeune, ayant évidemment une maman et beaucoup de sœurs, qui disait, en graissant son fusil :

— Ah çà, on ne se battra donc pas ?

Patience, petit troupier, on se battra — trop tôt peut-être !

J'ai connu jadis un vieux boursier, un maniaque, qui, aux débuts de la guerre de Tunisie, quand on ne savait point — comme à présent — à quelles complications l'on marchait, répétait constamment et partout :

— On en bouchera de beaux yeux avec du plomb... avec du plomb !...

Il nous faisait froid.

Rien n'est gai, dans les cantonnements ou dans les haltes, comme le méli-mélo des couleurs des divers uniformes perdus entre les branches clair teintées.

Sur les vestes bleues des turcos, les chevrons rouges sont d'un effet charmant.

Seulement, je regrette l'absence de pavillons. Nos ennemis ont un sens plus artistique du pittoresque et leurs immenses drapeaux sont superbes à voir. Nos généraux ignorent l'aquarelle !

Deux contrastes dans le paysage. Plaines sèches et plaines humides. Les premières sont plantées d'arachides et de maïs mêlés, ou de patates. Les autres sont des rizières. Celles-là, plus praticables, demeurent les plus laides, à cause de leurs tons effacés. Celles-ci gardent leurs deux verts et ressemblent à des lacs.

Le matin, je les trouve curieuses à voir. Leur tonalité, aux premières heures, demeure unique, comme attendrie par la pluie nocturne dont les fines gouttelettes couvrent encore les épis. Il y a des coulées blanc d'argent merveilleuses. Une théière dont la vapeur d'eau voile les flancs a peut-être des teintes comparables.

Mais dans les rizières comme dans les champs d'arachides et de maïs, je m'amuse à suivre la trace des tirailleurs d'avant-garde qui nous ont précédés. Leur passage est marqué par deux lignes plus vertes, deux sillons où les plantes couchées un instant se sont secouées, éparpillant leur rosée lourde et retrouvant, aussitôt redressées, leur couleur vive.

Les patates ont de larges feuilles, plates et minces. De loin on dirait des feuilles de nénuphar, allongées un peu. Elles demeurent, au matin, parallèles au sol, rigides encore, et d'un jaune verdi que veinent des nervures blanches. Au milieu, comme la pluie les a creusées, il y a près du pédoncule une étroite sinuosité. Quand le soleil monte, toute l'eau amassée dans la nuit roule là par perles, et, la surface séchée, il reste au fond de ce trou un diamant gros comme une noisette, qui décompose les rayons et tire l'œil ainsi qu'un prisme, très éblouissant.

Halte à Baocham. Un petit pont détruit que le génie et les pontonniers réédifient. Nous déjeunons sur le front de la ligne des chasseurs d'Afrique. Les chasseurs rouge-sang pansent leurs chevaux entravés ; les jolies bêtes, s'impatientant à voir les nôtres libres dans la rizière, hennissent.

Plus loin des tirailleurs algériens, des *arbis* jouent ensemble, grands enfants dont le rire fait rire. L'un d'eux tient une boule de foin au bout d'une perche que toute une escouade vise à coups de mottes de terre. Quand le but est atteint, quand la motte écrasée couvre de débris la tête de l'homme-cible, il y a *rigodon*, et les rires redoublent, énormes, homériques.

Ces turcos qui tuent des hommes sans qu'un pli

étonné recouvre une minute l'éternel éblouissement de leurs dents blanches, ont l'air d'une volée de gamins.

Comme nous avions atteint l'avant-garde, l'officier chargé du cantonnement nous a casés tout de suite. C'était dans un village, clos, comme toujours, de hauts bambous plus grands que de grands arbres, palissadé, fortifié, étrange. Pas un habitant. Ils ont peur, car le canal des Rapides est proche d'où, tantôt, derrière le rideau feuillu masquant l'horizon, nous avons vu sortir une fumée noire, vomissements fuligineux d'une cheminée de canonnière. Des coups de canon arrivaient par instants. On est alors devenu grave, de cette gravité qu'a le soldat, lorsque le *brutal* parle. Au village, c'est la peur qui, depuis, a régné et qui règne. Personne. Des chiens hurlent, à coups de gueule lamentables.

Notre maison désignée (une simple *paillotte* comme toutes), nous nous installons. Aussitôt des cris s'élèvent déchirants qui meurent dans un gloussement continu, insupportable. On cherche et l'on découvre une vieille, très vieille femme, accroupie au seuil d'un chenil.

Le visage dans ses mains, elle sanglote éperdument, la tête couverte d'un pan de sa robe, pour ne point voir venir la mort et recevoir le coup sans l'affre suprême, sans l'angoissante attente du bras qui s'est levé et ne retombe point. En vain, la consolons-nous, la rassurons-nous à l'aide de notre interprète qui rit d'elle, l'air idiot. Elle glousse, toujours folle, ne voulant rien entendre, pas même les siens qu'une piastre a fait sortir, obséquieux et lâches, de leurs cachettes voisines, et qui, brutalement, imposent silence à l'aïeule. Elle se lamente toujours, la centenaire, pour qui tout est fini, et tandis que je me sauve, tympanisé par cette mélopée gémissante, j'imagine que j'ai vu, inoubliable, l'âme même de la Guerre.

Cependant, on trouve notre cantonnement trop éloigné, trop dans les avant-postes, et l'on nous rappelle. Seconde installation dans un second village pareil au premier. On n'y peut circuler entre les bambous serrés et les épines qui entourent les jardinets et les paillottes. Second logis pareil encore au premier, avec l'inévitable mare verdie par une sorte de salade et les châtaignes d'eau. A l'intérieur, un homme pleure, une femme pleure, des enfants — l'ordinaire nichée — pleurent à l'unisson. La famille se met à genoux. « On leur a volé leur riz, nous dit l'interprète, ils vous font signe qu'ils n'ont plus rien à manger. » Qui donc les a volés ? « Les coolies. » Une piastre calme instantanément ce déluge de larmes. Des morceaux de sucre distribués aux enfants nous font adorer de la mère, et la bande des moutards ne cesse plus de jouer entre nos jambes, comme de jeunes chiens.

Je retourne alors au premier cantonnement pour chercher un licol oublié. De loin, on entend un bruit de bataille et des clameurs aiguës. Les coolies se sont jetés sur nos traces. Ils sont là qui pillent à plaisir.

Les habitants incapables de se défendre poussent des cris de bêtes qu'on égorge, s'agenouillent devant l'officier qui est venu nous chercher. Celui-ci, à coups de rotin, a chassé les plus proches pillards, mais il ne peut demeurer là, et s'impatiente au milieu du chœur des paysans :

— Mais, bon Dieu, je ne puis pourtant pas les assommer tous!...

On fusillerait les soldats pris en simple maraude, car le soldat, cela comprend le Code — et cela se remplace, — mais le coolie est une bête de somme, brute précieuse, irremplaçable, en campagne dans ce pays, et qu'on ne tue point.

Le pillage continue. On dirait un assaut. Les cris redoublent plus aigus, car les bêtes s'en mêlent, poules, oies, canards, cochons surtout, qui font vacarme. Dans les sentes où je me faufile, les coquins annamites s'enfuient devant ma cravache, abandonnant leur butin, volailles et porcs, à demi tués. Il y a du sang partout ; sans les plumes éparses duvettant la terre, on croirait à une récente bataille.

Je retrouve notre maison, à présent pillée elle aussi, et je reprends mon licou. La vieille, qui maintenant a trop de quoi pleurer, ne pleure plus, immobile et tassée à la même place. Je la touche ; elle n'est pas morte, et demeure hébétée, ne comprenant point comment elle peut bien ne pas être morte.

D'un bon pas, il faut retraverser le hameau, hideux et saccagé. Comme des démons, les coolies passent et repassent à travers les branches. Le bruit continue épouvantable, mais le cri des porcs l'emporte, comme un cor dans un orchestre. Et je le note, ce cri bien connu du cochon qui devine le couteau et glapit furieusement sa plainte révoltée, comique et stridente. Il est à présent la caractéristique musicale des étapes où les coolies cantonnés peuvent échapper aux factionnaires. Toute la nuit, je vais l'entendre, ce glas funèbre des étables

11 mars.

Déjeuné sur un autel de Bouddha, entre des piles d'offrandes : sacrifices en toc, barres d'or et d'argent en carton enveloppé de papier d'étain ou de papier doré, tricheries de l'homme au dieu adoré qui doit être myope. Toute la race est dans ce trait de mœurs.

On n'avait pas pris la moindre poignée de riz aux pleureurs d'hier. Cette découverte nous a fait rire, ce matin, plus encore notre passagère pitié. Couard, sale, voleur et fourbe, tel est l'Annamite; mais la morale des choses est que, dans l'expédition actuelle, il pâtit du seul fait des gens de sa race et de sa langue : coolies, tirailleurs annamites et volontaires tonkinois.

... Retrouvé au canal des Rapides, nos vaillantes canonnières *Éclair*, *Trombe*, *Carabine*, *Mousqueton* et deux vapeurs affrétés. Les pontonniers nous font, avec des jonques, un passage qu'on rompt, le dernier homme transbordé. Nous voici près de l'ennemi.

Cantonnement sous la pluie. Migraine. A peine descendu de cheval, je me couche dans mon manteau sur les nattes d'un lit de camp en bambous. Les habitants ont fui précipitamment; le déjeuner est demeuré à terre sur un plateau, avec ses soucoupes pleines de riz gluant et ses bâtonnets. A côté, du thé parfumé mijote encore dans des bols à fleurs. Une volée de petits poussins, dont la mère a disparu au milieu de la bagarre, rôde partout, avec de perçants cui-cui. Mon cheval qui rue écrase à moitié l'un d'eux, blonde pelote de duvet. Un capitaine japonais, attaché militaire, membre de notre caravane, le ramasse, et, maternellement, le ranime d'une goutte de cognac au bout d'un fétu. Je m'endors sur ce tableau tendre.

Le soleil a reparu, lorsque je me réveille, soleil de la saison pluvieuse et chaude au Tonkin, soleil étrange qui semble vu à travers une vitre de corne. . . . .

... Près de nous est le Quartier général, installé dans une vieille pagode aux toits recourbés hérissés de chimères. Le soir, la musique vient devant la porte jouer quelques motifs d'opérette. Derrière elle, à travers la claire-voie du portail, on aperçoit dans la cour, autour d'une immense table, une armée d'officiers d'état-major et de secrétaires. Tout ce monde, encore botté et éperonné, boueux de la route faite, écrit avec fureur dans un pêle-mêle coloré d'uniformes.

Cela va chauffer demain, sans doute.

12 mars.

Ce matin, nous avons longé le canal dans un pays nouveau. Le sol est moins plat, les verdures moins monotones. Au loin, on distingue des collines tigrées et, plus loin encore, des montagnes bleuâtres, dont l'apparition à l'horizon nous semble d'un soulagement exquis. L'une d'elles, à son sommet, porte sept pins parasols, distinctement profilés sur le ciel clair, par cet air pur, malgré la distance. Bac-Ninh est derrière. On le sait et une joie fait vibrer la colonne.

Quand nous arrivons au marché de Chi où l'on fait halte, le canon du général Négrier gronde là-bas, avec des éclats sourds qui roulent pendant des secondes longues...

Tantôt, nous avions à gauche une haie de cactus et d'aloès, les premiers rencontrés en ce pays. Des turcos chevronnés, de vieux arbis, les ont regardés avec une émotion naïve, rendus soudain à leur patrie.

. . . .

A son tour, notre artillerie a tonné.

C'était dans la plaine, toujours verte, au pied d'un cirque de collines à peine escaladées quelques mètres par les massifs de bambous, et, de cette ceinture au sommet, étalant ensuite les mêmes rampes cailouteuses. Des forts casquent les cimes basses. Il y a des retranchements au pied, des fortifications passagères. Au-dessus d'elles, plantés en rang d'oignon, suivant la coutume asiatique, d'immenses pavillons multicolores, la hampe fichée dans le sol, s'alignent et nous narguent.

Il est midi et demi. Le grand soleil flamboie. Comme purifié par le voisinage des hauteurs, l'air, plus oxygéné, prend une transparence d'où nettement surgissent les moindres détails des choses. Devant nous, jusqu'aux collines, la rizière coule, sans un arbre, sans une haie, foncée très fort. Et derrière, elle élargit son inondation de fleuve débordé baignant à l'aise les campagnes, avec le triomphe tranquillement doux du flot vainqueur, *battant son plein*.

Pareils à des îlots, les lointains villages émergent à demi noyés, et plus loin encore, récifs blanchis, des murs clairs de pagodes. Au delà, c'est une confusion de vert et de bleu, de terre et de ciel, un rideau fuyant de berges imprécises, que domine la montagne aux pins parasols.

On a fait halte ; des commandements brefs circulent, sans échos, et gringalets presque, au milieu du silence bruyant de midi. La stridente musique des insectes domine tout, ou bien, quand une brise se lève, un aboiement de chiens qui arrive de l'arrière-garde, affaibli mais continu. Certes, une fièvre a passé, et des cœurs battent à cette heure, mais l'émotion demeure silencieuse, ou se voile sous une curiosité. De notre côté, ce qui l'emporte, c'est une impatience irréfléchie du spectacle attendu. On se demande, devant la grandeur simple du décor, quel marteau va frapper les trois coups et quel drame se déroulera derrière la toile. Ou bien, l'on se retourne pour fixer des impressions de choses, et l'on a le passager dépit de trouver minuscule cette agglomération d'hommes que mange l'étendue. L'armée n'est plus qu'une fourmilière dans l'espace ; le voisinage des hauteurs grandies à l'œil par l'habitude des terrains plats rapetisse l'homme au niveau des herbes.

Brusquement, les trois coups souhaités frappent un parquet sourd. C'est le canon. A un kilomètre, des pièces se sont mises en batterie, à peine visibles ; et elles ouvrent la fête, par un *garde à vous* assourdissant. Des petites fumées floconneuses et roses planent au-dessus. Les obus sifflent, dans une parabole trépidante. C'est un susurrement aigu, quelque chose éveillant l'idée d'un reptile détendant ses anneaux en ressort, avec un cri qui fouetterait. A présent, entre chaque coup, un silence formidable étreint la plaine vivante. Les insectes se sont tus. Aucun écho pourtant ne répercute le bruit de la détonation. Les ondes doivent rouler plus loin comme emportées par le boulet.

De notre place on n'entend que la décharge sèche, l'éclat primitif. Le sifflement de l'obus fait, trouve-t-on, un bruit plus fort. Peut-être est-ce bien parce qu'on le suit, préoccupé de le voir tomber, renversant les pavillons qui toujours nous narguent, ou allumant un incendie, une explosion dans ces forts dont, sur nos têtes, la menace suspendue demeure silencieuse.

Quelques projectiles arrivent au milieu des drapeaux. Des hampes s'abattent, et des hommes s'enfuient qu'on ne découvrait pas avant, des Chinois pareils à des mouches, dont les pierres par instants cachent le défilé. D'autres obus s'abiment dans la rizière au pied des fortifications ennemies. A chaque fois, des colonnes d'eau pulvérisée surgissent, ou bien ce sont des ricochets successifs, des jaillissures instantanées dont la ligne s'échelonne. Les plus beaux sont ceux qui éclatent, ayant frappé les murailles ou les roches. Un étoilement poussiéreux enveloppe l'endroit frappé. Alors la fuite des mouches humaines sur les rampes a des soubresauts ou des resserrements. Les éclats de fonte doivent y faire des trous, coucher sur les cailloux des victimes qu'on enlève en courant.

Sur nos têtes, le ballon captif, devenu jaune crème, plane toujours, sans que le regard s'habitue à son étrangeté. Avec une sonorité assourdie, une voix en descend, criant des indications topographiques, des rectifications pour le tir.

Tout à coup, sans que l'observation localisée ait vu commencer le mouvement, des bataillons apparaissent

5.

en avant et en arrière des batteries. Ce sont les turcos, bataillon Godon, et des marsouins, bataillon Coronat, — les deux glorieuses troupes de Son-Tay et de Phu-Sa. La fusillade commence, crépitante et régulière, en feux de salve dont les gerbes balaient. Ce jet de balles n'a plus le susurrement cinglant et bref d'un énorme cobra détendu ; c'est une suite de petits sifflotements continus et qui se mêlent, un chœur de serpenteaux courant après la mère.

— La charge !

Les clairons partent des deux côtés. A l'est et à l'ouest, l'enlevante sonnerie roule très claire, avec des rugissements cuivrés aux reprises, des halètements humains sur les dernières notes, dans un vent de course furieuse qui vous fouette la nuque et vous pousse. Du coup, comme les épis de riz sous la brise, l'armée ondule du même frémissement rythmé, et le pouls de ces cinq mille hommes bat la chamade. La charge !... La première charge pour-de-vrai, sans manœuvres factices, devant un ennemi réel ! Oh ! pouvoir tirer un sabre et courir en avant avec cette musique folle derrière soi ! Savourer la folie bestiale de la lutte où l'on voit rouge, et la sensation exquise du danger ! Courir dans cette mort qui passe, ne pas savoir si c'est le vent de la course, le sifflement des balles ou le souffle fort des clairons qui vaporise la sueur sur vos tempes et soulève vos cheveux ! Courir toujours en avant sans le savoir, être une goutte du torrent qui se rue et s'écrase contre d'autres hommes !... L'empoignant désir de cette folie vous secoue de la tête aux pieds

Elle est sublime, la guerre, et bienfaisante. Je lui pardonne tout pour la grandeur des instincts qu'elle éveille. Elle remue la brute, mais fait une minute la brute grandiose et surhumaine. Elle est la revanche formidable de la bête sur l'esprit, le consolant oubli de la banalité. Et pour cette tempête dont le clairon courbe l'échine, pour cette folle fièvre qu'exhale la charge immortelle, pour cet emballement des nerfs et de la chair, je lui pardonne tout : les villages incendiés dont les feux ensanglantent le paisible ciel, et les chevaux broyant les jeunes blés, verts d'espérances, et les lourds caissons meurtrissant les vignes, et l'angoissante clameur s'éteignant dans un râle, qui, des plaines couvertes de corps, monte, inentendue, sous le passage des canons ; je lui pardonne tout, — même ce qu'on ne pardonne pas : les pleurs des mères...

. . . .

Cependant les deux bataillons avancent toujours. A gauche, la colonne Coronat enlève les premières pentes. Plus près, du côté opposé, les turcos s'élancent, grimpent aussi. A peine l'ennemi riposte-t-il. L'un après l'autre, ses pavillons ont été renversés. Il nous salue de quelques salves et ses dernières troupes s'enfuient. Où vont-elles ? Peut-être se réfugier dans les forts des sommets. On va plus vite.

Je galope aussi, voulant voir. Plus de digue, plus de sentier : la rizière. On ne sent pas l'eau qui entre dans les bottes et partout jaillit avec de grands flics-flacs. Les chevaux s'époumonnent. Tranquille, devant moi, le général Brière de l'Isle détaille ce qu'il découvre sur les hauteurs à son chef d'état-major, le commandant Le Dentu. Je les rejoins.

— Tiens ! Que venez-vous faire ici ?
— Mon général, c'est *ma* brigade !

Il n'y a rien à dire. Nous rions. Dans le bruit de la fusillade et le tonnerre du canon, nos rires ont une vibration claire. Alors, tandis qu'enfin à sec, nous gravissons, à la suite des turcos, la pente rapide où les chevaux vont au pas, le commandant me dit je ne sais quel mot, allusion passagère à Paris, au boulevard, et une phénoménale fantaisie, très courte, me ramène au perron de Tortoni. Je chasse l'évocation, renonçant à comprendre son inattendu, puis je tends la main pour prendre ma part du biscuit que l'officier tire de ses fontes. Il faut rompre la dure galette, et je songe à la possibilité d'une balle qui, de là-haut, tombant entre nous, casserait le morceau. Mais l'ennemi a renoncé à tirer. Ses derniers fuyards, à cinq cents mètres, disparaissent entre les rochers.

Je me retourne pour voir la plaine verte, l'armée rapetissée encore. Les réserves se sont mises en marche pour nous appuyer. Dans la rizière d'où nous sortons, les fusiliers marins pataugent à cette heure. Ils avancent, déployés en bataille, courbant les riz, et précédés d'une ligne argentine d'éclaboussures d'eau. Ce ne sont plus des flics-flacs comme sous les pieds de nos chevaux, mais une rumeur sourde de flots battus, un bouillonnement fouetté, comme en produisent les baigneurs remontant la plage. Au milieu, la mare augmente sous les épis plus drus dont le froissement joint sa note à tout ce bruit, et l'on dirait la clameur d'un flux, la chanson molle de la mer.

Bientôt, les tirailleurs algériens arrivent au fort et saluent les marsouins en même temps parvenus sur la hauteur voisine. Il n'y a rien dans les redoutes où je les retrouve. Çà et là, une pipe d'opium, un feu dont les cendres sont rouges encore, quelques uniformes de réguliers chinois, une hampe de drapeau...

Mais il y a d'autres montagnes à escalader. De leur crête, peut-être verra-t-on la brigade de Négrier dont on entend, à présent que le nôtre s'est tu, le canon plus distinct gronder à l'horizon.

Le temps de faire reposer un peu sur mon cheval, tandis qu'on redescend l'autre versant, un officier qui s'est tordu la cheville dans les roches, et, vite un coup d'éperon. Les petits soldats d'infanterie de marine, plus sombres sur le bleu, gravissent une nouvelle montagne, la plus haute. J'atteins le commandant Coronat, et je ne lui dis pas comme au général : « C'est ma brigade », mais : « C'est mon régiment !... »

Plus fort, plus vite, les troupiers grimpent la rampe à pic. Il faut arriver les premiers, dépasser les marins qui ont tourné la position et arrivent, pressés aussi. Cette émulation nous empoigne tous, et mon angoisse ne dure qu'une seconde de voir les meurtrières de la redoute cracher de la mitraille sur cette foule. Ils ont décidément bien fui, les Chinois, fui de partout, mis en déroute non par nos canons, mais par ces aérostats monstrueux dont ils attendaient de mystérieux projectiles, d'épouvantables dévastations. Ils ont fui, et les marsouins sont arrivés — les premiers. Là-haut, dominant le fort conquis, nos trois couleurs flottent sur le ciel.

— Un clairon! crie le commandant.

Il y en a un parmi les premiers entrés. Il se hisse sur les créneaux, cramponné d'une main à la hampe du pavillon, et il sonne, sur la plaine, le *salut au drapeau*.

C'est un pauvre petit clairon, un jeune soldat, pas fort, et puis essoufflé de l'escalade. Mais il sonne vaillamment à perte d'haleine, tout seul, sa fanfare aigrelette qu'emporte, en la disséminant, le vent large des hauteurs.

Et, bêtement remués, dans un frisson bref de la nuque aux reins, nous nous découvrons avec une émotion heureuse.

A présent qu'elles sont prises, les cimes du Trong-Son, on peut contempler le pays, la fumée de l'artillerie de l'autre brigade, les plaines vertes, étranges regardées de haut. Dans le jour qui baisse, les tons s'opalisent. Entre les villages et les éminences dont la chaîne décroissante court à perte de vue, il y a des étangs qui blanchissent, pareils à des pièces de toile. Cependant, les notables du bourg niché dans le plus proche vallon, s'en viennent, grelottants de peur, faire leur soumission, protester de leur haine des Chinois, qu'également apeurés, ils hébergeaient il y a une heure encore, et dont, toujours lâches, ils assassineront demain les derniers traînards. Sur les plateaux laqués rouge vif, ils portent des présents : quelques douzaines d'œufs, deux poules, un régime de bananes. Le dernier traîne par une corde une génisse maigre, et le plus vieux brandit un rameau chargé de noix d'areck, emblème de paix. A vingt mètres, ils s'agenouillent tous ensemble, leurs présents à leurs pieds, et leurs génuflexions ont l'ensemble, la régularité rythmique des inclinaisons de nos enfants de chœur. Leur main droite à plat sur leur joue, leur main gauche appuyée au creux de leur coude droit, on les prendrait avec leur pose douloureuse pour des malades au seuil d'un dentiste.

En langue annamite, on leur demande des renseignements, puis on les renvoie en leur affirmant qu'ils n'ont rien à craindre, qu'on leur paiera les vivres frais qu'ils apporteront. Mais ils sont longtemps à se décider à se lever et à repartir. Effarés de ne pas recevoir de coups de *cadouille*, ils s'éloignent à reculons, et leurs prosternations ne s'arrêtent plus. Nos cuisiniers alors ramassent les présents et entraînent la génisse qui, désespérément, s'arrête et brame.

En descendant, nous rencontrons un prisonnier. Des soldats l'entourent qui veulent le fusiller. Un officier intervient, à contre-cœur un peu, car on sait dans le corps expéditionnaire les innombrables supplices que

Pavillons-Noirs et Chinois infligent aux nôtres, lorsqu'ils les peuvent saisir vivants. C'est un murmure de mécontentement, lorsque l'officier a disparu. Oui ou non, a-t-on dit : *Pas de quartier ?* Oui ou non, avons-nous affaire à des belligérants réguliers ou à des bandits ? La peine du talion n'est-elle pas due à ces misérables ? Et l'on rappelle les horreurs de cette guerre, les têtes de nos captifs retrouvées convulsées encore par les tortures des lentes agonies, et l'obscène férocité des bourreaux asiatiques insultant à la mort même...

Tais-toi, soldat ! Tu es ici pour te battre, pour mourir, et non pour raisonner. Tais-toi. La discipline le commande. Du reste, tu ne comprendrais pas... Laisse aux parlottes parlementaires le souci de tes vengeances et ne discute jamais ni les ordres, ni les chefs. . . . .

Reste brave seulement, et crois toujours à l'unique chose qu'épargne notre scepticisme : le drapeau. La politique aura beau faire, il demeurera ce qu'il est, le Drapeau, et le voyant flotter, tous tant que nous sommes, naïfs ou pessimistes, nous aurons toujours sous la mamelle gauche un consolant frisson.

Le regard du prisonnier, étonné de sa vie sauve, me poursuit, tandis que je redescends les pentes.

Un officier d'état-major rentre au quartier général ; je l'accompagne. On n'est pas trop de deux pour traverser les villages lugubres et barricadés. Le lieutenant Duchèze, avant-hier, a été assassiné dans un de ces coupe-gorge feuillus. Puis, il faut s'orienter, trouver son chemin dans les rizières uniformes ; or, la nuit est proche qui, sur nos têtes, loin de l'empourprement joyeux du couchant, se devine dans le ciel, latente sous les bleus attendris, dont la douceur revêt déjà la mélancolie des lumières moribondes.

Voici enfin le cantonnement où l'on tombe les jambes faibles et, brisé, dès qu'on s'est occupé de son cheval.

Aujourd'hui, nous avons pour logis une des riches habitations du bourg. Il y a plusieurs bâtiments en briques, des communs vastes, un jardin. Dans le fond de la pièce principale, sur son estrade de bambous, l'autel des ancêtres reluit à nos bougies ; tandis que nous étudions ses laques dorées, ses ornementations bariolées, l'éternel cri des porcs promène par le village son habituel vacarme.

La nuit s'est faite. Nos coolies allument des torches pour leur cuisine en plein air. Dans le cercle lumineux qui tremblote, sous un nuage de fumée résineuse, ils sont pareils à des bronzes, patinés d'or aux places lustrées par la sueur. Et, fantastiques, derrière eux, les bananiers balancent leurs larges feuilles, dont les plus basses se déchiquètent comme des pennes de flèche, et balaient le ciel pâli par les brasiers, avec des silhouettes d'un noir d'encre.

Soudain, le cri des porcs se rapproche, se précise. C'est dans notre quartier que la chasse et l'égorgement ont lieu. Nos coolies eux-mêmes saignent une truie. Les torches reculent ; on traîne la bête jusqu'au bord de la mare. Énorme, les mamelles pendantes, le cuir crevassé, elle gît le groin dans l'eau que son sang rougit, au milieu des flammes dansantes verdissant les nénuphars. C'est là qu'on la racle, qu'on la lave. Oubliant leurs fatigues, les dents longues, nos Annamites poussent des clameurs d'enfant. Cependant, de gros soupirs couvrent ces cris. Je me retourne.

Accroupi contre une meule de paille, un homme regarde l'opération. C'est lui dont la poitrine s'est gonflée, quand le feu, tout à l'heure, a roussi la tétine de la bête. Il est le propriétaire de céans.

Je le touche à l'épaule sans qu'il remue, je lui parle sans qu'il ouvre la bouche. Dans un farouche anéantissement, il demeure immobile, n'entendant plus, ne voyant plus. Sans comprendre, il ramasse la piastre qu'on lui jette pour payer le riz et la paille de nos chevaux ; sans un froncement du visage, sans une larme, il assiste à notre prise de possession, à notre installation dans son logis. Sur l'autel de ses dieux, à la lampe des ancêtres, nous allumons nos cigarettes, et sur les oreillers de son lit de camp nous reposons nos pieds nus, gonflés et las : ses yeux n'ont point une plainte, ses lèvres un pli de regret : il regarde, la prunelle fixe, et le cœur haletant, la truie énorme dont le sang s'égoutte...

13 mars.

Il était dit que je ne verrais point de vraie bataille et que ma fantaisie se serait embarquée inutilement.

Hier soir, pendant que des hauteurs du Trong-Son, je regardais la plaine, cherchant Bac-Ninh — notre Chanaan, — le général de Négrier livrait un véritable et dernier combat, puis entrait dans la ville !

Si quelque chose nous pouvait consoler, ce serait le désappointement de nos hôtes de l'état-major général et de l'état-major de la première brigade. Tous ces braves officiers — une élite distinguée réunie pour cette expédition — font contre fortune bon cœur, mais plus d'un, je le parierais, maudit sa malechance. Officiers et soldats, en supportant leurs fatigues sans nom, s'étaient promis tout bas les compensations rudes des batailles. On le leur ferait payer cher aux Chinois !... Et voilà que la récompense fuit. Ce sont les jeunes, les nouveaux venus de France, les « renforts », ι qui le hasard a souri. Les vieilles troupes, les victimes des luttes anciennes, inégales, n'ont rien eu!

Enfantillage? Soit. Mais enfantillage sublime que celui montrant le poing au sort pour un danger évité.

Dans mon gros chagrin d'artiste déçu, je ne ris point de cette déconvenue, que la discipline cache à peine.

Je ne ris pas, et les poignées de main que nous échangeons tous ont quelque chose des poignées de main de condoléance, les matins d'infortune.

Par les rizières ordinaires, nous avons trotté durant des heures. Parfois, on croisait les traces visibles d'une armée, sillons de terre qui s'effritent entre deux ornières creusées par les roues des canons, empreintes mêlées de sabots de chevaux, vestiges d'étapes et de haltes. Çà et là, sur les talus, quelques cadavres de Chinois s'égrènent, déraidis par la pluie de la nuit, boueux et lamentables, cassés et déjetés comme des pantins dont ne veut plus la main capricieuse d'un enfant. Ce sont des réguliers, à l'uniforme de Quang-Si, des gars robustes, que les balles et les éclats d'obus ont jetés là, avec des trous sanglants entre les omoplates, ou bien les reins cassés. A quelques-uns la tête manque, et la tunique ramenée cache mal l'ignoble blessure du tronc, béante et déchiquetée.

Les Annamites des villages voisins ont passé là déjà, détroussant les morts et moissonnant les chefs rasés, pour nous les présenter demain, comme des trophées de victoires personnelles, comme des gages d'alliance avec nous. Et des officiers, des braves, des Français au regard franc devront féliciter, par ordre, ces chacals ignobles, leur promettre protection, leur compter peut-être une indemnité !

Ah ! guerre trois fois sainte qui fais battre les cœurs d'hommes et restes le suprême refuge contre les écœurements de l'existence banale et plate, si ta mort agile n'était pas le renouvellement de la vie alanguie, si tu n'étais pas la loi tragiquement fatale, la consolatrice des petitesses universelles, l'épouvantable bain où se retrempent les caractères amollis et les cœurs qui ne croient plus, comme on te maudirait avec tes lendemains sinistres, plus attristants que les plus tristes deuils !...

Sur le chemin étroit, l'état-major s'échelonne. En tête, au loin, des chasseurs d'Afrique éclairent la route. Sur leurs grands chevaux arabes — vraies sauterelles — les cavaliers, parfois, se penchent, la carabine toujours appuyée sur la cuisse. A les observer dans cette pose lorsque le sentier fait un S, j'ai la mélancolique vision de la grande guerre où mon enfance se forma, et je revois, en Lorraine, sur les pentes des Vosges les uhlans prussiens qui venaient à quatre, avec des poses pareilles, sur leurs mecklembourgeois, jusqu'aux portes de nos villes....

On se penche aux endroits sur lesquels les chasseurs se sont penchés ; là sont des cadavres encore, ou des traces d'éléphants de guerre, des vestiges de déroute. Et l'on arrive enfin devant Bac-Ninh.

Le général de Négrier, plus jeune que jamais, accourt à notre rencontre. Il salue le commandant en chef et chevauche derrière lui. Encore un village. La tour de la citadelle surgit entre les feuilles, pareille à un canon monstrueux dont la culasse serait enfoncée dans le sol. A un dernier détour, les remparts apparaissent.

Devant le pont-levis, des soldats nous attendent, des soldats en pantalon rouge, quelque chose comme une France plus récente, moins exotique, plus de chez nous... — Que turcos et marins me pardonnent !

Nos bons petits soldats ! Ils sont peu nombreux, tassés dans une sorte de fossé, contre la porte, sales du combat de la veille, mais alignés au cordeau, roses d'un sang non anémié encore. Leurs baïonnettes scintillent.

— Portez armes !... Présentez armes !...

Les tambours battent et les clairons sonnent *aux champs*. C'est le salut au commandant en chef. Les officiers inclinent leur épée.

Cela est simple et cela est grand. Un frisson passa dans la colonne. Et, tant pis pour qui me raillera — je le sentis en moi, voluptueusement, comme une caresse.

Quand on entra dans la ville déserte et morne, ce fut une sensation différente, très neuve, qu'il faut avoir emmagasinée avec quelques autres, pour se consoler de tout : fatigues, déceptions, courriers que l'on ne reçoit pas, courriers que l'on manque...

La rue était nue, lamentablement nue et solitaire, plus solitaire et plus nue, avec sa chaussée du milieu, dallée de pierres blanches, ou macadamisée d'une boue sèche claire à côté de la teinte des bords. Là-dessus, les sabots des chevaux sonnaient, et l'on n'entendait dans la ville morte pas d'autre bruit que ce martèlement des pierres par ces sabots ferrés.

A droite et à gauche, des paillottes accolées sans fin restaient closes, muettes, très sinistres, sous les auvents rabattus de leurs échoppes barricadées. J'ai vu sous d'autres cieux des lendemains d'épidémie qui n'avaient pas ce navrement inanimé des choses en abandon. Pas un être, pas une bête. Dans l'escorte, nous baissâmes la voix, quelques-uns.

Par bonheur, à un tournant, le clairon reprit sa fanfare, le tambour son roulement plein de vie. On entra dans la citadelle et le canon salua le général en chef à coups sonores, très espacés, qui, plus que clairons et tambours, peuplèrent la solitude silencieuse.

Nous allâmes ainsi jusqu'à la pagode où le général de Négrier avait établi son quartier. La pagode est pareille à toutes les pagodes royales, mais plus grande, avec d'énormes chimères au faîte de son toit, un large parvis dallé devant sa porte, des arbustes et des arbres le long de ses allées, une vingtaine de pins à son chevet. Les pins bruissaient, harmonieusement, de ce bruissement spécial à leurs aiguilles vertes et qui ressemble au chant monotonement doux de la mer.

Tout de suite, je ne l'entendis pas, les yeux agrandis.

Devant le temple, appuyant leur flèche au rebord du toit, une collection de pavillons chinois masquait la façade de ses hampes de bambou et de ses plis multicolores, immenses. A terre, c'était un échafaudage de munitions, de caisses, de ballots pris à l'ennemi. En avant, plus près, soutirant le regard mieux que tout, une mitrailleuse allemande et une batterie de canons Krupp s'alignaient entre des piles d'obus.

Des canons Krupp... Beaucoup les reconnaissent. Dans les forts, il en existe douze encore, également neufs.

Cependant, nous mettons pied à terre. Le coup d'œil serait merveilleux — s'il faisait seulement soleil. On dirait un décor de cinquième acte.

Et justement voici le dénoûment : un prisonnier qu'on amène. Les interprètes habillés de violet l'interrogent, puis le général en chef ordonne qu'on lui donne à manger — et qu'on le renvoie ! Des officiers, très attentivement, regardent la pointe de leurs bottes...

Comme chute de toile, un capitaine arrive alors, qui nous appelle et nous désigne notre cantonnement.

14 mars.

J'ai revu le général de Négrier à la même place qu'hier, devant la pagode, près des canons.

Petit, sec, nerveux, il a la bouche résolue et l'œil bleu froid, qui voit, retient et pense. A l'étudier ainsi, on l'estime, le voyant fort, et on l'aime, le découvrant jeune.

Il regarde haut et loin d'un regard qui pénètre. La voix vibre avec une sécheresse naturelle qu'adoucit le sourire. Le geste reste un peu fébrile. La main joue avec la dragonne du sabre, ou tracasse la croix à l'entrebâillement du dolman, sur le col.

Personnalité sympathique à tous points de vue, on comprend que ce jeune chef soit adoré de l'armée comme de la marine. Je le retrouve, ainsi qu'à bord, charmant sans banalité, et ma déception de la veille revenant, j'ai le regret passager de n'avoir point suivi sa brigade et assisté à ses combats. Ma jeunesse aurait dû aller à cette jeunesse.

Parcouru la ville sous la bruine. Le désert n'est plus. Une armée cantonne dans les paillottes, mais le spectacle est plus triste que la désolation antérieure. Tassés dans les rez-de-chaussée boueux, sans meubles et sans lit, les soldats doivent regretter la rizière.

Par endroits, les ruines fument. La clémence a porté ses fruits : cette nuit, des incendies ont éclaté un peu partout dans les maisons inoccupées par la troupe, et la *relève* d'un poste des remparts a ramassé un factionnaire — tirailleur annamite — à qui la tête manquait. Maintenant, quand les troupiers trouvent un Chinois qui se cache, ils le fusillent sans rien dire. Seulement, dans trois mois, on en trouvera encore, espions ou soldats, retardataires de la déroute ou volontaires d'arrière-garde, car Bac-Ninh n'est pas une ville : c'est une ruche. Toutes les maisons s'y touchent, sans une allée, sans un passage, avec des rues à angles droits dont les lignes délimitent d'impénétrables quadrilatères où des bataillons pourraient se cacher. Derrière chaque paillotte, un jardin s'étend, enclos de haies épineuses, énormes, plus sûres que des murs. Et jardins et maisons font corps, étroits alvéoles.

Le tout est misérable. Ce ne sont plus les habitations d'Hanoï presque toutes en briques, ou du moins toutes spacieuses, aérées, accessibles, ouvrant sur de larges rues. Chacune des paillottes de Bac-Ninh vaut bien au maximum trois ou cinq piastres, une fois vide. Cependant, on hésite à les flamber, mais par mesure de sécurité, on les démolira. Un travail d'Hercule à travers ces bambous chevillés et qui exténuera davantage le soldat brisé de fatigue.

Je rentre las de mon excursion, dépité de la non-couleur des choses, de la saleté du ciel, des rues et des maisons, de l'humidité moisissante que l'on sent de toutes parts.

Dans mon quartier, le pillage de la nuit continue. Les coolies des deux brigades ont fusionné. Les arrêter dans l'inextricable fouillis des jardins et des cours n'est point possible. Une armée double ne suffirait point à les garder, et pour un qu'on assomme, dix reviennent. Rien ne leur échappe : ils butinent tout. Ce tout, à quelques maisons de mandarins près, est un amas de choses sans valeur pour l'Européen, mais constituant chez l'Annamite un entier mobilier. Les coolies s'en emparent, brutes inconscientes que ne trouble point la honte de voler ce qu'ont laissé leurs compatriotes fugitifs.

Incessamment, ils rôdent, renversant les lits de camp, les meubles, les autels pour aller plus vite, ramassant les sapèques dans la boue, l'opium demeuré dans les pipes, le thé, le riz, les soucoupes fêlées, les narghilés de porcelaine commune, jusqu'aux chapeaux de femmes, aux cordonnets, aux glands de soie. Et, pour accompagner leurs incessantes incursions par les cours et les cases déjà fouillées, la sempiternelle clameur des porcs que l'on saigne plane sur la ville. L'Annamite a plus de cochons encore que d'enfants, ce qui n'est point peu dire. Il en a comme ailleurs on a des moutons, des volailles. On a beau en tuer, toujours il en reste, et les grognements furieux des bêtes ne s'arrêtent point une minute.

Bientôt, pourtant, comme des factionnaires défendent les monuments publics, pagodes, arsenaux, magasins, comme il ne reste plus rien à ramasser dans ces décombres que nos canons n'ont point faits et que la main des pillards entasse seule, l'immonde troupeau commence la chasse aux chiens.

Cela dure des heures, et c'est l'horrible dans l'horrible. Je n'avais rien vu de plus épouvantable, pour anticipée que soit seulement la mort des pauvres bêtes, réservées à la table dans tout le pays.

Moins perspicace que le porc, le chien ne crie pas. Sa laideur bête, chez tous uniforme, demeure inintelligente. Comme le mouton, il ne résiste point, se laisse saisir et égorger. Ceux que je veux sauver se hérissent à mon approche, hurlent, montrent les crocs. En leur fidélité imbécile et touchante, ils sont restés dans les logis abandonnés, où, dociles aux leçons reçues, ils mordent le blanc seul, qui les plaint ou les protège ; mais ils se livrent aux coolies, et à leur approche frétillent leur courte queue. Jusqu'à l'étal, leur pauvre langue rose lèche la main des bourreaux. Lorsqu'enfin la lame luit, ils ont une brève révolte instinctive, un grognement qui se défend. Puis, au premier coup, c'est un jappement de douleur suraiguë, et bientôt un sinistre hurlement de bête vivisectée.

Leur mort toutefois n'arrête point l'horreur. On les
flambe, on les racle, ainsi que des porcs. Et dans toutes
les cours, dans tous les jardins, partout où deux coolies font ménage, nous retrouvons, ballonné, brunissant,
la graisse grésillante, le corps d'un chien, reconnais-
sable encore, qui rôtit sur un brasier clair.

15 mars.

L'occasion s'est trouvée de revenir par terre à Hanoï. Le bataillon des fusiliers marins et le bataillon Godon (3ᵉ tirailleur algérien) rentraient à leur garnison. Avec joie, nous les avons suivis.

La route — c'est une vraie route — est large relativement. On y avance vite, dans le pays toujours pareil, au milieu des innombrables fortifications qu'ont élevées les Chinois. L'ennemi nous attendait par cette voie, pensant nous voir recommencer Son-Tay.

Durant les trois premiers kilomètres, nous croisons les groupes disséminés d'une armée d'indigènes. Dans le pays, le bruit s'est répandu que Bac-Ninh était pris, qu'on y pouvait piller, et les chacals se précipitent à la curée.

Sur la route, sur les sentiers, sur les digues, par les rizières, ils accourent, innombrables, faméliques, déguenillés, portant des paniers vides, se hâtant à grands pas, hommes, femmes et enfants. C'est le rappel des meurt-de-faim de tous les villages. Il y en a tant et tant qu'ils semblent, par place, sortir du sol. En un quart d'heure, nous en comptons des milliers.

... Nous nous arrêtons pour brûler un fort dont l'avant-garde a noyé les poudres, pour interroger un Chinois fait prisonnier et pour déjeuner enfin. C'est notre dernier déjeuner en colonne, et le capitaine Godon qui nous invite, ne trouvant point de maison convenable, fait mettre le couvert sur un cercueil neuf, sous un hangar. Mais plus rien ne nous étonne.

Au canal des Rapides, nous disons au revoir à notre excellent hôte et à ses officiers qui vont bivouaquer cette nuit sur la rive. Nous hélons deux jonques et, aussitôt transbordés, nous piquons des deux jusqu'au Fleuve Rouge.

Nos coolies si fainéants jusque là et pliant moins sous le poids de nos bagages que sous celui de leur butin, courent sans peine à l'allure de nos chevaux ; et, joyeux de rentrer, accélèrent l'allure à chaque « *Maulen!* » que nous leur jetons, machinalement à présent, par habitude.

La fatigue nous rend indifférents au paysage. Nous ne voyons rien. On ne se parle plus.

La rentrée n'a rien eu de triomphal. Le fleuve franchi, quelques soldats nous interrogent. Et nous voyons, pour la première fois, poindre la lugubre question des lendemains de combat : « Savez-vous le nom des tués ?.. »

En selle encore, et un dernier coup d'éperon. Nos chevaux reflairent l'odeur accoutumée de leur chère écurie. Au galop ils enfilent la rue des Menuisiers, garnie d'échoppes, au seuil desquelles d'innombrables cercueils dressés debout rosent leur bois neuf sous un oblique rayon de soleil.

Et voilà le logis, rongé d'humidité, blanc de moisissures — le bien venu malgré tout. Désharnache-toi, voyageur, et, puisqu'un courrier est arrivé en ton absence, cours à la poste, avant que de manger, avant que de boire, avant que de consommer les ablutions si impatiemment souhaitées.

Car de pain et de vin, d'eau, du cher savon, on se passe avec un courage grand et un miroir sans tain. Mais qui se passera des lettres du pays, du doux souvenir d'êtres aimés? Et qui se passera aussi du vieux journal fripé par le voyage, déchiré parfois, mais fleurant encore, de par les océans, la bonne odeur de l'imprimerie natale?

On lit: on dévore: on n'est plus là. Cependant, peu à peu, lorsque les lettres finies, on parcourt les seuls journaux, une désillusion vague coule sur la joie, l'amoindrit. Dieu me pardonne! on trouve ses contemporains futiles. A peine sourit-on des *mots* de Scholl et du *Masque de Fer*. C'est que, dans les yeux, on conserve la vision des grands horizons, des larges étendues où l'on s'est baigné. L'horreur atroce de la guerre a laissé dans la prunelle la gravité mélancolique de ses inoubliables tableaux, et, naïvement, on a quelque confuse surprise à trouver aux autres des préoccupations moins hautes, de plus paisibles reflets, des pensées très terre-à-terre.

Ces quinze feuilles imprimées du courrier bi-mensuel, ces journaux amis ne m'ont donc rien dit, tout d'abord. Que nous fait la « question des chiffonniers » ? M. Francisque Sarcey me reproche de n'avoir point créé *Mes Bottes*? Je pense bien à *Mes Bottes* et à M. Sarcey !

Seulement, cet étonnement dure peu, et cette réacclimatation à l'atmosphère, aux choses parisiennes, s'opère vite. Lentement, on se retrempe dans le courant habituel. Avec une jouissance d'abord inavouée, puis éclatante, on savoure la troublante saveur de ce parisianisme adoré, notre seconde existence. C'est à pleines lèvres qu'on rit des mots de Philippe Gille et de Scholl, c'est de toute son intelligence qu'on suit les comptes rendus de théâtre qu'il s'agisse de *Sigurd*, de *Manon Lescaut*, ou même de *Smilis*. Et avec un retour bien humain (c'est-à-dire très bête), de petite vanité blessée, on relit M. Sarcey. Qu'as-tu fait encore, pauvre cancre, pour que ce spécialiste (*consultations tous les lundis*), oubliant la prescription des distances, te reproche ton infécondité et t'inflige un... pensum? On cherche une riposte qui n'arrive d'ailleurs pas, puis, le bon sens revenu avec le rire, on passe par profits et pertes ce coup d'*Assommoir* !

A tout dire, comment le regretter? Il a remis en branle la machine, rappelé qu'on n'est point au Tonkin « pour s'amuser ».

Les chevaux se reposent, à cette heure, gorgés de paddy et d'herbe fraîche; mais pour nous, c'est l'instant du labeur. A ton tourne-broche, chien esclave, qui attendais la niche! T'imaginais-tu avoir rêvé, observé et pensé pour toi seul? Tu n'auras ta pâtée qu'après avoir confectionné celle des autres, et ce, en quarante-huit heures, car Paris n'attend pas. Allons, tourne, et tourne vite pour que le rôti n'arrive point au dessert!

... Je tourne!

Je tourne, sous la pluie crevant mon toit et inondant ma table improvisée, au milieu des moustiques insatiables et lancinants; je tourne, les membres brisés, l'échine molle, la paupière appesantie. Je tourne — et je songe aux amis, aux bons amis, qui liront ces choses hâtives...

Et je songe aussi à vous, Daudet, mon cher maître, car j'ai là, sous les yeux, le mot flatteur et charmant dans lequel votre gracieuse fantaisie me disait adieu à mon départ de Paris. Vous feignez d'envier le sort du poète qui s'en va sur les larges mers, vous dites bien heureux les jeunes auxquels tombent ces fortunes, et vous me conviez enfin au beau livre du retour, que lisent, au coin du feu, les voyageurs de foyer — les vrais sages, les seuls jeunes. Invitation railleuse et regrets convenus! Que ne me prêtiez-vous plutôt, ô *galéjaire*, votre fine plume d'or — la plume qu'on ne prête point? Que ne me disiez-vous : « Cigalier, la route est mauvaise, le soleil ne luit point là-bas tous les jours... »?

M'envier ? Mais c'est moi qui envie, et de tout mon cœur, les amis bienheureux que la Muse voyageuse a conduits aux pays de la lumière et de la couleur, aux Algéries brûlées et chaudes, où le ciel fait sourire de l'indigo trop pâle, où le sable est rose, où de belles filles aux yeux d'escarboucle demandent une dot aux caresses du passant !

Pour petite que soit ma pauvre mandoline, elle aurait peut-être, sous ce ciel et devant ces yeux-là, donné sa chanson aigrelette sans trop de fausses notes, mais au Tonkin ! Je vous en prie, ô maître, soyez plus qu'indulgent pour ma musique. On vient ici par des allées paradisiaques, mais l'on ne trouve à leur extrémité qu'une banalité noyée de brouillards. Ciel terne et sol ocreux : ma guitare se fait accordéon. Les belles filles aux yeux de flamme, ce sont pour moi des poupées jaunes qui mâchent des consonnes dans des rires idiots montrant des dents noires, laquées comme le peigne de leurs cheveux huilés ! Mes almées chiquent le bétel et leur turban a le gris de leur ciel, leur robe le rouge sale du sol, leur gorge la monotonie plate du pays ! O maître, ma poésie a les jupons crottés — jusqu'aux cordons ! Pourtant, je les ai rêvés comme vous, les voyages ensoleillés où l'imagination se retrempe dans un bain de couleurs, où l'observation s'affine sur des types enfin neufs. Et je l'ai caressé souvent, ce rêve enfantin mais délicieux d'un sourire du dieu Million qui me permettrait sa réalisation. J'en parlais, la veille de mon départ, à Mendès, dont les yeux luisaient tandis que nous devisions sur les *mousmés* qui dansent à Yeddo. Oh! le beau yacht nous aurions, et comme je le ferais rapide, confortable et vaste pour que vous y veniez tous, les enchanteurs de la plume et du crayon, vous tous que j'aime! Le beau livre de retour vous écririez, dont j'accepterais orgueilleusement la reconnaissante dédicace!

Ah! qu'il m'entende enfin, le Crésus ignoré qui bâille et meurt sur ses parts de fondateur! Qu'il m'entende et je prendrai la barre! Ne craignez rien, cher maître je ne mettrai pas le cap sur le Tonkin : il y pleut comme au faubourg Montmartre!

VI

PREMIÈRES IMPRESSIONS

Cueillette de notes, au hasard des feuillets. Le papier jaunit vite au Tonkin : l'encre ne résiste pas mieux, et, dans l'air saturé de vapeur d'eau, s'efface à vue d'œil. Un peu comme elle, les impressions se dégradent. Leur acuité est fugitive, en raison même de leur multiplicité étourdissante. La pupille se dilate trop, pour que le cerveau retienne bien. A l'appel de la volonté, la mémoire reconstitue un papillotage dont les couleurs tourbillonnent, et l'ensemble, quoi qu'on fasse, demeure imprécis. D'où cette conclusion : qu'à l'observation, dans ce pays de l'étrange, un apprentissage est nécessaire. Pour bien faire, on ne devrait point parler de l'Indo-Chine avant un long séjour, avant d'avoir adapté au champ d'études sa méthode désorientée. Mais, comme Art et Logique s'accordent mal, le mieux encore est de noter, au fur et à mesure, ses nouvelles sensations ; — sans compter qu'à procéder de la sorte, on se ménage la joie de mesurer, par la suite, sur des documents écrits, les variations de son esprit et l'échelle de ses surprises.

La littérature instantanée comme la photographie, c'est aussi de l'*impressionisme*.

Hanoï, 25 Février.

Hier soir, en rentrant, il fallut faire un long détour. La porte séparant la rue Chinoise de la Douane était fermée ; le factionnaire refusa de l'ouvrir, parce que nous n'avions pas le *mot*. Informations prises, il paraît qu'on redoutait un coup de main. La place est forte, dûment garnisonnée, mais les têtes de nos pauvres officiers sont toutes mises à prix par Liû-Vinh-Phuoc, et les Pavillons-Noirs, qui ont des amis à Hanoï, sont gens, dit-on, à s'introduire dans les faubourgs pour y moissonner quelques chefs sanglants. Cette féroce guerre de guérillas est chère aux Asiatiques qui y excellent. Ceci d'ailleurs n'est qu'une des versions courant parmi les étrangers. Il est, en tout cas, positif que les précautions ordinaires avaient été doublées et que chacun était prêt à prendre les armes. Peut-être voulait-on simplement exercer la troupe à se garder, tenir les officiers en éveil. Mais plus d'un veilla, sentinelle involontaire, à qui n'incombait aucune responsabilité.

La soirée fut pareille aux autres, remplie par le travail, — le travail charmant et dur, fait de rappel d'idées, de chasses au mot, et que coupent les déviations du rêve, l'involontaire poursuite des spirales de fumée, suivies, sans y prendre garde, de la cigarette aux solives. Le chat ronronnait, et le gros tic-tac de la pendule allait son train berceur. Parfois, la chanson croissante des grillons, ou la plainte des crapauds du lac entrait plus fort, l'étouffant. C'était alors, pour rattraper la cadence du balancier, une interruption passagère, un silence plein de bruit. Cependant, la plume allait toujours, courant sur les lignes, s'interrompant en arrêts brusques, repartant avec une décharge de ratures bruissantes, avec un grincement de bec écrasé.

Tout à coup, des chiens hurlèrent, lamentablement.

La plume enraya. Les commentaires entendus et le souvenir de la porte close surgirent. La main du travailleur tardif rapprocha, machinale, son revolver, comme un presse-papier ; puis, tenace, sous la ronde clarté de la lampe à pétrole, le front se recourba sur les feuillets.

Mais elle s'envolait, l'idée rebelle, et la broderie des lettres miroitantes d'encre fraîche s'éteignait, vite séchée, sur le papier plus blanc. La tête se releva, fouilla les coins sombres, d'un regard, curieux déjà et qui voulait être inattentif. Toutes choses étaient à leur place, perdues dans le noir, à peine visibles. Accrochant quelque vague clarté, des sabres, des gongs, des brûle-parfum, acier et cuivre, tachaient seuls les murailles.

Tour à tour aboyant ou hurlant, les chiens faisaien un vacarme plus lugubre. Et, à les écouter, cette pensée vint qu'on ne les avait jamais entendus se démener ainsi, et QU'IL DEVAIT Y AVOIR QUELQUE CHOSE. Bêtement, on attendait des coups de feu, une effraction et je ne sais quelle invasion hideuse. La main, à présent, caressait la crosse du revolver ; les yeux se vissaient sur la porte, et dans la tension de tous les sens, la face tendue n'avait plus un pli.

Or, l'esprit se cabrait, raillait les nerfs frissonnants à l'hululante musique des chiens — des chiens que demain leurs maîtres mangeront—, mais la raillerie muette du bon sens retombait, balbutiante, et l'imagination demeurait aux écoutes, plus fiévreuse, à mesure que s'allongeait l'affût. Peu à peu, la cigarette s'éteignit, et le bruit des battements sanguins couvrit de son galop le grésillement de la lampe à bout, le cri des cloisons qui jouaient, des chiens qui hurlaient, le tic-tac rageur de la pendule. Dans la cour, au loin, l'ordonnance — un marin — rêva tout haut, bataillant sous un cauchemar, et le veilleur, dans un frisson, savoura la sensation exquise de l'apeurante solitude.

Il faut avoir goûté cela...

28 février.

Réveil au son aigre des flûtes annamites et des gongs. On dirait un orchestre de binious, de triangles et de cymbales jouant faux, pour le plaisir. Je m'habille en songeant avec mélancolie que l'art reste — après ou avant tout — une affaire d'éducation, de latitude, et que la notation musicale européenne semble un perfectionnement relatif. Des millions et des millions d'hommes goûtent ces mélopées navrantes et rauques dans lesquelles quatre notes seules vont et viennent avec des combinaisons puériles, dont la simplicité déroute. A écouter la *Damnation de Faust*, ces millions d'hommes resteraient froids, et *la Course à l'abîme*, dans les cases indo-chinoises, délecterait les seuls lézards. Ceci ne découragera aucun Reyer. Aussi bien, quitterait-on la rue Drouot si l'idéal était partout le même ?

Flûtes et gongs appartiennent au cortège d'un enterrement. A travers le store, j'assiste au défilé. Des Annamites, vêtus, en signe de deuil, d'une grossière cotonnade blanche, désourlée, agitent des baguettes pour chasser les mauvais esprits toujours prêts à crocher l'âme des morts. D'autres brandissent des bannières blanches, brodées de caractères noirs pareils à des faucheux : l'élogieuse biographie du défunt, d'après les gens du pays. Puis, ce sont des autels dorés, et encore, une sorte de maison minuscule, la case infernale où habitera celui qui n'est plus. Vient ensuite le cercueil, sur un sarcophage superbe, dont vingt coolies soutiennent à peine, sur leurs éternels bambous, l'échafaudage compliqué. Derrière, une foule se lamente en aboiements de douleur que rythme la sauvage musique. Et à la queue enfin, quatre hommes portent, dressée sur ses piquets, une tente quadrangulaire dont les bords pendent à hauteur de leurs genoux. Là-dessous, les femmes et les parentes du mort marchent invisibles. J'entends leurs répons aux cantiques monotones de l'assistance, mais je ne découvre que leurs jambes. Les mollets sont grêles, blondissants. Ces pleureuses doivent appartenir à une classe élevée. Les pieds sont jolis, un peu plats et semblent blancs sur la sandale de bois noir laqué, recourbée en large poulaine. C'est décidément un enterrement aristocratique.

Avec un bruit décroissant, le cortège descend la rue, disparaît, mais longtemps encore, jusqu'au dernier angle, je vois, sous la tente, se trémousser les petits pieds. Au tournant, comme le terrain s'infléchit, la tête du cortège s'engloutit, et le pavillon de toile paraît s'immobiliser une minute, demeuré seul. Alors, il se perd sur le ciel dont il a la couleur sale, et les petits pieds distincts, se levant et retombant tous ensemble, prennent une étrangeté de mécanique, un frétillement de pantins invalides, dont, le corps démoli, les pattes gigotteraient toujours.

1ᵉʳ mars.

La maison étale sur la rue une courte et étroite façade, mur de briques blanchies à la chaux. De grands stores verts intérieurement drapés de soie rose, visible entre les lamelles, comme un brasier à travers un écran, en adoucissent la bande crue.

Par derrière, elle baigne dans le lac sa cour-jardinet, close au bord de l'eau par une balustrade de briques, dont le dessin, vénitien d'intention, a sans doute été fourni par quelque officier du génie ou de l'artillerie — amateur passionné de romantisme. Deux papayers, ébranchés par l'orage ou par un coolie vandale, la bornent, semblables à des jalons de géomètre, et sur la surface plombeuse du lac, allongent leur ombre atrocement rigide.

Comme tous les matins, à pareille heure, le ciel est gris, d'un gris luisant, encore inrendu, spécial. A l'examiner, à le sentir peser sur ses épaules avec ses vapeurs denses, on songe involontairement aux intérieurs d'usine, aux plafonds des chaufferies, aux toitures embuées des lavoirs. Mais le soleil monte, et son évaporante irradiation condense lentement, en dedans, la masse nuageuse. On ne le voit pas encore, le soleil : on le devine, à la mollesse qui tombe pesante, à la teinte éclaircie de la calotte de vapeurs.

A cet instant, le gris s'attendrit, d'une transparence où se trahit une flambaison. Çà et là, peu à peu, il brûle le regard de ses éclats de métal décapé fraichement. Une balle de fusil coupée au couteau a seule sur ses tranches, avant l'oxydation, ces reflets de miroir embrumé. Au-dessous, toujours immobile, l'eau dort plus jaunâtre, soufflant une torpeur amollissante comme celle dont le poids la nivelle. Et l'on a le souhait passager d'une trombe oxygénée, d'une rafale d'air sec qui balaierait cette lourdeur.

2 mars.

La mère Debeire, une vieille bonne femme encapelinée, cantinière en retraite et toussottante, mais ayant encore l'œil vif et la langue bien pendue, fait doubler le nombre des tables et des chaises à la « terrasse » et sous la véranda de son cabaret. C'est l'heure de l'absinthe : Hanoï retrouve une vie brève.

De la Citadelle, de la Concession, de la Sapèquerie, du Camp des Lettrés, des groupes d'officiers descendent, rallient le caboulot qui est leur seul café, et s'attablent, au milieu d'un brouhaha croissant de bonjours. Des mains s'étreignent sans cesse. Un moment, on ne s'entend plus.

Immobile sur son seuil, — vision étrange en ce cadre chinois d'une brave Lorraine, surgie là inexplicablement — la mère Debeire gourmande l'unique garçon, Paul, un jeune Annamite, son fils adoptif. Elle sourit à sa clientèle, la mère aux soldats ; elle s'inquiète de tous et de tout. Va-t-on mieux ? Ce troisième galon arrivera-t-il au prochain courrier ? Mais la vieille compagnonne de Jean Dupuis, la vivandière des pionniers, qui a fait le coup de feu et tué ses cinq Chinois, s'intéresse surtout à Hautefeuille : « ce beau garçon qui prend des villes avec six hommes ! » Maternellement, elle le couve de l'œil, toute heureuse du cordial bonjour dont le lieutenant de vaisseau la salue.

La foule augmente, plus mêlée d'uniformes et de grades. La même table réunit des officiers de marine, des turcos, des artilleurs, un intendant, un vétérinaire, un archiviste. Quand on passe au galop là devant, on a l'impression d'un album d'aquarelles de Detaille ou de Dupray feuilleté très vite. Des bleus, des rouges, des blancs, des verts, des noirs, se touchent — s'harmonisent.

Les apéritifs circulent. Paul court toujours. Et les voix se confondent, montent parfois.

— Nom d'un chien ! s'écrie un tout petit sous-lieutenant d'infanterie de marine, imberbe et joli comme un bambinello, que ses camarades appellent « l'écureuil », et dont le képi posé sur l'oreille laisse voir la cicatrice d'une balle reçue à Son-Tay... Nom d'un chien ! on n'envoie à Bac Ninh que deux bataillons de mon arme sur six. Ce n'est pas juste !..

Un autre crie :

— Je vous dis qu'il était de mes anciens à Saint-Cyr...

— Et moi, de mes petits *melons*...

— Quel pays ! quel café ! pas même un annuaire !...

Les discussions continuent, car chacun veut aller se battre et chacun croit son régiment le plus beau et le plus brave, — comme s'ils ne l'étaient pas tous !

Cependant, la rue indifférente garde son trottinement de bêtes et de gens. En face, une maison, derrière un mur, a l'air d'une grosse ferme française, malgré les lettres zigzaguées de son fronton chinois. Et ce ne serait pas Hanoï, mais un cantonnement dans un de nos villages, durant les grandes manœuvres, sans le panache souple d'un aréquier, plumeau noir sous le ciel pluvieux, caractéristique immuable du pays, rappel à la réalité.

Ce ne serait pas Hanoï, sans la nuée de vauriens annamites qui se précipitent à chaque arrivant, et se battent à qui prendra la bride de son cheval. Leur troupe piaille, perd la tête quand deux chevaux de Tourane, petits et rageurs, s'échappent et se mordent ; ou bien ce sont des torgnoles à propos du dernier pourboire reçu. Fier d'être européanisé, Paul distribue des coups de pied aux plus proches.

Ce ne serait pas Hanoï, sans les pelotons qui passent, allant prendre la garde, sans le mendiant indigène, hideux et infirme, qui grimace devant les tables. Les nouveaux débarqués le regardent, retenus une minute par cette laideur simiesque qui mime un poème confus. Le marmiteux représente la prise de Son-Tay à lui tout seul, et gesticule, glousse, trompette, agonise, tour à tour. Sa face léprosée se tord, ses yeux virent ses joues glabres se gonflent, imitent sous les claques les crépitements. Puis, il se déshabille, se prosterne, convulsé, demande grâce et fait le mort. Alors, les sapèques tombent dans son salaco, jusqu'à ce que, relevé, il salue avec des *laï* n'en finissant plus.

Et le bruit des conversations reprend plus vif dans le cliquetis des dominos. Le jour baisse. Une odeur de cuisine, parfum aliacé des ratas militaires, passe par bouffées. L'heure du diner est proche. Des officiers se lèvent, remontent à cheval, et s'en vont avec des coups de képi circulaires.

A ce moment, une porte s'ouvre, en face, dans le mur qui entoure la maison pareille à une ferme, et un troupeau apparait que mène, le bambou à la main, un Annamite à tête de brigand, sérieux et digne comme un mandarin. Ce sont des oies qui, trois par trois dodelinant le cou, battant des ailes, très comiques, rentrent coucher derrière le café, et, lentement, traversent la rue, avec une musique étourdissante.

3 mars.

... Comme l'interprète tardait à revenir, je pris le parti de l'aller chercher, bien certain de le retrouver pérorant au milieu de ses collègues saïgonnais, sous la véranda des bureaux, car, avant de se mettre au travail, ces messieurs tiennent là leur petite parlotte. Le matin, ce m'est une joie de les y observer, étalant leurs grâces asiatiques, et polissant leurs ongles démesurés. Quelques-uns arrivent à cheval, au milieu d'un carillon tintinnabulant de grelots, et ceux-là surtout me captivent. Leur talon seul repose sur l'étrier étroit de cuivre, rejeté en arrière du pied ; — de loin, à les voir juchés sur leurs petites bêtes de Tourane, tout en crinières, on dirait des singes de cirque chevauchant des poneys nains. La selle de bois, flanquée, de chaque côté, de tabliers de cuir couleur orange et racorni, pendant très bas, l'étrange rêne de filet en cordonnet rose, les pompons, les grelots complètent cette carnavalesque ressemblance.

Tandis que les *boys*, terrorisés par la brutale arrogance de leurs compatriotes renégats, se précipitent au secours du cavalier, et l'aident à mettre pied à terre, des saluts s'échangent, hiérarchiquement mesurés. Alors, parmi les groupes, ce sont des « *Bonjour, Monsieur !* » des « *Comment allez-vous, Monsieur ?* », dont les syllabes françaises, très scandées, se succèdent avec une affectation réjouissante. Une minute après, la conversation roule en annamite caillouteux, et ces Français d'un instant redeviennent de bons sauvages, grands chiqueurs de bétel.

Mon homme, ce matin, ne figurant pas dans leur bande, il fallut redescendre. Le fugitif ne se trouvait pas loin. Rue des Incrusteurs, à la porte d'un débit de thé, je l'aperçus entre les mains d'un barbier indigène, et ma colère pour son retard tomba tout de suite, devant sa figure glabre.

La barbe faite, l'artiste tonkinois s'occupait des oreilles. A califourchon sur le même banc que son client, il les nettoyait avec une série de petites curettes, infiniment variées. L'interprète demeurait immobile, voluptueusement hypnotisé sous le chatouillement des instruments de l'opérateur. Derrière lui, à ses côtés, sur le même banc encore, des gens lampaient des tasses de thé, ou, les doigts armés de baguettes séparées par l'index comme des castagnettes, se bourraient de riz gluant.

Or, en attendant que le barbier eût achevé, je m'amusai à suivre ce maniement de baguettes, bien qu'il n'eût rien de la prestidigitation imaginée chez nous. Les minces bâtonnets réunis au bout et formant spatule ramassaient les paquets de grains agglomérés, en les poussant jusqu'aux lèvres, le long des parois du bol, tenu sous le menton pour recueillir les moindres bribes. C'était seulement malpropre. L'habileté apparut, pourtant, lorsque l'instrument se transforma en pincettes pour happer les derniers grains oubliés au fond du vase. Bol et soucoupe enfin demeurèrent nets, et, sans qu'on les lavât, un second dîneur, s'en emparant, se fit servir une portion.

A ce moment, sa toilette terminée, l'interprète se leva et vint à ma rencontre, avec le salut habituel.

Je reculai : le drôle était resplendissant.

Sur son pantalon blanc, sorte de culotte de zouave dont les plis bouffants n'atteignaient point les genoux, sa blouse, — son *k-kouin*, — tombait, très blanche aussi, s'ouvrant sur le côté, devant l'épaule, comme une veste de baby. Des boutons d'ambre et des pattes la fermaient, laissant voir au-dessous, sur la peau, un fin tricot de mérinos anglais. Sur le tout retombait, à la façon d'un pardessus, une autre blouse plus large, pareillement boutonnée, mais celle-là n'était point, comme d'ordinaire, d'humble toile ou de lustrine : mon homme l'avait taillée dans de la soie violette, mince comme du papier à cigarette, et qui luisait au soleil, très transparente.

Enfin, il avait des chaussettes, des bottines à élastique immensément longues, et portait **un petit cha-**

peau melon d'imperceptibles bords. C'était fini du chignon féminin si noir, si lustré, si bien natté ; fini du peigne d'écaille au dos large rubané de fils d'argent; fini du foulard violet qui s'enroulait jadis autour! Le bellâtre, aujourd'hui, laissait pendre ses cheveux gras, bouclés comme ceux d'un lévite.

Je fis : Oh ! machinalement. Il se rengorgea tout fier, et, se dandinant, la main appuyée sur le bec de corbin d'un parapluie neuf, couleur azur, — ancienne convoitise enfin réalisée, — il s'écria, découvrant dans un rire ses trente-deux dents noircies :

— On est *tott*, n'est-ce pas ?

Tott (1) !... Je ne répondis pas. Du coup, je me trouvais loin de la rue des Incrusteurs. Tandis que je savourais ce monosyllabique vocable, mon rêve prétentieux caressait le projet d'enrichir d'une appellation nouvelle le boulevard perdu. *Tott !*... Comme cela sonnait bien avec une étrangeté exotique ! *Tott !*... Serait-ce suffisamment neuf ?

Longtemps, je remâchonnai la chère syllabe. J'étais loin, décidément bien loin. Maintenant, j'apercevais distinctement un jeune gentilhomme vêtu d'un habit puce à boutons d'or. Avec des allures d'ambassadeur, dodelinant son crâne rose, un montreur le conduisait par la main et criait aux foules ébahies :

— Il n'est pas pschutt, il n'est pas tschock, il n'est pas v'lan, il n'est pas même t'seng : il est TOTT !!!

(1) En annamite, ce mot signifie beau, chic, bien, etc... Se prononce comme Loth.

4 mars.

C'est un rectangle de terrain qui s'étale, dit un rapport officiel, entre quatre digues perpendiculaires entre elles. Presque perdu, au milieu de ce rectangle, l'enclos a la sécheresse géométrique, la régulière froideur des constructions militaires : de loin, on le prendrait pour un parc d'artillerie.

Pas un arbre. Sous le ciel bas, le sol est nu. Tout autour, cependant, entre les murs de briques à jour et les digues qui surplombent, des bandes vertes bariolent la terre ocreuse. Ricins et maïs poussent là, dans le trou. Du côté parallèle au fleuve, et qu'on trouve à droite, en tournant le dos à la Concession d'Hanoï, des bambous grimpent, atteignent la jetée, débordent sur elle et, triomphalement, accaparent, dans leur jeune masse frémissante, toute la vie du terrain. Au delà, le paysage qu'on découvre des digues s'étend, également triste, plat à pleurer, sous la nue grise qui bruine, et parcimonieusement semé de paillottes ou de buissons. Une chaleur mouillée plane au-dessus, dans une silencieuse solitude.

Je suivis la digue de droite, à cause des bambous. Leur bouquet, au milieu, s'entr'ouvrait, encadrant une porte. Sous son arceau de branches, avec ses marches d'escalier envoûtées de feuilles, cette entrée avait l'invitation attirante. Une branche de pin au fronton de son portail, elle aurait rappelé ces allées que les cabarets campagnards installés dans les ravines poussent jusqu'aux routes.

Et, au lieu du cabaret, j'aperçus, dans un jardin, une case annamite et, plus loin, l'enclos carré pareil à un parc d'artillerie. Des dalles le peuplaient, et des tertres, marqués de toutes petites croix noires, branlantes.

Dans le voisinage du jardin, où les choux, les oignons, les bananiers du fossoyeur faisaient une tache vert cru, surgissant dans l'ouverture rieuse des bambous, l'enclos, avec son sol de boue jaune, crevassée, l'enclos, sans arbres et sans fleurs, s'étalait plus morne.

— Oh ! ils sont au frais, eux ! ..

Je me retournai. C'était mon compagnon, le turco. Il souriait. Ses dents de chacal étoilaient sa barbe frisottante.

— Tu sais, monsieur, reprit-il, au moment de l'inondation, l'eau couvre tout...

Puis, il me montra du doigt, sur l'autre digue, de nouveaux tertres, nus et secs, sans même une croix les tombes dernières qui devaient échapper à l'eau. Mais je revenais toujours à l'enclos funèbre, aux murs guipurés en briques, aux petites croix noires branlantes. La place y devait manquer déjà. Au dehors des murailles, entre les ricins et les plants de maïs, il y avait deux ou trois sépultures plus récentes.

Je ne me sentis pas la force de descendre dans ce creux boueux. On m'avait dit, d'ailleurs, que je n'y déchiffrerais plus rien, noms et épitaphes. Seulement, pour faire entrer en moi la vision formelle des choses, pour m'emplir à jamais de leur tristesse inanimée, longtemps je contemplai, la prunelle agrandie, le champ de mort navrant sous le ciel sale. Et, tandis qu'ils me revenaient, mes souvenirs de deuil, bagage intime qu'on déballe, malgré soi, par soif de souffrir davantage quand tombent les heures noires, ou par instinct méchant et égoïste quand on songe aux douleurs d'autrui, j'évoquai les solennités funèbres, les obsèques des soldats « tués à l'ennemi ». Une salve de coups de feu, un ronflement de discours déjà entendus me revinrent, très nets. Les mots : DEVOIR... PATRIE, passaient, avec un roulement d'R, une cadence de débit bref, hachant deux pages de *Théorie sur le service en campagne*. Ce vent de voix récitantes, ces coups de fusil ne réveillaient pas plus les endormis qu'ils ne courbaient les feuilles de maïs, très vertes en ce sol gras. Alors, comme à travers un crêpe, j'entrevis — ressouvenance et non vision, — des femmes qui pleuraient, — des mères.

VII

L'OPIUM

Hanoï, 24 février.

C'est devant la maison, entre les grands stores verts doublés de lustrine rose et l'habitation, au-delà de la première cour brûlée de soleil, loin de la rue banale, où les brouettes, à large roue pleine, vont et viennent en grinçant...

Une silencieuse fraîcheur dort en ce coin. Tout d'abord, le demi-jour y semble une nuit. Où entre-t-on; Véranda close? Antichambre? Le lieu précède l'ordinaire rez-de-chaussée : sa longueur a celle de la façade? sa largeur celle d'un couloir. Mais les yeux cessent de clignoter ; on oublie la clarté crue d'où l'on sort : on distingue.

Regardant les stores, entre deux portes dont le bois

verni­ssé, peint en clair, troue le mur nu, une estrade se carre, large lit de camp chinois d'un rouge brun miroitant et laqué. Sa base est dorée : ses moulures en relief reluisent. Pas un autre meuble. Dans l'un des coins, deux parasols de mandarins, grands ouverts, laissent pendre immobiles, sous leur dôme de papier, des pompons multicolores. A l'angle opposé, repose sur ses deux trépieds un palanquin riche, garni d'argent, avec son bambou énorme et tigré, son dôme ovale, son filet blanc, ses supports dorés, ses boiseries laquées pareilles au lit rouge brun qui miroite.

Quand j'entrai, je vis le seul lit de camp, car un groupe s'y tenait, homme et femme. L'homme était couché sur un matelas cambodgien, bariolé.

Français, jeune encore, les traits fins, la tête sympathique, beau de la beauté muette que donne la correction des lignes, il avait la peau d'un blanc ivoirin — de cette teinte laiteuse de l'ivoire qui n'a pas eu le temps de jaunir un peu. La blancheur et la maigreur de la face, du torse et des bras tiraient l'œil, tout de suite, soufflant cette rapide pensée qu'il suffirait d'un rien, d'une goutte de sang perdue, d'un effort des muscles, pour que l'une devînt la lividité de la mort, l'autre l'affleurement des os dénudés.

Et cependant, cet homme ne semblait pas malade. Pas une ride, pas un de ces coups de pouce dont la maladie creuse un visage. Il demeurait entier, extérieurement intact et sain ; même son impassibilité chassait la supposition d'une douleur étiolante, ou d'une pensée, cet autre mal.

Il se tourna vers moi, réveillé par le bruit du store dont le pan, retombant derrière mes épaules, balayait une courte nappe de lumière qui mourut vite en la pénombre. L'œil était d'un bleu gris, mouillé d'une douceur froide, avec une pupille très large, comme je n'en avais jamais vue. Un regard me fit signe de m'asseoir au pied du lit ; un battement de paupières, un léger balancement de la tête me murmurèrent un salut, une prière d'attendre un instant. Puis, un nuage de fumée bleue, que piquait le point jaune d'un bouquin d'ambre, passa sur le visage : l'homme fumait une pipe d'opium.

Silencieusement alors, j'examinai la femme. Une Annamite, elle ; non pas toutefois la femelle vulgaire, rencontrée jusque-là. Celle-ci devait appartenir à la classe riche, ou bien c'était une opulente courtisane. De lourds bracelets, un gros collier d'argent sonnaient à ses poignets et à son cou ; des bagues ceignaient ses doigts d'enfant plats du bout et relevés, terminés par des ongles immenses. La face reproduisait le masque habituel des femmes du peuple, avec des détails plus fins et des méplats moins accusés. L'œil étroit et long vivait seul sur cette face plate de poupée. Sous le nez camus, la bouche ouvrait son pur dessin, et les lèvres sanglantes laissaient voir les dents petites, artificiellement noircies, repoussantes sous leur laque humide. La peau tendue aux tempes semblait lustrée...

Or, cette femme était jolie, jolie de la beauté asiatique, hiératique un peu, et qui tout d'abord trouble l'imagination seule. Après le premier éclair, son regard redevenait limpide, glacé, sans un rêve. Elle se laissait étudier étrangement indifférente, et je suivis, guettant l'ombre d'une gêne, la ligne souple de son corps, depuis le cou mal attaché, depuis la poitrine que les seins petits, classiquement hémisphériques, renflaient trop bas, jusqu'aux hanches accusées à peine. Accroupie sur ses talons, dans la pose orientale, elle ressemblait à une divinité bouddhique. Ses pieds jaunes, ses chevilles grosses passaient, de chaque côté, sous les plis de ses robes de soie.

Mais celles-ci me retinrent une minute, blouses longues superposées, montant haut et s'ouvrant de côté. La première était de soie brochée, d'un bleu noir, doublée de taffetas vert émeraude, la seconde de satin nacarat doublée d'azur, la troisième violette, doublée de jaune canari. Sur les jambes, dans le croisement qui cassait les plis, les pans extrêmes retroussés étalaient toute une palette, jaillissant plus crue au contraste de la teinte du vêtement extérieur. Le dernier kékouin remplaçant la chemise apparaissait à peine, plus court et de calicot blanc. Comme toujours, laissant le chignon et les nattes aux hommes, l'Annamite portait ses cheveux courts en bandeaux sur le front, des cheveux noirs, sans finesse, lustrés d'huile et soufflant un parfum de santal, très doux. Un torchon de crépon entourait la tête d'un turban incorrect, prenant sur les bandeaux, et ramassant derrière, sur la nuque, les mèches épandues. Les fillettes coiffées à la garçonnet arrangent ainsi leurs tresses avec une résille, pour ressembler à leurs grandes sœurs...

Le maître du logis reposa enfin sa pipe, en exhalant lentement un gros nuage de fumée.

Cela répandait une odeur âpre, d'une étrangeté nouvelle, tombant peu à peu à la douceur d'une aromatique griserie.

Il tendit l'instrument à sa compagne, et tandis que l'idole, avec une éponge humide, essuyait, pleine de soins, le fourneau plat, culotté d'un beau brun d'or, il se souleva à moitié pour me tendre la main. Ses doigts étaient moites — d'une moiteur froide. Sans me l'expliquer, je retrouvai, à les presser, la sensation que m'avaient donnée le regard, l'œil bleu-gris, mélancoliquement noyé, la pupille trop large.

Nous causâmes. J'étais gêné, surpris de l'avoir trouvé là, sans avoir pu frapper et m'annoncer de loin. Je savais que les Européens se cachent pour sacrifier à l'opium ; je connaissais assez peu le fumeur. Il n'eut pas cependant l'apparence d'une contrainte, et, après quelques paroles banales :

— Voulez-vous en brûler une ? me demanda-t-il.

J'acceptai, pour savoir. Sur un ordre donné en annamite, la femme se leva, vint s'accroupir au milieu du lit, devant la fumerie, et je pris sa place sur un second matelas cambodgien, parallèlement à mon hôte. Comme lui, je m'étendis de côté, le regardant, et la tête sur un petit billot rectangulaire très dur, fait de coton tassé dans un fourreau de soie cerise où des oiseaux et des fleurs étranges entre-croisaient leurs broderies d'or.

Alors, le grand œuvre commença; je pus examiner la pipe. Le bois, un morceau de bambou du diamètre de deux doigts, long de quarante centimètres et d'un rouge fumé, fleurait l'opium. Une rondelle d'ambre fermait une des extrémités; l'autre finissait en un très court bouquin, bombé un peu. Le fourneau convexe à peine, large comme un palet, avait la forme d'une coupe légèrement aplatie dont le pied manquerait. Il se vissait sur le bambou lui-même, aux deux tiers de sa longueur, loin du bouquin, au milieu d'une bosselure ouvragée d'ornements d'argent.

— Le tout, voyez-vous, laissa tomber la voix lente de mon amphitryon, est de savoir faire sa pipe...

Un art, en effet, cette opération compliquée; tout un laboratoire, la fumerie placée entre nous. Sur le grand plateau rectangulaire, richement incrusté de nacre, des rangées de petits pots en corne et en ivoire, de longues aiguilles d'acier, des fourneaux de rechange, et des boîtes de laque s'étalaient, symétriquement. Au centre, sur un pied de bronze niellé et ciselé, une lampe minuscule mettait une lueur jaune, triste et fixe, sous un globe de cristal, pareil à une clochette.

L'homme pâle trempa une aiguille dans un des pots d'opium, la sortit chargée d'une gouttelette brune, sirupeuse. Puis, il mit cette goutte au-dessus de la lampe.

La flamme monta plus claire. Les doigts de l'opérateur, avec un mouvement imperceptible et continu, faisaient rouler l'aiguille. A présent, c'était au bout une boursouflure résineuse, toujours grésillante, prête à tomber en forme de poire, et toujours redevenant sphérique sous la rotation de son axe d'acier. Quand la cuisson semblait complète, la tige reprenait au pot une nouvelle goutte, bientôt amalgamée à l'autre. Ce fut ainsi, à la fin, une grosse noisette, crevant et renaissant dans une ébullition mesurée. Sa teinte d'or noircit à la longue, et malléable, la boule resta semblable à un mastic. A ce moment, le fumeur saisit sa pipe de la main gauche, et, de la droite, commença à rouler l'opium sur le fourneau poli. Quand il eut allongé la noisette en long et mince fuseau, il la réchauffa de nouveau à la lampe, planta l'aiguille dans le trou du fourneau, donna un dernier mouvement à la tige, et la retira doucement. La charge d'opium était fixée, cylindrique et tassée, semblable à un de ces bonbons de réglisse que les enfants appellent des *boutons de guêtre*. Le trou de l'aiguille dans ce bonbon continuait celui du fourneau.

— Voilà qui est fait!

Je saisis la pipe, et j'appliquai à mes lèvres, comme l'embouchure d'un clairon, le bouquin trop gros. Couché toujours comme moi, le professeur guidait le fourneau au-dessus de la lampe; tandis que l'opium grésilait, il s'occupait à le maintenir avec l'aiguille aux bords de l'étroit orifice, et à ménager le tirage.

La préparation avait duré cinq minutes : la pipe dura vingt-cinq secondes. J'aspirai ainsi que j'avais vu mon hôte le faire, et, comme lui, quand la fumée trop amassée m'oppressa, je la renvoyai, lentement, par le nez, à petits flocons. Or, j'éprouvai une seule sensation de chaleur humide dans le larynx ; mais cette vapeur sentait bon, avec l'étrangeté des parfums artificiels, et des spirales se contournaient dans une danse bleue, distrayante. La pipe morte, je soufflai les volutes amassées et je demeurai sans salive, avec une humide tiédeur au front et une désillusion dans l'esprit.

— C'est tout ? demandai-je.

L'homme eut un sourire d'énigme :

— Oui ! c'est tout — et ce n'est que cela !...

Malgré moi, je jetai un coup d'œil sur son cou blanc, si maigre que les muscles saillaient, distincts, comme de grosses cordes. Déjà, l'initiateur se préparait une nouvelle pipe, les résidus de la mienne enlevés et le fourneau lavé.

Cinq minutes se passèrent encore. Il fuma. Sa prunelle s'injectait, sa pupille s'élargissait davantage, et son regard sans pensée ne quittait pas la boule de réglisse, dans une effrayante préoccupation de ne pas la laisser s'éteindre.

Pour ne pas le troubler, cependant, je contemplais les stores verts, les rideaux de lustrine rose. Ceux-ci, sur les lamelles, prenaient des teintes de sang vif, mais devant les fentes, entre les persiennes, pâlissaient, décolorés soudain au reflet du grand jour extérieur. Et la fraîcheur semblait plus fraîche à deviner l'embrasement de la rue. Une branche d'arbuste, à gauche, battait parfois une natte dont le frisson courait à toutes, en décroissant. Dans l'avant-cour, une grenouille coassait, et des grillons vibraient furieusement, luttant ensemble, dans une symphonie berceusement monotone. La femme, toujours immobile à nos pieds, roulait, dans une feuille de bétel une chique de chaux et de noix d'areck. Pas un souffle ne faisait palpiter sa gorge raide et pointue d'idole froide.

Tout à coup, la vie entra avec un paon familier, las du soleil. Il vint au bord du lit, dardant sur nous son œil de jais, mendiant une caresse. Je chatouillai son crâne autour de l'aigrette; content, il s'avança, me frôlant tout à fait. Les doigts lents, je lustrai son dos, son cou, qu'il renflait voluptueusement sous ma main, et, charmé, il demeura sans bouger, hiératique aussi, avec la rutilance de ses plumes vertes, bleues, noires et dorées, que l'ombre métallisait sans les assombrir.

Mon hôte, sa tâche achevée, s'accoudait.

— Vous fumez beaucoup? lui demandai-je.

— De cinquante à soixante pipes par jour, répondit-il. Il faut cela. Si je ne fume point, je ne puis travailler et mon estomac me fait souffrir la petite mort...

— Au fond, qu'éprouvez-vous de particulier? Avez-vous des rêves?

Son sourire reparut; un désenchantement y passait. Il reprit :

— Vous fumez la cigarette, passionnément ! Avez-vous des rêves ?... Non, n'est-ce pas ? Habitude ! Tout est habitude ! Seulement, aux dernières pipes, le soir, il m'arrive parfois de trouver mes sens suractivés. J'entends respirer des êtres que je ne vois pas, je vois vivre des insectes sur les poutres les plus éloignées, mes doigts trouvent des rugosités à la laque, et je me rappelle des choses très anciennes auxquelles je n'avais jamais plus songé. Puis, des forces et des ardeurs me viennent, passagères, énormes. Le vide ne se peuple pas, mais les choses se transforment, et cette poupée-ci, avec ses lèvres en sang, prend des visages que je n'ai pas adorés, ne les ayant jamais vus, mais que j'aurais adorés, si je les avais rencontrés — ou que j'ai aimés peut-être, dans une autre vie. Par malheur, cela est bref ; il faudrait pouvoir continuer, doubler les doses, mais les forces manquent, et je rêve d'un baiser qui m'anéantirait. Alors, ma maîtresse m'emmène...

Je cherchai une banalité qui voilât mes involontaires réflexions.

L'homme pâle poursuivit :

— Il n'y a que la dernière pipe qui soit bonne et produise autre chose qu'une titillation du palais. La dernière ! Je ne sais pas son chiffre. Cela varie... Je suis fort bien votre pensée, allez ! mais je reste franc pour vous éviter, à vous romancier, un nouveau mensonge à la vie...

— N'avez-vous pas essayé de renoncer à l'opium ? interrompis-je.

— Parbleu ! fit-il, comme tout le monde, mais j'y suis revenu, car je m'empoisonnais, n'ayant plus ce que vous appelez mon poison. Je serais mort à la peine. D'ailleurs, je suis un fumeur conscient. Je ne fais point de prosélytes parmi les nouveaux venus, ainsi que nos amis. J'ai l'égoïsme de mon vice ou de mon plaisir.. Pourquoi ne fumerais-je pas ? Me l'expliquerez-vous autrement qu'avec des phrases creuses, chauves de vieillesse ? Et pourquoi voulez-vous savoir si on rêve ? Pour le redire ? Bornez-vous donc à votre impression de tout à l'heure. « Ce n'est que cela ! » Si vous restiez ici, vous deviendriez fumeur tout de même, par ennui, mais vous allez partir.....

— Soit ! répondis-je. Je vous interrogeais par seule curiosité du résultat moral...

— Mon cher monsieur, ricana-t-il, la position horizontale est la meilleure pour le rêve. Çakya-Mouni n'entra pas debout dans le Nirvâna : il se coucha sur le côté droit, et les pieds joints ! L'opium fait une fumée bleue qui sent bon, et pour se perdre, la pensée doit flâner à l'aise... Quand un courrier de France arrive, si je n'en suis qu'à ma dixième intoxication, l'habitude me revient de m'informer : « Y a-t-il par hasard une lettre pour moi ? » Et le « Non, monsieur ! » de l'employé me pince quelque chose sous la mamelle gauche. Mais lorsque, à la distribution, j'en suis à la trentième pipe, ce souci n'apparaît point. S'affranchir de l'existence, voyez-vous, c'est encore la meilleure façon de vivre !

Nous parlâmes alors d'autre chose, par discrétion mutuelle. La femme polissait ses ongles carminés, et lui, ne fumait plus que des cigarettes. Je pris bientôt congé. Il se souleva encore pour me serrer la main et me dire au revoir ; mais comme je n'arrivais pas à ouvrir les stores, je me retournai en sortant, prêt à m'excuser de ma maladresse. Déjà, il avait repris sa pipe. Et je surpris encore une fois la pupille trop large, l'œil bleu-gris noyé mélancoliquement. Son regard monta de l'instrument vers moi. J'y lus une navrante misère se raillant elle-même, et je partis, laissant cet homme pleurer, sans larmes, la maîtresse qui ne revient plus, l'énergie morte.

... Elle est dure, la tâche de dépeindre ; elle est sauvagement amère, la joie de noter échos et souvenirs, quand on pense qu'à vous lire, on ne verra point comme vous avez vu, — si l'on voit, et qu'elle restera inutile, **votre musique !**

VIII

LE SANG

Hanoï, 4 Mars.

Comme pour se faire pardonner les écœurements intimes dont sa banalité fouette notre inappétence, la vie, à certains jours, offre au rêveur s'amusant à se voir vivre des surprises qui sont des épouvantements...

... Pendant vingt-quatre heures, j'ai vécu un conte d'Edgar Poë. On m'excusera si ma plume cauchemarde encore.

A cette heure, sous ma lampe, dans la souriante clarté propice au travail, dans la sereine et paisible solitude de la nuit que bercent, sans la rompre, le frémissement des bambous et les modulations douces des insectes, mon pouls bat encore, et, sur la blancheur du papier balayé par l'ombre grêle de ma plume, il me semble voir, noirci, caillé, mais carminé sur les bords, carminé de ce carmin qui affole, du sang — du sang d'homme !...

Qui donc m'aurait dit que je demanderais jamais, comme une faveur, la mort d'un être pareil à moi ?...

C'était à table, au dessert, à l'heure des toasts, des rires, des chansons. J'ai demandé des têtes comme un substitut imbécile : j'ai demandé des vies ainsi qu'on demande du champagne ; et j'en ai demandé deux fois comme on fait pour un plat dont on a faim! Je n'y avais jamais goûté. A ce diner, il n'y avait point de femmes, mais la nappe était jonchée de roses, de jasmins, de magnolias — et d'œillets aussi, et de fleurs d'ibiscus, des fleurs pourpres, couleur de sang.

C'était chez un fonctionnaire, très brave homme, père de famille, qui embrasse le portrait de ses enfants, chaque soir, avant de s'endormir. On parlait de trois pirates que le préfet annamite venait de condamner à mort, et quelqu'un, à propos de la date de leur exécution, prétendait la justice indigène plus horriblement lente encore que la nôtre.

— Tant pis ! m'écriai-je tout à coup, j'aurais bien voulu assister à une décapitation par le sabre !

Et j'ajoutai, en regardant mon hôte :

— Ne pourriez-vous pas faire avancer l'époque du supplice ? Je ne quitte Hanoï que dans quatre jours...

Ce matin, à pointe d'aube, une main entre-bâilla mon moustiquaire et me toucha à l'épaule.

— Monsieur, voulez-vous venir? C'est tout à l'heure qu'on les exécute...

Je me dressai, comprenant mal, la paupière pesante. Le visiteur s'excusa : il avait frappé et appelé plusieurs fois : mon *boy* était absent. Alors, il avait cru devoir me réveiller, son chef lui ayant dit que « ça me ferait plaisir de voir ça! »

C'était le brigadier de police, un vieux soldat. Depuis longtemps, il représentait le Protectorat dans les exécutions indigènes, et je le remerciai, content d'avoir un cicerone d'expérience. Seulement, tandis que je m'habillais, cette hâte, ce réveil brusque me firent penser aux réveils brusques, à la toilette hâtivement fiévreuse des misérables qu'on tire du rêve pour les jeter dans la mort. Comme moi, tout à l'heure, ils ne comprennent pas, lourds encore de sommeil, et, pendant une seconde, on ne sait pas bien, devant leur œil effaré, si c'est une terreur ou la poursuite du songe interrompu qui voile leur premier regard.

— Où a lieu le supplice? demandai-je en ouvrant les volets.

Le grand jour entra, chassant les pensées noires, et l'homme répondit :

— Sur la route de la pagode Balny, à cinq cents mètres de la citadelle.

— Tiens! mais il y a des bécassines là-bas!

Et j'appelai mon boy pour qu'il sellât mon cheval et m'apportât mon fusil. Je ne songeais plus qu'aux bécassines. Le matin, elles ont le vol plus lourd.

Nous sortîmes. Au seuil du jardin, trois *malahs* nous attendaient, portant en bandoulière un sabre annamite en forme de cimeterre. Un cordonnet vert enroulé à la naissance de la lame formait poignée. Je reconnus les hommes qu'on m'avait donnés au début pour garder ma maison, et, familièrement, je leur dis bonjour. Déjà, j'avais allumé une cigarette et vérifié la sangle de ma selle, quand la voix du brigadier me fit retourner.

— Voulez-vous voir l'outil?
— Quel outil?
— Le tranche-tête, parbleu! le *coup-coup*!

Il avait pris le sabre d'un des miliciens, et m'en montrait la lame de fer au dos large, au tranchant émoussé. Je le soupesai. L'arme était lourde, uniformément épaisse, ignoble, avec ses taches de rouille mal grattées et sa teinte sans reflets, sous une couche d'huile poussiéreuse.

— C'est avec cela qu'on... exécute? balbutiai-je. Les bourreaux savent-ils s'en servir au moins?

— Peuh! ricana l'ancien soldat. D'abord, depuis que nous sommes les maîtres, tout est désorganisé chez le thongdoc, le préfet d'ici. Il n'a plus de bourreaux attitrés: nous lui prêtons nos hommes. Ceux-ci n'ont jamais opéré, mais, de naissance, tout Annamite sait couper une tête...

Nous marchions déjà. Le boy, mon cheval en main.

nous suivait en bavardant avec les exécuteurs. Je ne pensais plus aux bécassines.

La rue était presque déserte ; quelques vieilles marchandes de thé s'installaient sous leurs parapluies bleus ; sur la chaussée, des enfants demi-nus ramassaient du crottin dans des jarres. Mon compagnon faisait des moulinets avec sa trique.

— Où allons-nous donc? lui demandai-je, comme il tournait à gauche, au bout de la rue.

— Mais, chez le préfet et à la prison! Vous comprenez bien qu'il n'y a rien de préparé!...

Il avait eu comme un reproche dans la voix. Ses lèvres se serraient d'un pli vexé. Alors, j'eus l'intuition de ce qui se passait en lui : je ne l'avais pas assez remercié, j'étais trop exigeant! Avec un petit frisson, je me souvenais de mon insistance pour que la date du supplice fût avancée. On en avait tenu compte. Pour m'être agréable, tout le monde s'était dérangé : cet homme, les bourreaux — et je me plaignais que les condamnés ne fussent pas prêts encore!... C'est cela qu'il voulait dire.

Le Préfet me retint longtemps, m'offrant du thé et je ne sais plus quelle liqueur de portière, son parfait-amour des galas. Obséquieux et servile, il m'accablait de compliments par l'intermédiaire de son interprète, et son petit œil cruel et froid, le frottement de ses mains sèches, avec leur bruit de parchemin froissé et e heurt sec des ongles démesurés s'entre-choquant les ans les autres, m'agaçaient horriblement. Du dehors, des voix montaient au milieu d'un continuel battement de portes. Puis, ce fut un tintement de chaînes et un tapage de marteaux. Entra le directeur de la prison, petit vieillard habillé de soie violette, pareil à un évêque. Il tenait une bande de papier couverte de caractères chinois. Le Préfet la lut et, en deux coups de pinceau, la couronna de sa signature.

— L'arrêt d'exécution ! me dit l'interprète, tandis que le petit vieux collait le papier sur une mince planchette étroite et longue.

Le ton de l'interprète marquait pour moi un grand respect. C'était un grand personnage, l'homme qui, pour voir couler du sang, s'était permis de réveiller son maître !

Je pris congé et je courus me mettre en selle pour assister à la sortie des condamnés. Le cortège se forma et partit sans façons, sans pompe. En tête, marchaient les trois pirates, les mains liées derrière le dos, la cangue au cou. C'était cette cangue qu'on martelait, l'instant d'avant, pour serrer les deux pièces de bois qui la forment. Chacune de ces deux pièces était évidée au milieu, en demi-cercle, l'espace de quelques centimètres. Rapprochées, les deux échancrures faisaient une lunette de guillotine d'où surgissait la tête du condamné, comme arrachée des épaules déjà. Clouées ou ficelées ensemble à leurs deux extrémités, les pièces de bois montaient et descendaient, longues de plus d'un mètre, scandant la marche.

Tout d'abord, je ne la vis pas, la cangue, l'œil pris par la physionomie de ces hommes qui allaient mourir. Les deux premiers passèrent silencieusement, le regard vague, mais les lèvres closes et la démarche sûre. De beaux hommes, bien musclés quoique asiatiques. Le troisième, le plus jeune, — vingt ans peut-être, — voulut s'arrêter à la tête de mon cheval, et je dépensai alors, d'un seul coup, tout ce que mes nerfs pouvaient traduire d'horreur — une horreur qui ne se rend pas avec des mots et qui me laissa vibrant, la bouche sans salive, une moiteur au front.

Cet homme me demandait grâce ! Moi blanc, moi Français, je pouvais le sauver, et il m'implorait avec des sanglots rauques qui faisaient danser la cangue autour de son cou. Son visage convulsé avait comme perdu ses traits, inexpressif, mort déjà, et toute la vie de cet être, une furieuse vie décuplée de révolte s'était réfugiée dans ses yeux. Pareils à deux billes d'émail, ils jaillissaient, énormes, des orbites, avec une pupille effroyablement élargie dont l'atroce mobilité promenait sans repos sur la foule, sur moi, sur les choses, sa supplication instinctive et son tragique épouvantement. La face n'avait plus de couleur fixe. Sa peau jaune, ne pouvant pâlir, avait verdi, puis, des teintes bilieusement bistres avaient éteint ce vert, et promené, des tempes au menton, une bigarrure horrible, délayage des tons des noyés à la Morgue...

Le bourreau l'entraîna, l'étranglant presque. La foule murmurait, humiliée et surprise de ce que cet homme de sa race ne sût pas proprement mourir, et sans pitié pour ses vingt ans. Les cris du misérable diminuèrent. Ce fut un refrain lent, une mélopée à mi-voix de mots insaisissables, la même supplique machinale déroulant ses « Grâce ! grâce ! » indistincts, sans repos, tout le long du chemin. Et l'œil n'avait plus qu'un égarement morne.

Fatalistes résignés, les deux premiers pirates allaient très vite, et, dans leur trottinement égal, s'entretenaient avec leurs bourreaux. Pour les suivre, je dus pousser mon cheval. Derrière nous, assez loin, venaient le jeune pirate, le directeur de la prison, le secrétaire du préfet et le chef de police. Quelques gamins fermaient l'escorte.

On fit ainsi quatre kilomètres, puis, la citadelle tournée, dont le rempart semblait interminable, on enfila la route de Son-Tay. A deux cents mètres des dernières cases, les matalis s'arrêtèrent. Là, à droite du chemin, des rizières s'étendaient, noyées et plates. A gauche, la plaine se mamelonnait d'un terrain vague. Le directeur de la prison y planta la planchette portant l'arrêt de mort, et je reconnus le terrain bossué : un ancien cimetière.

Les condamnés regardaient, impassibles, en risquant à mi-voix quelques mots avec les exécuteurs. Ceux-ci, l'air naturel, répondaient familièrement, souvent avec des rires. Le jeune pirate continuait ses cris, à peine articulés maintenant dans le grelottement confus de ses lèvres. On commença par lui.

Son bourreau enfonça dans le sol un pieu solide, y noua la corde qui ficelait les bras du condamné, fit tomber le misérable à genoux, lui enleva la cangue et sortit son sabre.

Sous le ciel brumeux, la lame ne s'alluma d'aucun éclair. Brisé, l'homme s'inclinait vers le gazon, retenu seulement par les liens amarrant ses mains au poteau, derrière lui, à hauteur des reins. Il cria : « Grâce ! » une fois encore, et, ensuite, se retourna, fou d'épouvante, voulant voir. Le soldat, l'arme levée, lui repoussa brutalement le visage, mais, une seconde fois, une troisième, il se tourna vers lui, parlant très vite. Il tremblait si fort que le pieu remuait.

— Maõ ! (1) criai-je, le cœur aux lèvres.

Le sabre tenu à deux mains décrivit un grand cercle, et tomba. De la main gauche, j'avais maintenu mes paupières ouvertes, et je vis l'envolée de la lame, le choc, tout... Cela durait une seconde longue.

La face sur le gazon, son chignon défait teint de sang, la tête avait l'air d'une boule dans l'herbe. Le tronc tressaillait à grands spasmes, et de l'ouverture béante du col des bouillons rouges coulaient, tumultueux, avec des mousses, et, durant un instant, des globules d'air, soufflés par les carotides, et qui crevaient sur le flot pourpre.

Sans essuyer sa lame, l'exécuteur trancha les cordes qui maintenaient le corps debout contre le pieu. Le

(1) Vite

torse chancela, se courba, puis s'abattit comme un mannequin. Tout autour, des loques rougissaient. Et l'ignoble plaie en biseau s'égouttait dans le vert, formant une mare que la terre mouillée ne pouvait boire assez vite. Des graminées faisaient une collerette claire à ce cou sanglant.

Soudain, je me trouvai à côté du cadavre, retenant à peine, de la main gauche, mon cheval surpris, et, de la main droite, fouaillant l'exécuteur à coups de cravache. A genoux, à côté de sa victime chaude encore, le soldat vidait les poches du mort. Quand, avec un rire idiotement stupéfait, il se fut remis debout, je ne songeai pas à regagner la route.

Devant moi, à mes pieds, le second condamné gisait, la tête entre les genoux, mais le troisième était encore amarré vivant à son poteau, et son œil blanc angoissé luisait, entre deux cascades de sang qui coulaient sur les épaules... Son bourreau releva le bras; le sabre s'abattit, deux, trois, quatre coups, avec un bruit de linge mouillé, mais la tête demeura, avec son œil blanc angoissé qui luisait toujours. Seulement, les deux ruisseaux de sang coulaient plus fort.

Un cri me vint aux lèvres, ne sortit point. Il régnait un silence, pesant comme du plomb. Les gens ramassés sur la route s'étaient approchés, et regardaient, figés ainsi que moi. Ces choses longues à dire durent des dixièmes de seconde dans la vie.

Le matah honteux nous montrait son sabre: la lame était tordue, courbée en cerceau. Un soldat lui tendit la sienne. D'un beau geste, il la refusa, chercha deux pierres, et, en le martelant sur elles, redressa son *coup-coup*, puis, dans un recul furieux, il fit deux moulinets qui sifflèrent. Avec un « han ! » rauque de bûcheron, il lançait les deux bras...

La tête enfin roula, virant sur elle-même, et deux jets rouges, chauds et lourds, m'atteignirent, maculant mes bottes et mon tapis de selle. Mon cheval se cabra ; pourtant, je restai sur le tertre, frottant l'une sur l'autre, d'un geste machinal, mes mains humides, mes mains pleines de sang.

Un Annamite ramassa ma cravache. Alors, les doigts tendus en avant, n'osant toucher les rênes, je poussai du genou mon cheval à la route. On avait ramené sur les troncs sanglants les pans des blouses ; les têtes étaient dans une nasse qu'un soldat emportait au bout d'un bambou. Seuls, restés sur la chaussée, des gamins regardaient les corps déjetés, les membres à faux, pareils à des chiffons, et la planchette-affiche plantée à côté d'eux, pour l'exemple.

J'entrai dans la rizière ; à coups d'éperons, j'atteignis le Grand Lac. Là, je me lavai les mains, puis, avec des herbes, je nettoyai mes bottes, les rênes, le tapis de selle. Je ne pensais à rien. Le sang avait depuis longtemps disparu, que je frottais encore du même geste.

Quand je me relevai entre les joncs, un instinct me poussa à me tâter les vertèbres du cou, à suivre avec mes doigts l'ouverture en biseau que le sabre ferait dans ma propre chair. Et en m'en retournant, je regardais, malgré moi, le cou des passants. Les cous d'homme, les cous musclés et forts me donnaient des visions sanglantes.

Je ne pensais plus à la chasse et à la promenade. J'étais las à mourir. Le ciel bas, couleur de zinc, revêtait toutes choses d'une tristesse abattue. Et par paresse j'entrai à la citadelle afin de demander à déjeuner à quelque mess. De loin, le commandant de L*** me vit venir. Assis sous sa véranda, il jetait des boulettes de pain à un énorme éléphant centenaire, amusement de la vieille forteresse, le plus beau que j'eusse jamais vu.

— *Tchin-chin* pour le Parisien ! cria-t-il.

Le cornac aiguillonna la bête à la plaie qui marquait le défaut de l'épaule et le monstrueux pachyderme s'agenouilla devant moi. Je jetai quelques sapèques à l'Annamite, tout en flattant la trompe gourmande de l'éléphant, puis j'entrai dans la maison.

Le déjeuner fut gai, mais, au dessert, un planton arriva, tout effaré :

— Mon commandant, dit-il, l'éléphant vient de tuer son cornac... Celui-ci, pour gagner quelques sous, lui faisait faire tant de *tchin-chin* qu'il l'a rendu enragé. Comme l'homme descendait, la bête l'a saisi avec sa trompe et l'a écrasé sur le sol. Ensuite, il l'a éventré et l'a porté dans la mare. A présent, on ne peut plus le lui enlever : il monte la garde devant le cadavre, et de temps à autre, il le sort de l'eau pour s'acharner sur lui...

Cette nouvelle à sensation défraya la conversation jusqu'au café. Puis on alla voir de loin l'éléphant immobile à son poste, les défenses rouges encore. En attendant des instructions, on avait consigné la troupe dans ses baraques, mais je fus prié de rester pour voir la fin du drame.

Après la sieste, l'ordre arriva de tuer la bête. Ce fut toute une chasse. Deux coups de canon-revolver blessèrent seulement l'animal ; enfin un lieutenant de turcos l'abattit heureusement d'une balle dans la tête.

Et je partis ; cet incident n'était pas pour m'émotionner après les scènes du matin.

Ce soir, après le dîner, ma promenade me conduisit à la porte du fonctionnaire à qui j'avais demandé d'avancer l'exécution des pirates. Je lui dois bien une visite de remerciements, pensais-je ; mais il ne me laissa pas parler :

— Venez donc voir, me dit-il, la tête de l'éléphant. Je l'ai fait apporter ici pour qu'on la prépare. Je l'enverrai au Muséum.

Des boys prirent des flambeaux et nous éclairèrent jusqu'au fond de la cour. La tête gisait là, dans une flaque de sang, plus énorme que jamais et fantastique ainsi, aux reflets sautillants des lumières. L'œil petit mais intelligemment narquois demeurait ouvert et brillait. Il fallut admirer les défenses, les plus grandes qu'on eût jamais mesurées. J'admirai, et souhaitai le bonsoir à mon hôte, — sans l'avoir remercié.

Quand je me trouvai seul chez moi, dans ma chambre silencieuse, je ne pensai plus qu'à me déshabiller et à dormir. Je n'avais pas fait de sieste ; le sommeil m'arrivait en avance. J'eus des bâillements de brute en cherchant mes pantoufles. Mais soudain, comme à peine assis je commençais à tirer mes bottes, je me relevai comme un fou et, je courus à la table exposer à la lumière mes mains que je sentais mouillées comme le matin.

Mes mains étaient pleines de sang...

C'était tout à l'heure cela, et, déjà, je me souviens mal. Je dus crier, m'évanouir peut-être. Je me retrouvai sur une chaise, les bras écartés, les doigts écarquillés avec une sensation d'écrasement aux épaules et d'angoisse au cœur. Mon boy entra.

— De l'eau ! balbutiai-je, de l'eau !

Il m'apporta un verre. J'attendais une cuvette, comme s'il pouvait savoir, mais je n'eus pas la force de jurer, et je bus. Mes dents claquaient sur le cristal. Alors, les bras toujours en avant, dans la terreur de maculer quelque chose chez moi avec ce sang de supplicié qui me chauffait les mains, je me mis debout, cherchant le lavabo. Il n'y avait plus d'eau : je dus attendre que le boy en allât tirer au puits. Il n'en finissait pas, sa corde grinçait durant un siècle sur la poulie, seul bruit que j'entendisse, dans le battement de mes artères, et je me sentais défaillir. Il revint. Je me lavai à plu-

sieurs reprises, m'obstinant à me rincer sans repos.
Et brusquement, j'éclatai d'un rire idiot, énorme, et je
repoussai la cuvette, la serviette, le boy, et je fis le
tour de la table dix fois, crevant de chaleur, m'épongeant le front à coups de manches, machinalement, et
riant toujours.

Je me rappelais à présent ma visite à la Résidence, et la tête gisant dans cette mare sanglante.
J'avais pataugé dans cette mare pour voir de près l'œil
de la brute, et ce n'était pas le sang des condamnés
du matin qui mouillait mes bottes, c'était celui de
l'éléphant!

Un calme me pénétra, mais le sommeil s'était envolé
sous le grondement persistant de ma fièvre. J'essayai
d'écrire. Des taches carminées me semblèrent d'abord
courir sur mon papier, puis, quand je fus redevenu
maître de ma pensée et de ma plume, une réflexion
traversa mon cerveau et, de nouveau, je frissonnai.

Car je pensais que j'étais bien heureux d'avoir vu
cela, d'avoir senti ces horreurs et vécu ces épouvantes.
Et malgré mes efforts nul remords ne me venait de
ma démarche qui avait fait avancer le supplice de trois
misérables. Je savourais mon angoisse, mes souvenirs
cruels, et je rêvais, en mon atroce égoïsme, à la façon
dont je les rendrais. Quand minuit sonna, je n'avais
écrit que dix pages et je désespérais de pouvoir
conter mon histoire, comme je la sentais. J'aurais dû
tout de suite prendre des notes...

IX

DE HANOI A HONG-HOA

Au cantonnement de Trong, 6 avril, soir.

Je n'écris pas très droit, parce que ma bougie vacille. L'air, cependant, n'a pas une brise, et la chaleur lourde de la nuit continue, plus pesante sous l'écrasement des ténèbres, la chaleur sans soleil du jour mort ; mais l'échafaudage de caisses, sur lesquelles je me courbe, tremble, mal équilibré, et l'ombre des piliers de la pagode projette sur mon papier de larges nappes tressautantes.

... Or, voici que la description projetée, dont l'ouverture bat à peine mon cerveau de son concert chantant de phrases, s'arrête net, comme essoufflée dans tout le noir qui l'étreint. Ce n'est pas l'atrophiante chaleur qui m'immobilise de la sorte, ni cette sensation vague d'impuissance, apanage des seuls lendemains de fièvres laborieuses ou des lectures de sang-froid, ni même un retour découragé à des réalités qu'on ne décrit point : c'est, plus simplement, la conscience de ma tranquillité, de mon acclimatation sans surprises à cet étrange milieu. Je voudrais être encore étonné, avoir encore à la perception nouvelle des choses cette anhélation de l'esprit qui entre-coupe et exagère leurs comptes rendus ; et, mélancoliquement désillusionné, je m'arrête, dès les premières lignes, à l'écœurement d'un *déjà vu* me laissant à peine le souci de chercher le mot neuf, l'image qui frappe.

C'est bien cela. Je la maudis ici comme ailleurs, la machine trop réglée, artificiellement remontée et remontable, qui fait vibrer nos nerfs et sourdre notre sang. C'est le silence de la brute gisant en moi qui me frappe surtout, à cette heure de silence. Je devrais veiller involontairement, tressaillir devant l'imposante masse de ténèbres, sous l'accablement de l'inconnu. Pourtant, je reste la même bête songeuse qui rumine. Encore, ne serait-ce rien, si ma flottante songerie demeurait à l'entrave, près de moi ; mais elle s'égare, et son obéissance à mes appels m'apporte le décevant triomphe des victoires sans combat.

Oui, c'est bien cela. Mon orgue de Barbarie intime m'a rendu fastidieux ces notes, ces sons et ces couleurs. Je les cueille au passage, par habitude, simplement, en photographe, sans cette passion qui est la vie.

Seulement, je transcris en même temps, ou dans les intervalles, mes tristes lassitudes, car j'ai cette imagination encore que, pour l'infime aristocratie de l'intelligence à laquelle on songe en écrivant, l'histoire des impressions d'un esprit offre autant d'intérêt que l'histoire des choses. Immuables sont les choses d'ailleurs, tandis que l'esprit fait au moins des crochets, et se dépayse. Puis, l'art étant la vie telle que la sent un cerveau, peu importe la composition ganglionnaire de celui-ci ! Toujours je croirai que les véridiques mémoires d'un fou passionneraient davantage que le roman d'un homme sain. Si l'on ne devait pas voyager pour changer au moins le thème de ses radotages, on devrait le faire pour savoir combien l'existence est partout bêtement pareille, — et pour le dire aux naïfs qui envient le voyageur...

Le général de Négrier nous a offert l'hospitalité à son quartier général. C'est une grande pagode aux toits recourbés, aux tuiles moussues, dont des chimères dentèlent le faîte. Des moineaux nichent et piaillent sous les charpentes de bois sculpté. Dans le fond, les autels sont vides. Trois vases pleins de terre y sont seuls restés, pareils aux pots de fleurs des loges de nos portiers, et où les fidèles plantent de fines baguettes d'un bois préparé qu'ils allument comme des cierges, mais qui se consument sans flammes, avec un vague parfum d'encens.

Ce n'est pas qu'on ait déménagé les temples à notre

arrivée. Celui-ci, dans ce pays sans clergé, devait être pareil de tout temps, car la pagode n'est pas spécialement un édifice consacré à un culte. Elle est élevée aux génies tutélaires ou malfaisants. Comme les chapelles païennes de la cité antique, elle peut encore être simplement un lieu consacré, et bâtie en l'honneur d'un homme ou de *Ong Troy* (Monsieur le Ciel).

L'Annam fourmille de ces temples vagues devant lesquels ma curiosité s'exaspère. A l'intérieur de quelques-uns, j'ai retrouvé tout l'appareil du bouddhisme polythéiste. C'étaient des statues monstrueuses, hideusement bariolées parfois. Celle de Bouddha, dans le fond, bombait un rideau grossier. Irrespectueusement, je tirais le voile, et le bronze énorme, effrayant et grotesque, surgissant à la lumière, son nombril luisait, pareil à un œil, étoilant le ballonnement du ventre.

— Bouddha? disais-je à l'indigène.

— Ia! Ia! Bouddha! ça, *Phât* (1).

D'explication, point. Sans entendre mon interprète, la brute continuait à rire de toutes ses dents noires avec, aux commissures des lèvres, la mousse rose de sa chique de bétel. Cet homme ignorait son dieu, et la grandiose philosophie de sa religion lui demeurait inconnue. A peine son œil atone s'éclairait-il, quand nous touchions les offrandes jonchant les socles : fausses barres d'or et d'argent, fleurs artificielles en papier à chocolat, petits souliers et chevaux en carton peint, semblables à des jouets d'enfant. A part Bouddha, il ne

(1) *Phât* est le nom annamite du Bouddha.

pouvait nommer ses divinités, et, devant son éternel :
« Moi pas connaitre », j'éprouvais la tristesse qui me
prend, d'instinct, devant les idées mortes et les choses
qu'on ne croit plus, ou qu'on cesse de comprendre. Le
souvenir me revenait aussi d'une ignorance pareille
observée à Ceylan, dans le foyer même du bouddhisme.
Là-bas, j'ai vu dans une pagode de campagne une série
d'enluminures représentant toutes les divinités de
l'Olympe indien, mais, à ces caricatures de fabrication
anglaise on avait donné les traits des divers princes
de la dynastie royale d'Angleterre. Feu l'époux de la
reine Victoria figurait Bouddha. J'ignore le nom de la
déesse que jouait elle-même Sa Gracieuse Majesté, mais
je reconnus fort bien, demi-nu, S. A. R. le prince de
Galles contemplant son nombril. Au-dessous, il y avait
un bas-relief réellement artistique, moulage pris dans
quelque sanctuaire ancien par ces Anglais, dont le pro-
sélytisme protestant ne va pas sans subventions au culte
des hérétiques. L'Hindou me tendit la main, demandant
un pourboire, à la façon des Annamites d'ici, et avec
le même rire puéril. Seulement, il était beau comme un
bronze ancien ; seulement, il y avait du soleil dans son
temple, et toute une musique de couleurs autour de
lui ; seulement enfin, sur l'autel, les femmes déposaient
des fleurs exquises : tubéreuses, roses du Bengale,
jasmins, jusqu'à des lys dont le calice crémeux s'ouvrait dans un épanouissement de neige. Car l'Inde,
c'est la lumière et c'est la poésie. L'Annam reste, au
contraire, la laideur terne, l'art qui copie, le culte qui

s'égare, l'originale conscience qui s'en va. C'est un stupéfiant mélange de traditions, résurrection merveilleuse des croyances de la Rome antique, et de maladroits emprunts aux religions voisines ou aux cultes victorieux : bouddhisme, brahmanisme, islamisme. L'ensemble est un chaos. Même, le désespoir du voyageur vient de l'ignorance où on le laisse de ces choses. Nul ne sait et nul ne nous renseigne. Interrogez les fonctionnaires du pays, ceux que de longues années de séjour en Indo-Chine ont familiarisés avec la langue et les mœurs de ces millions d'hommes : ils ne vous répondront pas, ou, peut-être, avoueront ingénument qu'ils n'ont point remarqué les détails qui vous inquiètent. Administrateurs, ils ont étudié le code local régissant la famille et la propriété, mais ils ne sont pas allés au delà. Deux ou trois à peine ont eu la curiosité de fixer la mince littérature indigène. Au fond, ce sont des ronds-de-cuir, non des penseurs, et il ne faut rien moins que le souvenir de leur cordiale hospitalité française pour qu'on ne leur en veuille pas de leur apathie.

Pourtant elle serait intéressante, l'histoire psychologique de ces bâtards de l'Extrême-Orient devant lesquels certains hésitent, entre l'espoir d'un relèvement de leur race par l'influence ou le croisement européen et la fatale condamnation darwiniste. Que croient-ils au juste ? En Cochinchine, les sorciers seuls semblent avoir approfondi la doctrine bouddhiste. Encore n'est-ce pas sûr. Bien des gens au Tonkin, des sots, voient dans les Annamites des matérialistes. Or, — souvenir peut-être d'anciens contacts avec les Malais — ils croient au diable comme ils croient aux génies chinois des cinq éléments ; et l'existence de l'âme leur semble démontrée, puisqu'ils se l'imaginent, voyageant par les airs, et malheureuse, quand le corps d'où elle s'est échappée n'a pas reçu de sépulture. Dans leurs champs, ils dressent des autels, soit pour honorer ces vagabondes, soit pour leur offrir un asile. Ils y déposent des offrandes. D'autre part, il ne semble pas qu'ils aient la notion d'une vie future par métempsycose, ou autrement. Le bouddhisme sans prêtres qu'on découvre ici, serait alors le vestige d'une ancienne conquête. Partout, du reste, dans le code, dans les mœurs des Indo-Chinois, le paganisme classique se retrouve.

C'est le culte des ancêtres, et çà et là, un décalque de loi latine, c'est l'autel domestique comme chez les bouddhistes véritables, l'invocation aux Dieux Lares ou aux Mânes des aïeux, le précoce souci des funérailles et, dans certains cantons, une pièce de monnaie placée sur la langue des morts. Avec cela, des contrastes et des contradictions, dans les mœurs comme dans les croyances. Ni dimanche ni sabbat, et quatre fêtes agricoles par an ; pas de culte proprement dit, et des sacrifices ; la prière inconnue ici, et écrite là, pour être déposée sur un autel où il n'y a rien ; la lecture répandue à faire honte à l'Europe, et l'abaissement des caractères universel ; l'amour des enfants et l'inconsciences de la prostitution ; le gouvernement basé sur la ploutocratie et la charité se faisant jour partout ; la terreur du bâton et le stoïcisme devant la mort : on ne finirait point d'énumérer tous ces étonnements de la première heure, toutes ces énigmes. On a compris le sauvage et on ne comprend pas le Tonkinois. Sa demi-civilisation déroute ; il est incomplet, et, à notre point de vue, illogique. Alors, on se borne à étudier les individus isolés, les types qu'on coudoie, mais, physiologiquement, on les trouve surprenants encore. Quand la variole et la syphilis l'ont permis, l'enfant est gracieux, presque joli, gentil toujours, et drôle comme un petit singe dont il a l'intelligence grimacière et la précocité. Cette précocité demeure même la caractéristique de l'espèce. En effet, il apprend ce qu'on veut, très vite. Seulement, cette intelligence rapidement s'étiole. Un abrutissement lui succède chez l'adulte, et l'on se rappelle devant les faces niaises des hommes faits, devant leur regard souvent sans pensée, ce qu'il arrive des êtres procréés par les tardives amours des vieillards. Et qu'il est vieux et caduc, ce Chinois intelligent dont l'Annamite est le fils dégénéré !

Donc, au début, le nouveau venu s'indigne presque de l'indifférence des gens qui, pouvant voir et savoir, dédaignent les questions auxquelles sa curiosité se bute. Puis vient une résignation lasse, et l'on a sur les lèvres le *Qu'importe après tout ?* pessimiste des heures de découragement. Eh oui ! qu'importe ? Le jour où la curiosité reviendra — et le souvenir la fera ressurgir plus intense à distance, — on trouvera dans le cher Paris, chez Hachette ou chez Challamel, des livres sur l'Indo-Chine, car ceux-là seuls connaissent bien l'Extrême-Orient, et en parlent savamment qui ne l'ont jamais vu. Ne m'a-t-on pas dit que Burnouf ne visita jamais l'Inde dont il traduisit les livres sacrés? Seulement, à l'esprit qui moud dans le vide, après ce renoncement, on n'a plus rien à donner. On ne songe d'ailleurs aux philosophies et aux mystères des races, qu'après avoir étudié leur art, ou que si elles n'en ont pas. Poésie passe science! pensa le premier peintre qui, ayant peint un obélisque rose profilé sur un couchant fuyant, pourpre encore au ras de l'horizon mais s'irisant au-dessus, s'enthousiasma d'une teinte violette ou verte, pour lui très neuve. Il regardait distraitement les hiéroglyphes.

Le malheur justement tient ici dans l'absence de cette consolation du regard. Où qu'il se pose, il retrouve la même monotonie banale. Son éducation s'est faite bien vite, et s'il existe, quelque part, un joli heurt de lignes, ou une combinaison nouvelle de palette, il s'en détourne bientôt, lassé de les rencontrer, partout ailleurs, toujours semblables, avec une gamme et un dessin répétés jusqu'à l'affolement. La vulgarité dans le laid accable ce pays bas. Est-ce l'homme qui a déteint sur cette terre, ou le sol qui a déteint sur l'homme? Malgré la logique, le voyageur imagine que celui-ci doit être le coupable.

Du campement, on découvre des montagnes et des forêts qui sont loin, dans le Nord, et on se rappelle que, là-bas, la vie ne grouille point, que l'homme y reste franchement sauvage et que son originalité d'autochtone atténue sa laideur. Mais on ne poussera pas si loin. La forêt véritable restera l'intangible oasis. Un dépit monte. Voilà pourquoi, tout à l'heure, mon rêve s'envolait hors de la description commencée. Il y faut revenir cependant, se réatteler à l'épouvantable besogne du travail imposé, fiévreux, artificiel, lutter contre la stérilité qui naît de la contrainte, peiner sous la férule du calendrier, qui dit le jour où, pages non relues, vagues ébauches, devront s'envoler vers Paris, et ne s'interrompre, enfin, la paupière lourde, que pour regarder l'heure ! Il y a des hommes pourtant, de vrais hommes, qui, leur existence durant, font des choses incessamment pareilles et se ploient, sans les sentir, sous ces obligations. On trouve des barbouilleurs d'enseignes qui, en leur vie, ont peinturluré mille sage-femmes, sur le même fond bleu de ciel. Le merveilleux est que ces hommes, que ces barbouilleurs ne se jettent jamais à l'eau...

Rien de saillant ne me revient de cette journée d'étape, rien de non-vu encore et de non-dit. Le pays s'assèche un peu, les rizières cédant plus souvent la place aux champs d'arachides, de patates et de ricins, mais la même chaleur humide tombe du ciel sans soleil. Nous marchons dans une fournaise, éperonnant nos chevaux pour rejoindre la seconde brigade partie sept heures avant nous. Le temps nous manque de nous arrêter à Phu-Oaï, où tomba le commandant Rivière.

Près de là, nous retrouvons, confiés aux soins du sous-préfet indigène, les éléphants capturés à Bac-Ninh qu'on a joints au survivant de Hanoï. Les quatre monstrueux pachydermes semblent grandis dans ce cadre naturel de bambous et de rizières. Il y en a un qui dort debout, et qu'un long temps nous prenons pour une statue. Des statues, nous en rencontrons plus loin d'ailleurs, mais l'éléphant y est représenté accroupi, énorme encore. Des herbes croissent tout autour.

Les villages se suivent sans changement, tous également enclos, et avec des ruelles barricadées, fortifications traditionnelles qui retardent les invasions, sans les empêcher. Quand la route les coupe, on ne voit de chaque côté que des hangars ouverts, sortes de caravansérails construits à l'usage du passant. Une toiture de chaume ou de feuilles d'aréquier repose sur quatre ou six colonnes. A terre, il y a des bancs très bas de bouc séchée, en forme de fer à cheval. Toutes ces cases se ressemblent inexorablement. Toujours l'une d'elles est occupée par une vieille marchande de thé et de riz cuit. Nos coolies et nos domestiques s'y précipitent, et lampent une soucoupe d'une infusion jaune. Parfois, la marchande est entourée de paysans et de paysannes arrêtés pour manger. Ce sont les mêmes types, les mêmes laideurs, avec des manteaux de feuilles et d'immenses salacos. Tous, hommes, femmes et enfants, sont vêtus de guenilles et chargés de fardeaux de mulets. Pour l'instant, les paniers et le bambou à l'aide duquel ils les transportent comme des plateaux de balance pendus aux extrémités d'un fléau, sont déposés, et les smalas dévorent des pelotes de riz. La vieille débitante bavarde tout en fouillant la tignasse vermineuse de quelque gamin, avec des doigts agiles qui jettent chaque prise à ses dents noires. Pareille à une guenon, elle mastique. Son œil jubile. Cependant, l'enfant, maintenu entre ses jambes, demeure résigné, nu comme un ver. Semblable à un petit bouddha, il contemple son ventre ballonné, couleur de cire.

Nous passons, sans plus trouver un sourire ou un dégoût. La case, la vieille et l'enfant surgissent partout invariables. Quelquefois seulement l'enfant est une fillette, ou bien il tète son pouce. Et mon compagnon murmure en s'épongeant le front :

— *Tædet tamdiu cadem... vidisse!*

Dans d'autres bourgs, tous les gens que nous croisons sont borgnes, ou hideusement grêlés, mais partout la vie pullule et, malgré les maladies ignobles endémiques, les hommes sont aussi nombreux que les tiges d'herbes. Seuls, les petits cochons le disputent comme nombre aux enfants. On dirait que tout cela sort de terre, et ce grouillement fécond rappelle les portées inattendues de lapins qu'on retrouve à sa maison des champs, après une absence.

Décidément, cette pagode est un *dinh*, c'est-à-dire un temple consacré à l'esprit protecteur du village. En allant séparer nos chevaux qui se battaient, j'ai retrouvé, derrière l'autel, les vestiges du festin de printemps que les paysans donnent tous les ans, dans le *dinh*, pour appeler la paix sur leur territoire. On célébrait des fêtes pareilles dans les temples, lors de notre retour de Bac-Ninh. Comme quoi les calendriers sont immuables partout, et ironiques également.

Dehors, le noir s'épaissit encore. Dans la baie du portique aux piliers duquel s'accotent nos cantines, de gros ballots de velours entassé sont des verdures. Un plumet en surgit, aréquier grêle, qui a l'air d'une chausse-trape, fiché sur une hampe, ou d'un pinceau ébouriffé, dont les poils chargés d'encre de Chine se roidiraient en séchant. Au-dessus, se déroule une bande, non pas plus claire, mais moins sombre, qu'aucune étoile ne troue. Ce doit être du ciel. Des braises mal éteintes, tout en bas, marquent de taches roses l'emplacement des foyers morts. Cette ombre, d'ailleurs, n'a pas l'impassibilité silencieuse qui fait tragiques les nuits sans clartés. Mille clameurs montent, véhémentes et confondues : abois de crapauds géants, râles continus de grenouilles, et surtout stridentes vibrations de cigales et de grillons. L'ensemble concerte un chœur énorme, dont la monotonie se fond en douceur. Son arrêt seul choquerait l'oreille accoutumée bien vite. Il se faut donner la tâche de l'analyser, pour en distinguer les diverses notes furieuses, tant elles se mêlent. Chaque feuille a son hôte. L'herbe palpite ; des millions d'insectes énamourés, qu'on ne connaît pas, usent poumons ou élytres à célébrer la nuit fécondante. Plus près, sur les poutres sculptées, des lézards, margouillats ou geckos, jettent, toutes les minutes, un cri rauque, guttural, presque humain. La symphonie des sons dans le noir revêt avec l'heure qui coule une étrangeté passionnante, d'un charme inexpliqué, mais le mâchonnement scandé des chevaux s'entêtant à brouter, distrait l'oreille, coupe la musique.

Tandis que je cherche à ressaisir le rythme précipité du dehors, mon œil s'égare sur les coins les plus noirs. Là, devant le velours éteint des verdures, des lucioles dansent des sarabandes phosphoriques. Leurs feux jaunes verdissent ; souvent, je les crois disparus pour de courtes éclipses simultanées, si régulières qu'on croirait, à ces milliers d'astres, une unique paire d'ailes s'abaissant d'un seul coup pour voiler l'illumination du corselet.

Des ronflements d'hommes me détournent. Sous mes pieds, un peuple dort. Le parquet de la pagode repose sur six ou huit blocs de maçonnerie d'un demi-mètre de hauteur, qui ménagent un abri entre le sol et les planches. Des coolies l'ont utilisé ; quelques-uns ont fumé de l'opium et l'âcre parfum monte par les fentes. A cette heure, ils sont anéantis, mais une ivresse amollit leur fatigue de brutes. Tantôt, en arrivant, leur premier soin a été de fumer, comme si l'opium guérissait de tout. A présent, lesquels sont les plus heureux, les empoisonnés ou les autres ?

Le sous-sol n'étant pas suffisant, un second bataillon de ces parias campe autour de nos bagages. Les plus proches attendent mon départ pour dormir, car j'ai fait écarter leur cercle, afin de ne plus sentir leur fauve puanteur. Seuls, m'arrivent les parfums attendris des jardins bordés d'ibiscus, où des églantines, égarées sous ce ciel, soufflent, encore à demi closes, leur griserie de miel sauvage. Et les misérables coolies, accroupis sur leurs talons, patients et résignés, demi-nus dans la lourdeur chaude, me regardent. Le poids de ces yeux me poursuit sur mes feuillets. Sans un dégoût pour les quartiers de chien rôti, provisions du lendemain, qu'ils ont déposés devant eux, j'examine, pitoyable, les torses émaciés, couleur de bronze, dont les côtes saillantes arrêtent les dansantes lueurs de ma bougie. Les têtes demeurent dans l'ombre; et seuls, les yeux reluisent, des yeux de chats qui me fixent. De rares chuchotements agitent les lèvres. Pour qui ces malheureux me prennent-ils, à me voir écrire à pareille heure? Pas même pour un *lettré*, car ma plume rature parfois, hésite au mot qui ne vient point, ou s'arrête sous le vol d'un phalène. Je songe à d'autres pays, à d'autres nuits exotiques, aussi étranges, mais radieuses celles-là et troublantes de tendresse, durant lesquelles je vis d'autres hommes en une pareille posture de chiens battus et suppliants. Ce à quoi l'on s'habitue le plus vite, c'est à l'esclavage des autres.

J'ai fait un signe, je me suis écarté un peu, gêné maintenant, ne pouvant plus remuer, asphyxié par des relents de sueur chaude. La cohue, redevenue maîtresse de son sol, s'est couchée — sans me dire merci, sur du chaume poussiéreux, pris au toit. Pêle-mêle tout de suite, ils se sont endormis, bras et jambes mêlés, horribles. Sous mon talon, quand j'ose décroiser mes jambes fatiguées, je sens un membre mou, cuisse ou biceps, dont la pression de ma botte ne réveille point le possesseur. Pas un halètement. Les membres déjetés, ils cuvent leur fatigue. On dirait un champ de bataille. Au-dessus du tas, mis en branle par le remue-ménage de l'installation, un gigot de chien pendu aux poutrelles par une liane, remue seul, et va et vient avec un mouvement inerte de pendule.

Alors, je bats en retraite. Mon lit est à droite de celui du général. Je monte sur la pointe du pied. Inutile précaution : le jeune chef est encore à sa table de travail, sans souci des moustiques, et je m'endors avant lui. Le soldat a battu l'écrivain.

Son-Tay, 8 avril.

En campagne, ce n'est pas l'enthousiasme qui charge toujours, plus que les suivantes, la première feuille du carnet, mais la liberté relative du premier jour, le plus grand nombre d'heures oisives. A présent, c'est à grand peine que nous notons, avec d'hiéroglyphiques abréviations, qui un fait, qui un effet de couleur, voire une idée. Le soir venu, si l'on mange sur ses genoux, on n'a pas la force d'y écrire. La lumière manque souvent. La fatigue nous jette au sommeil sans rêve; on lui cède. Aussi bien, il faut aux sensations qu'on veut rendre une sorte d'incubation, un travail d'embaumement. Plus tard, on les fera ressurgir d'un seul appel. Elles se grouperont alors autour d'un point spécial, le clou qui retient les cadres, et, toute faite, la phrase viendra avec elles. Travail de moins. Ensuite, à quoi bon surcharger son calepin? Au retour, on n'en perdra que plus de temps à recopier ses impressions pour les minotaures de l'imprimerie. Et le repos serait si bon !...

Traversé le Day à gué, hier matin. Berges jaunes, eau jaune, mais, aux alentours, de verts maïs à perte de vue, d'un ondoiement d'argent sous les brises. Un peu plus loin, les premières plantations de thé. Au même endroit, nous faisons halte. La marche a été longue, et des plus pénibles. Attendris par leur bain dans le Day, les pieds des troupiers saignent dans les ridicules engins de torture qui les chaussent. Cependant, nous ne voyons que deux ou trois traînards auxquels le médecin-major accorde l'exemption du sac. Ce sont des *lignards*, de bons petits tourlourous venus de France, des volontaires, et qui n'en peuvent plus, engoncés dans l'absurde capote qu'ils portaient, chez nous, en décembre. Mais ils ne se plaignent point, les braves gens, et, Français malgré tout, ils chantent ou ils *blaguent*. Aujourd'hui que chacun est soldat, les lettrés sont aussi nombreux que les campagnards. Nous surprenons des conversations boulevardières. Leur déjeuner sur le pouce, avalé, deux sous-officiers dessinent un coin de village.

Dépassé, plus loin, la Légion étrangère, « polype à mille pieds, » — un polype qui aurait la tour de Babel dans l'estomac. Deux soldats se disputent à propos du café mal préparé.

— Jé né suis bas Brussien ! crie l'un d'eux, un gros roux, dont la bonne face est criblée de taches de rousseur. Ché suis de Golmar...

Un officier s'approche, interpelle l'autre troupier.

— Pourquoi injuriez-vous votre camarade ? Vous aurez huit jours de salle de police pour l'avoir appelé Prussien...

On atteint Son-Tay. Nous retrouvons la ville nettoyée, habitable presque. Toute la soirée, on reparle du combat de l'année dernière, et de ce sanglant assaut de Phusa où tomba le dixième de notre effectif, et dont Paris ne connaîtra jamais l'héroïsme épique. Il est si loin, le Tonkin!

Le général en chef arrive par la canonnière l'*Éclair*. On repart.

Voi-Chu, 9 avril.

La route a été charmante, aujourd'hui, sous le soleil. Nous suivions la digue qui, depuis Son-Tay, s'allonge parallèlement au fleuve. Çà et là, cette digue est un mur de terre énorme, puissant, pareil aux « travaux d'art » des ingénieurs d'Europe, et dont le faîte forme route, mais plus souvent elle s'élargit, s'accote aux boursouflures du terrain, et, à l'œil, se confond avec elles, sous l'envahissement des bambous.

Le pays devient joli, plus joli à mesure qu'on avance. Beaucoup ne reconnaissent plus le Tonkin; une joyeuse surprise court dans les rangs. La rizière cependant domine encore, mais dans l'étroite plaine qu'elle étend à notre gauche, des damiers la parsèment de cases multicolores, et des arbres, de vrais arbres, entourent les villages, moutonnent l'étendue verte. Toutefois, l'attrait de cette région nouvelle vient surtout de son horizon montagneux. Là bas, à gauche, court une chaîne aux sommets déchiquetés, aux croupes pittoresques ; tous, nous saluons les hauteurs. Du reste, celles-ci sont belles réellement, et nous les admirerions quand même la féroce monotonie de la partie du Delta, que nous connaissons, ne nous aurait pas, depuis longtemps, fait désirer comme une délivrance le moindre accident du sol. Notre enthousiasme est tel qu'à peine d'abord on remarque l'étrangeté des cimes.

Qu'on s'imagine une ligne brisée, ou bien le zigzag avec lequel les télégraphistes représentent l'éclair, dans leurs armes. Seulement, les pointes aiguës ont disparu comme rasées par le vent des plaines. Ce qui demeure n'a pas de nom, serpentement inharmonieux, inrendable, comme le sont les rochers de la baie d'Along, cette merveille. En Indo-Chine comme en Chine, l'excentricité des choses répond à celle des hommes, si elle n'a pas créé celle-ci. A tous les coudes, à présent, ce sont des paysages d'une originalité lunatique, qu'on goûte davantage pour leur voisinage avec des coins de pays simplement et classiquement jolis, rappelant à chacun de nous des vues familières et bien aimées, des vues françaises : villages tapis dans les feuilles et pareils aux nôtres, inclinaisons brusques de la digue, passages d'où l'on découvre, entre les branches, le Fleuve Rouge, semblable au Rhône ici, à la Loire là-bas...

Naturellement, au bout d'une heure, ce ne sont pas ces coins d'une grâce commune qui nous captivent le plus. L'étrangeté des montagnes variant à chaque pas défraie surtout nos observations et **nos conversations**. Chacun compare, chacun décrit, mais chacun se tait à un détour plus inattendu, quand les montagnes, fuyant à l'Est, apparaissent comme assombries, sur un fond vaporeux dont l'ombre à venir noie déjà, dans l'extrême horizon, les bases incertaines. A ce moment, les sommets s'adoucissent. Des nuages lilas mangent les angles, et, de ces crêtes modelées par une folie, il ne reste qu'une succession de plis et de rondeurs, sans arêtes vives. Des couleurs épandues au hasard achèvent le meurtre de la ligne. Il n'y a bientôt plus que des taches sur des taches, des heurts de tons. Je pense à ces étalages des magasins de nouveautés, à ces bouillonnements de soieries, de cachemire, de popelines et de mérinos, à ces drapements enfantins de lainages, dont la fantaisie d'un *calicot* étale, derrière les vitres de son magasin, le méli-mélo tirant l'œil.

Au cantonnement de Voi-Chu, 10 avril.

Nous sommes encore à Voi-Chu. Le général en chef, n'étant pas pressé d'arriver à Hong-Hoa, n'a pas fait tout le nécessaire, et, comme ses officiers, nous nous résignons. On prend un bain dans le fleuve à côté de l'*Eclair*, puis on va regarder le débarquement de la grosse artillerie que des jonques remorquées à la cordelle ont amenée jusqu'ici. Tandis que les politiqueurs discutent dans quel but on laisse aux Chinois le temps de fuir, tandis que les militaires s'étonnent du retard des jonques qu'on aurait pu expédier plus tôt, nous nous mêlons au groupe des artilleurs.

A cet endroit, le Fleuve Rouge coule entre deux plages sablonneuses qu'à gauche, le midi poudroie d'or. A droite, la berge s'élève, accidentée et plantée d'arbres dont l'ombre éteint la grève jaune. Les cultures du village de Voi-Chu finissent là, à quelques mètres de l'eau qui charrie l'image des bambous. Des uniformes y passent et y repassent, très vifs, dans les champs de maïs et de mûriers. Le soleil arde. Dans une cuisson, de fines vapeurs très transparentes vibrent sur l'eau, et leur trépidation rappelle celle des mâts d'un navire, quand, au grand jour, on les regarde du pont, par dessus les chaudières, lorsque le souffle presque invisible et chaud de la machine fait trembloter sur le ciel les lignes noires des haubans. L'eau boueuse, au milieu du courant, s'illumine et promène un semis de sous d'or, un paillètement d'éclat insupportable. C'est une fusion métallique dont l'implacable ciel exagère l'aveuglante coulée : c'est, autour, une chaleur énorme très molle, une chaleur d'usine lourde de vapeur. On ne voit plus les montagnes. Tombé dans un sillon, le dos au village, on devine devant soi, sur la rive opposée, la plaine asphyxiée, inondée de lumière et, pâmée, buvant l'eau que le fleuve lui envoie. Des échassiers d'un blanc de neige picorent sur les bancs affleurant le flot ocreux.

Sans souci de la chaleur, dépoitraillés, musclés, superbes dans l'halètement de leur travail, les soldats, à grand'peine, tirent les pièces des jonques. D'autres, derrière eux, font une route à pente douce, qui laissera les canons escalader la digue. Des officiers vont et viennent. Une vie de fourmilière pointille la plage inexpressive tout à l'heure.

Des grues en bambou, des chèvres, aux treuils grinçants, poignardent le ciel. A leur pied, la rotation continue des troupiers en bras de chemise, attelés aux cabestans, met de blancs engrenages qui virent avec une lenteur anhélante, d'une oppression rythmée. Peu à peu, une à une, les pièces sortent de la paillotte recouvrant les jonques. Pendues au bout d'un câble, se profilant, monstrueuses, sur le bleu, elles ont l'air de crocodiles empaillés, rigides, mais effrayants encore. Puis, viennent les affûts, plus étranges. Les roues tournent sur leurs essieux; la corde se tord et se détord, compliquant le mouvement de l'ensemble, et, quand l'équipe souffle une minute, quand l'affût tend à s'immobiliser, il ressemble, entre les bras de la chèvre, à une gigantesque araignée se balançant au bout de son fil.

Sans une plainte, infatigablement courageux, les artilleurs s'échinent à leur labeur dur. Bordée par bordée, ils se succèdent avec une vaillance disciplinée, une bonne humeur, naturelles toutes deux, que surprendraient des éloges. Parfois, au cours d'une manœuvre de force plus animée, un casque tombe et des officiers crient :

— Attention aux coups de soleil, les enfants!

L'homme se recouvre vite, et l'on n'entend plus que le *han* époumoné de la bande, que le « ohé, *hisse!* » qui mesure incessamment l'effort de tous ces bras.

Les heures se passent : la ligne d'or du milieu du fleuve s'amincit; l'ombre des bambous s'allonge, tournant avec le soleil. Mais pour les canonniers, il n'est pas d'autre ombre que celle des chèvres et des grues, quatre traits fins sur le sable.

Le soir tombe, quand les batteries de 95 et de 80 sont à terre, et, remontées, alignent leur parc au bord de l'eau. Une pourpre alors ensanglante le fleuve à l'horizon, entre les îlots pâlis ; devant les bateaux, le flot coule uniformément jaune, très triste. C'est l'heure à laquelle les oiseaux aquatiques regagnent leur gîte ; les voici, par bandes, qui filent sur nos têtes avec de grands cris qui se répondent des deux bords. En arrière des pièces, immobiles, accroupis sur deux rangs, des coolies contemplent silencieusement le travail des Barbares. Leur éternel bambou dressé devant eux, une pointe appuyée sur le sol, ils ressemblent, avec leur alignement, à des soldats qui auraient mis genou à terre, tirailleurs prêts à faire feu. Ils ont remorqué les jonques jusqu'ici, et ils attendent leur pâtée, sous l'œil des hommes d'escorte, surveillants sans repos qui toujours les recomptent. Enfin la nuit monte et s'étend tout à fait. Les canons, un à un, perdent leur miroitement ; hommes et choses se noient dans les ténèbres ; le fleuve se mêle au sable. Un foyer s'allume à l'avant du premier bateau où les mariniers préparent leur riz.

Nous rejoignons le cantonnement, le village grouillant de soldats. Des avant-postes, déjà, arrivent des *qui vive ?* Au sommet de la berge, je me retourne encore, cherchant les batteries, les derniers artilleurs. Dans le noir plus épais, je retrouve seulement, se détachant sur le courant, la pointe étrange des jonques. Les flancs comme les toits demeurent baignés d'encre ;

seul, l'œil symbolique, que les Chinois peignent à l'avant de leurs embarcations, pour effrayer les Démons des eaux, troue l'obscurité de son regard blanc. Et, comme hypnotisé par la mousse que le courant coupé amasse sur l'étrave, cet œil, immuablement fixe, fouille le ténébreux lointain, l'espace inconnu, ainsi que s'il guettait l'ennemi.

Truong-Ha, 11 avril.

Au bord de la Rivière Noire. C'est aujourd'hui vendredi-saint. L'expédition commencée le dimanche des Rameaux va s'achever le jour de Pâques. Tout à l'heure, des hommes chantaient le *Stabat Mater*. Même ce chant était étrange dans la rizière, sous le soleil : Les chanteurs avaient sac au dos, sur ce sac tout un monde, et des cartouches plein une petite et seconde musette qui, pendant sur la poitrine, les courbait en avant.

C'était sur la route de Bat-Bac. Apprenant ce matin qu'on cantonnait ici, à Truong-Ha, presque en face de Hong-Hoa, nous avons, très dépités, piqué des deux et rejoint la brigade Brière de l'Isle.

Un merveilleux pays, ces bords de la rivière. Après avoir gravi des éminences couvertes de genêts, on découvre le plus beau des paysages. A droite, la rivière large et claire charriant du soleil ; à gauche et devant nous, des montagnes.

— Mais, c'est l'Isère ! s'est écrié un officier d'artillerie, comme tous très enthousiaste.

L'Isère — et la Savoie aussi. Devant ces hautes montagnes bleues, veloutées jusqu'à mi-hauteur, rocailleuses de sommets, superbes sur le ciel clair, j'eus la vision d'Aix et des contre-forts des Alpes. Tandis qu'un monde de souvenirs se levait en moi, j'admirai cet horizon de tout mon cœur. Encore à présent, de retour à Truong-Ha, j'éprouve, en fermant les yeux, mon joyeux éblouissement de tantôt. Des effets de couleurs et de lumière, des phrases pensées devant ces splendeurs, me reviennent. Cependant, nos crayons restent au repos, et, tous, nous demeurons oisifs, dans un découragement attristé, sans plus même un sursaut, quand les grosses pièces de 95 tonnent au-dessus de nos têtes. Et plus rien non plus ne nous tente à décrire du passage de la rivière par la brigade Brière de l'Isle, passage pittoresque dans des barques d'osier intérieurement laquées, pareilles à des joujoux d'enfants.

Maintenant, s'il faut dire les causes de cette soudaine et très étrange paresse, les voici : quand nous sommes rentrés tout à l'heure, nous avons vu, du haut d'une colline, Hong-Hoa qui commençait à brûler. A la lorgnette, on distinguait les Chinois de l'arrière-garde jetant des fusées sur les toits. Deux canonnières qui s'étaient portées vers le confluent, pour tirer sur les fuyards ennemis, s'arrêtaient net, par ordre. Au quartier général, tout était calme. Le général en chef se promenait devant sa porte, les mains derrière le dos, et la musique des *zéphyrs* achevait une fantaisie sur *Giralda*...

Hong-Hoa, dimanche de Pâques, 13 avril.

Comme à Bac-Ninh, le général de Négrier est entré le premier dans la citadelle, hier matin. Nous le suivions, ce qui nous a valu d'intéressantes explications sur les fortifications de la place, fortifications savantes, élevées au ras du sol, et conformes aux plus récents progrès, mais souvent à contre-sens, allant contre leur but, ou remplies de fautes de détail. Les Chinois semblent les avoir construites d'après des conseils européens ; seulement, pareils à des maçons qui édifieraient un palais d'après une seule description et non d'après des plans, ils ont fait une œuvre bâtarde, pratiquement inutilisable. L'ensemble n'en est pas moins énorme et, de loin, très effrayant.

La ville est en cendres. A peine reste-t-il vingt maisons habitables et une dizaine de pagodes. La pluie a gâché les décombres plâtreux avec la boue, en un mortier atroce. Il monte de ces ruines une puanteur de roussi et de laine brûlée. Devant les squelettes des cases, partout, des tas d'ordures, de paille souillée et de choses sans nom, s'étalent, détrempés. Par-dessus l'impression de l'incendie, on ressent celle d'un déménagement. L'ennemi a tout vidé avant de s'enfuir et d'appeler la flamme à son aide. Dans les habitations restées debout, on découvre, au milieu des traces de cantonnement et des débris de cuisine, des bûchers préparés avec des cloisons, des portes, des échelles. Nos obus ont empêché les Célestials d'y mettre le feu, et cette désolation demeure qui témoigne. Çà et là, sous le vent, des pétillements d'étincelles se réveillent, et des fumées montent qu'éclairent, dans le bas, de minces langues de flammes, bientôt mortes. Le ciel est d'un gris sale, fuligineux au-dessus du fleuve, et partout, mélancolique, écrasant, très bas. Des corbeaux planent en vols circulaires. Mais la tristesse morne de cette ville détruite ne vient pas de ce ciel, de ces oiseaux de proie, ni même de cette lamentation muette qu'ont les choses que l'homme a frappées ; et les murs éventrés, les frontons rôtis, la boue gâchant les cendres ne la font pas eux-mêmes tout entière. Plus navrants que tous ces deuils, il y a les jardins.

D'aucuns subsistent dans ce saccage universel, et dont on peut reconstituer les allées étroites, les platebandes. Dans celui d'où je sors, la vasque d'eau verdie et les artificielles rocailles demeurent intactes au milieu de la boue piétinée. Des iris lancéolés surgissent de la mousse des fentes ; le long des bords du bassin des cyprins dorés nagent en cercle, lentement. Au dessus, sur un fût de colonne, un autel domestique en briques peinturlurées se dresse, avec ses offrandes ordinaires, souliers et coffrets de carton. Sur la tablette, j'ai pris un recueil de prières. La main malhabile d'un enfant avait dessiné un soldat sur la couverture. Mais la lampe était morte, la petite lampe familière.

Et comme je pensais à ces horreurs de la guerre, partout pareilles, sous tous les cieux, ma main s'est égratignée aux épines d'un rosier en fleurs. C'était au fond du jardin, entre les squelettes grillés d'autres arbres, contre le mur noirci. Les roses avaient survécu, roses encore, et perlées de pluie, soufflant un parfum doux. Plus cruels que l'ennemi et que le feu, nous les avons cueillies, mes compagnons et moi. Sentimentalité puérile, ressouvenir de Paris où nous les enverrons, et où elles arriveront desséchées, sans couleur, affreuses... L'arbuste est resté dépouillé, violé, tout nu. Une plus grande tristesse retombait sur le jardin, noyait les choses.

X

LA COLONIE IDÉALE

Hanoï, 15 avril.

On sait aujourd'hui l'histoire du Tonkin. Bien ou mal, avec des enthousiasmes d'un chauvinisme facile, tel qu'on en peut avoir les pieds sur les chenets, et des dénigrements voulus, tels qu'en inspire seule l'étroite sottise des passions politiques, on en a dit cent fois les lamentables épisodes. Il faut qu'un sol ait été imbibé du meilleur de notre sang pour nous décider, nous Français, à le connaître. Encore l'étudions-nous en rechignant...

Donc je ne récrirai point ces choses trop écrites. Ma tâche est autre. Toutefois, j'aime trop mon pays et je suis trop épris de questions coloniales, pour qu'à certaines heures, mes préoccupations purement artistiques ne cèdent point la place à de plus graves études. Maintenant si, malgré mon incompétence, on me suit sur ce nouveau terrain, je souhaite qu'on m'y tienne grand compte de ma sincérité. Écrivain étranger à toute coterie, je pense, j'observe et je raconte en toute indépendance.

J'ai débuté par une désillusion, ce qui est d'ailleurs la meilleure façon de débuter. En pareil cas, en effet, on voit mieux, car la tristesse ou la honte de s'être laissé tromper font par la suite plus attentives vos recherches. On a le vague espoir de reviser le premier jugement que vous ont imposé des découvertes inattendues, et l'on en appelle à des examens successifs qui, s'ils vous laissent tout aussi mélancolique, vous insufflent du moins une réelle conviction.

En débarquant, je savais de ce pays-ci tout ce qu'en peut savoir un Parisien lecteur de journaux ou auditeur de conférences. J'ai dû désapprendre mon mince bagage et compter les heures par mes surprises. Cela commença au Fleuve Rouge, cela dure encore.

Ce Fleuve Rouge, je me le représentais sinon comme une de ces belles voies commerciales communes dans les deux Amériques, comme un de ces *chemins qui marchent* chers à tous les marins, du moins comme une artère utilisable. J'imagine que plus d'un Français se sera forgé pareille illusion pour avoir trop écouté ce bon M. Jean Dupuis, et, surtout, l'épique M. Millot qui s'est constitué le guide et le porte-parole de ce vieil explorateur. Hélas ! force m'a été d'en rabattre : le

Song-Koï est, à tous les points de vue, mais à la largeur près, notablement inférieur au canal Saint-Martin de parisienne mémoire, et l'annonce de sa navigabilité, considérée comme une excuse à l'expédition actuelle, ressemble fort à une mystification. Pendant six mois de l'année, on ne peut naviguer de Haïphong à Hanoï avec une chaloupe calant un mètre et demi sans s'échouer quatre ou cinq fois, toutes les vingt-quatre heures. Il nous faut donc aujourd'hui créer toute une flotte spéciale de bateaux à fond plat ou renoncer à commercer avec le Yun-Nam. Je n'exagère point, et les projets élaborés autour de moi en fournissent la meilleure preuve. A peine arrivés, les premiers hommes d'affaires, ceux qu'Henri Rochefort appelle si plaisamment des *pépitiers*, songent — et ils ont raison — à la construction d'un chemin de fer parallèle au fleuve, qui, de la mer, monterait jusqu'à la région des mines et des bois. Aussi bien, pour tout dire, cette inutilisation relative d'une voie trop vantée ne doit pas faire regretter notre conquête une seconde. Celle-ci se justifie par des raisons politiques et économiques capables de convaincre les plus impassibles. D'abord, il est merveilleusement riche, ce Tonkin, et les Anglais bien vite en tireraient un Eldorado. Depuis tantôt un mois que je le parcours, je n'y ai pas encore trouvé un mètre de terrain perdu, et je demeure ébloui du nombre de ses ressources, de la fécondité de son sol et du bon marché de la main-d'œuvre par laquelle on l'exploite. Ensuite, — et cette raison devrait suffire

si les rancunes des partis tombaient chez nous quand
le pavillon est en jeu, quand l'Europe nous regarde —,
il fallait que nous le prissions, pour qu'une autre nation
ne le prît pas. A ceux qui répondraient : « Qu'importe ?
la France est une puissance continentale, et peu nous
chaut la couleur du drapeau flottant sur le Tonkin ! », à ceux qui récriminent à présent que la chose
est à peu près faite et la conquête terminée, il faut
montrer l'abime où leurs théories mènent notre pays.

Elle n'est plus à plaider, la cause des colonies. On a
SCIENTIFIQUEMENT démontré que l'expansion transocéanienne s'imposait à nous, inéluctable. Pour qui douterait encore de cette fatale nécessité, un coup d'œil
sur la carte du monde suffira. Souvent cet espoir me
hante qu'un beau jour, les grands penseurs de ce
temps, que les artistes eux-mêmes, rêveront à ces
choses. Les malpropretés de la vie courante, la terreur
d'un enlisement dans la boue politique, font de la
plupart d'entre eux des indifférents ou des impassibles.
Le mal est là. Il faudrait que tout en réservant leur
large mépris de nos mœurs sociales, ils regardassent
un peu par delà les mers. Ce serait regarder l'avenir.

Alors, guides aux voix autorisées, éloquents à force
de preuves, ils décideraient, sans efforts, le mouvement actuel qui hésite et tâtonne ; — ils nous sauveraient. Science et philosophie, patriotisme et art, tout
les invite à ce rôle. Ce que la foule ne peut comprendre,
ils le savent, ou le devinent ; et le rapetissement

universel dont ils se plaignent les pourrait pousser à agir. La vieille France est devenue trop étroite et l'activité de notre civilisation a besoin d'un champ nouveau pour ne pas s'étioler dans l'apogée de son repos, pour ne pas s'éteindre, anémique à force de pléthore rentrée. Nos savants, que le bouddhisme triomphant adopte et encourage, ont des secrets à demander à l'antique foyer des théories qu'ils s'imaginent neuves : l'art enfin qui s'essouffle et piétine sur place, à court d'inspiration, appète un renouveau que des cieux inconnus lui donneront seuls. Puis c'est l'Histoire qui chuchote des enseignements graves, effrayants pour qui se rappelle ou compare. La Grèce, notre aïeule, en vint au point où nous en sommes, puis disparut, submergée. Sa civilisation ne sauva que son nom. Elle avait, elle aussi, piétiné sur place et, bercée dans sa gloire, s'imaginait être immortelle comme son ciel bleu. Plus expansive, elle eût résisté. Plus tard, sous l'invasion des Barbares, elle n'aurait subi que la demi-mort du monde latin. Rome aurait disparu, non colonisatrice.

Le ferait-on sans frissonner, ce rêve : notre race vaincue, amoindrie, absorbée, notre sol envahi, découpé en morceaux, et — vengeance stérile — notre langue subsistant seule, avec les débris de notre art, dans une survie dont les Barbares jouiraient ainsi que d'un luxe?

Un rêve, c'est un rêve! Cependant notre race diminue, notre sang s'appauvrit, et le globe sans nous se remanie, travaillé par les poussées effrayantes des peuples. Formidable, la race anglo-saxonne monte comme la mer. Avant cinquante ans, aux États-Unis, cent millions d'habitants grouilleront, qui trouveront bien vite leur patrie insuffisante. A cette même époque, la Confédération australienne sera puissante assez pour imposer son arbitrage à de vieilles puissances continentales, et l'ouverture du canal de Panama la leur rendra presque aussi proche que l'Inde aujourd'hui. Quelle figure ferons-nous alors sur le globe ?...

Nous, les jeunes que ces pensées émeuvent, nous ne sommes pas des poètes épris de chimères, des coureurs d'aventures. Notre rêve d'un empire colonial ne nous fait rien oublier, car l'éducation positive de notre génération a tué dans l'œuf les enthousiasmes irréfléchis qu'une hérédité trop tenace aurait pu nous léguer. Et lorsqu'on nous dit : « Votre ambition est folle », nous ne nous bornons pas à rappeler le Canada, la Louisiane, les Indes-Orientales ; nous revenons docilement sur le Continent pour regarder autour de nous.

L'Allemagne, en effet, est aujourd'hui le Croquemitaine dont, avec plus de persévérance que de patriotisme, les politiciens ennemis de toute action extérieure s'obstinent à nous parler. Les moutons de Panurge s'y sont accoutumés, et d'aucuns se donnent des torticolis à force de continuellement chercher à l'Est s'ils ne verront pas surgir par-dessus les Vosges le plumet de M. de Bismarck. Le mal est vieux, d'ailleurs. Des cours d'histoire qu'on nous a faits, au collège, comme des journaux qu'émancipés nous avons lus ensuite (pour le plus grand dommage de notre connaissance de la langue et de notre instinctif amour du style), il découlait d'entre les lignes un catéchisme humiliant. Cet aphorisme le résume : *Initium sapientiæ timor Germaniæ !*

Pourtant, il faudrait s'entendre, car certains affronts font l'effet d'être mérités aux auditeurs de qui trop souvent les rappelle. Nous n'aimons pas les poètes assoiffés de revanche qui perpètrent de mauvais vers en parant comme une châsse la statue de Strasbourg ; nous n'aimons pas, sincères ou non, les bravaches qui monopolisent le culte de la patrie, et, volontiers, libelleraient ainsi leur carte de visite :

M. X***
Patriote.

mais nous aimons moins encore, et même nous détestons, les entrepreneurs politiques dont le dernier argument est, pour tout et partout, l'allusion au passé, l'évocation du spectre prussien. Nous croyons la vraie sagesse, le vrai patriotisme plus dignes et plus respectueux.

N'en parlons pas, mes fils, mais pensons-y toujours...

Voilà la vraie devise. Les mères polonaises la répétaient à leurs fils ; notre jeune armée semble la leur avoir empruntée. On ne parlait jamais de revanche dans mon régiment, mais on s'y préparait, et c'est sans *kokorikos* qu'on y étudiait la carte d'Allemagne !

La politique d'expansion coloniale qui prévaut à cette heure n'interrompra nulle part, ni ces travaux, ni ce silencieux entraînement. Ne citons donc plus nos voisins — par pudeur. Aussi bien, politiquement ou mieux scientifiquement parlant, l'argument de leur intervention ne se justifie pas. Que veulent-ils ? La paix. Peut-être ne redoutent-ils pas précisément une nouvelle rencontre avec nous, mais vainqueurs ou vaincus, ils en craignent les conséquences, sachant bien que la lutte future sera bataille darwiniste, toute d'extermination et qu'un des deux combattants devra fatalement disparaître. De plus, beaucoup de Saxons, non des moins experts, ne sont pas sans douter du résultat final de ce monstrueux duel, et tiennent médiocrement à le voir s'engager, si j'en juge du moins par les confidences *après boire* de certain diplomate allemand, mon compagnon de voyage. La paix par conséquent semble assurée à l'Est, d'autant que, des deux côtés de la frontière, on est prêt à la guerre. L'Allemagne ne commençant pas les hostilités, comment éclateraient celles-ci ? Régie par une démocratie, la France, même deux fois plus forte, ne jettera jamais le gant. Quel gouvernement l'oserait sous la patte écrasante du suffrage universel ? Est-ce à dire alors que nous devions attendre d'une restauration monarchique, de longtemps improbable, ou d'une rupture de l'alliance morale des grandes puissances la réalisation du plus cher de nos vœux ?

Les Girardin de la presse prêts à faire à ce point d'interrogation une réponse que l'avenir ratifiera, ne sont point nés encore. Seulement, on trouverait plus d'officiers espérant le retour de nos provinces d'un échange ou d'une compromission, que d'hommes l'attendant simplement de nos canons.

L'avenir n'est à personne. Et d'abord pourquoi rappeler l'improbabilité d'une guerre franco-allemande d'ici à longtemps? Convention que tout cela. Revenons à l'empire colonial qu'il nous faut, à tout prix, et supposons-la prochaine, cette campagne de l'Est : cela change-t-il quelque chose à la nécessité de notre développement extérieur? Qui parle d'aventures téméraires? Qui parle d'armée à déplacer, de millions à risquer? Qui donc surtout rêve un éparpillement outre-mer?

La question est tout entière en ce dernier point, car ce que nous demandons, ce n'est pas l'expansion de parti-pris, ce n'est pas une série de petites aventures çà et là, une suite de tentatives mesquines, aussi mal menées que coûteuses, c'est l'adoption résolue d'une politique étrangère, l'établissement logiquement conçu d'un projet général, c'est la précision dans le but, l'unité dans les moyens exécutoires.

Le globe est vaste. Où irons-nous? Les faits répondent. Hésiter n'est point possible : nous planterons et maintiendrons notre drapeau sur le point que, par une concordance merveilleuse et par un juste retour de la fortune, notre intérêt politique et nos intérêts matériels nous désignent à la fois — et nous désignent impérieusement — : en Indo-Chine.

Il ne s'agit pas, pour tout préciser, d'abandonner le reste de nos possessions, mais de nous y tenir tranquilles, afin de pouvoir, sans nous ruiner comme sans compromettre ou engager notre politique de continent, mener à bien cette *œuvre indispensable*. Avec l'armée coloniale qu'on nous a promise, qu'on nous doit et qu'il nous faut, le plus ordinaire de nos hommes d'Etat conciliera ces deux nécessités. Si après cela, nous nous créons quelques stations dans le Pacifique, la France pourra attendre l'avenir avec confiance, profiter elle aussi du percement du Panama et enfin rendre inutile l'escroquerie anglaise en Égypte. . . . . .
. . . .

Il faut avoir le courage de l'écrire : John Bull, c'est l'ennemi, l'ennemi héréditaire et fatal, autrement dangereux que l'autre. . . . .
. . . .

La vie est faite de paradoxes. Le paradoxe d'aujourd'hui c'est la vérité de demain. L'histoire — squelette de faits — s'en rembourrera les côtes.

Un beau paradoxe à confondre quiconque n'a pas voyagé serait celui-ci : la mer est ridiculement petite, en dépit des géographes, plus petite que le vieux continent. Sur celui-ci, Anglo-Saxons et Latins, Malthus aidant, pourront en effet toujours vivre, sans trop se gêner les coudes : ils se battront sur la mer...

L'Océan est étroit, parce qu'on l'a sillonné de routes.

routes sans poteaux, sans bornes kilométriques, mais que l'on suit infailliblement, en vertu de la géométrie et de par le calcul et le compas. De là, des collisions de navires, acheminement aux collisions de peuples.

L'Angleterre veut être la maîtresse et l'agent-voyer de ces routes maritimes ; la France, voyageuse indépendante, veut marcher sans contrainte. Elle se lassera, malgré son anglomanie actuelle, très superficielle du reste, de se voir barrer le chemin, ou d'être, à tout propos, accrochée à mi-voie, comme on l'est, dans nos villes, par les vieux cochers, maîtres du pavé, grincheux ou jaloux.

Pourquoi l'Indo-Chine ? dira-t-on. Je sais bien : l'Afrique est à nos portes. Mais qui parle de renoncer à l'Afrique ? J'ai dit que nous obéirions à la fois à nos intérêts matériels et à nos intérêts politiques. Voyons ceux-ci.

Il ne s'agit plus de récriminer. Ce qui est fait est fait. La Méditerranée, lac français, n'existe plus. En perdant l'Égypte, nous avons de cette Afrique tant vantée perdu la plus utile part — je n'ai pas dit la plus riche. Que pouvons-nous espérer, après le vol de notre œuvre du canal de Suez ? Tout ce qu'il est permis de souhaiter, c'est la fédération de nos possessions, l'englobement, dans un temps plus ou moins long, du Nord et du Nord-Ouest. Certes, c'est là un beau domaine encore, et cette Europe noire semble pour contenter de plus gros mangeurs que nous. Par malheur, acquérir n'est rien. La Tripolitaine, le Maroc seraient nôtres demain, un railway surgirait, tout fait, reliant Alger au Sénégal par Tombouctou, que nous n'en serions pas plus riches, sinon plus avancés. Car de quelle façon tirerions-nous parti de cet empire, nous qui exportons des millions, non des hommes, — nous qui ne faisons pas assez d'enfants ?

Nous sommes plus colonisateurs que les Anglais, puisque, sans sot orgueil, nous nous allions volontiers aux races inférieures, et puisque nos métis à nous, sous tous les climats, sont beaux, féconds et vigoureux; nous sommes plus colonisateurs que les Anglais, puisqu'aucune loi de *struggle for life* ne nous fait nulle part exterminer l'indigène, détruire les races autochtones ; mais nous manquons de colons. Or, l'Afrique en exige. Immense, elle nous coûtera plus qu'elle ne nous rapportera, tant que nous ne l'aurons pas peuplée. La colonie sans colons, voilà donc pour nous la colonie idéale.

Reste l'Asie. L'homme revient au toit natal. La vieille Europe, aujourd'hui, retourne à son berceau. Le progrès marche parfois à reculons ainsi que l'écrevisse du Dictionnaire ! Puis, il y a peut-être dans ce mouvement comme une prescience, comme un instinct. L'Asie centrale et orientale, ce n'est plus le mystère, c'est l'ennemie des siècles à venir. La Chine déborde, trop petite pour ses quatre cents millions d'habitants ; ses frontières craquent, et si la civilisation ne s'en mêle et ne vient pas, avec son cortège de maux nécessaires, restreindre l'épouvantable accroissement des naissances, il s'en échappera dans quelque cent ans un débordement diluvien. L'émigration asiatique lancera ses hordes sur le vieux monde ; alors une effrayante résurrection du passé dira que la vie terrestre a terminé un cycle et que de nouveaux âges commencent. L'humanité, pareille à un vieux cheval attelé au treuil d'un puits, se secouera, puis, renouvelée, machinale, et fataliste, reprendra, dans son inconsciente lassitude, sa piste circulaire.

Déjà l'Amérique a pris peur et s'est barricadée devant l'invasion des Célestials, comme les fils des sables se barricadent devant le flot des fourmis. Ce n'était qu'un filet, pourtant ; avec le temps, il pouvait devenir cataracte.

Mais que l'Europe écrase la Chine, l'affaiblisse à violentes saignées, ou simplement l'encercle pour la miner peu à peu et se garder d'elle, peu importe ! Ces choses sont lointaines. L'heure présente a d'autres luttes en réserve. Angleterre et Russie se touchent maintenant en Asie, et comme deux dogues, nez à nez, se reniflent, les crocs découverts, prêtes à se mordre. La terre a trop bu de sang en Europe ; elle en est saturée : le vieux sol asiatique, lui, s'est refait une virginité et crie la soif de tous ses pores. Les grandes guerres futures auront lieu sur les frontières de l'Inde, et nos petits-enfants verront de belles choses.

Or, sachant cela, la France peut-elle, sans sortir de son inertie, laisser la Russie et l'Angleterre se partager l'Asie, et l'Allemagne y ruer son commerce ? Non.

Et elle le peut d'autant moins qu'en Asie justement, elle trouve sa colonie idéale, cette colonie sans colons que l'Afrique lui refuse.

L'Indo-Chine, c'est *la main aux cinq doigts*, suivant le mot de M. Léon Goulette, la main aux cinq vallées dont le poignet sort de Chine. Le fleuve Rouge en représente le pouce, le Mé-Kong l'index, le Meïnam le médius, le Salouen l'annulaire et l'Iraouaddhy l'auriculaire. Cette main doit être, et sera française.

Nous passerons notre anneau à tous ses doigts, et nos douanes mettront leur bracelet au poignet. Mais, pour l'instant, il s'agit du pouce dont l'Annam est la chair.

Les Annamites ont l'habitude d'affirmer que leur patrie ressemble à un bambou supportant à chacune de ses extrémités un panier de riz. Leur comparaison est juste, carte en main. Trois cents lieues de pays, longue bande resserrée entre les montagnes et la mer, généralement peu productive et sylvestre, c'est l'Annam proprement dit : le bambou même, dont le centre — la Capitale — repose sur l'épaule du porteur. La Basse-Cochinchine, la riche et fertile vallée du Mé-Kong forment le premier panier, le Tonkin avec sa vallée du Fleuve Rouge, plus riche et plus fertile encore, forme le second.

Colonie idéale, colonie sans colons, ai-je écrit. Le mot n'est pas trop fort, et, à la réflexion, reste juste. Là, en effet, sous un travail universel, le sol donne tout ce qu'il peut donner, et la main-d'œuvre indigène suffit à l'exploiter presque à son maximum. Là, en effet, il n'est pas besoin comme en Algérie de colons. Les bras ne manquent pas. Infatigables ils pullulent, si nombreux, si bon marché, qu'à l'encontre de ce que nous voyons en Europe, ils tuent la machine.

Que faut-il donc à ce pays? Des capitaux. Viennent des industriels, des ingénieurs, des commerçants; qu'il se fonde une nouvelle Compagnie des Indes puissamment commanditée : nous n'aurons plus à pleurer l'Hindoustan perdu. Achetons le sol, ouvrons des carrières, fouillons des mines, utilisons pour des cultures sèches le terrain que l'aquatique indigène dédaigne pour la plaine noyée, enrôlons ces armées de coolies que paie une poignée de riz, multiplions nos navires, et laissons nos ouvriers, nos paysans, à leurs ateliers, à leurs champs. Que viendraient-ils faire ici ? S'anémier sans s'enrichir, et par leurs racontars dépités compromettre l'œuvre nouvelle. On a prononcé le nom de pépitiers : ramassons-le. Oui, ce sont des pépitiers qu'il faut au bord du Song-Koï, des pépitiers au portefeuille garni, et soutenus par des actionnaires intelligents. Mines de cuivre, d'étain, de houille, de mercure, ils les exploiteront comme ils laveront les sables aurifères. Sans y penser, ils créeront dans la baie d'Along, à même la roche, le Hong-Kong qui nous manque; ils canaliseront la portion des fleuves qui peut être canalisée; au delà, ils jetteront des rails qui fileront jusqu'à Lao-Kay, jusqu'à Mang-Hao même, dans le Yunnam, et détourneront à notre profit le commerce chinois, tout en introduisant nos produits dans le Céleste-Empire. Mais qu'on se hâte, car John Bull caresse le même rêve, lui, l'homme pratique, positif et froid, qu'on ne saurait, comme nous, accuser d'enthousiasme irréfléchi, et, déjà, ses piqueurs, ses ingénieurs, ses agents-voyers jalonnent la Birmanie, occupés d'un chemin de fer dont la construction tuerait notre œuvre née à peine.

Voilà pour les intérêts matériels. Cependant pour impérieux qu'ils soient et concluants, l'intérêt politique les prime.

Nous avons perdu le canal de Suez : notre établissement solide en Indo-Chine rendrait nulle cette perte... Ici, je sens le terrain brûlant et je voudrais qu'on lût un peu entre les lignes...

Des dépôts de charbon et des postes fortifiés à Obock et surtout à Cheik-Saïd, c'est bien, très bien même. En cas de guerre avec l'Allemagne, nos croiseurs y prendraient la houille, qu'en vertu de la loi des neutres l'Angleterre nous refuserait, puis, leurs soutes garnies, se lanceraient dans l'Océan Indien. Mais me permettra-t-on de supposer que nous nous fâchions tout à fait avec l'Angleterre, ou que plus simplement celle-ci, d'une manière ou d'une autre, *nous fermât le canal?*

Que ferions-nous ? Des dépôts de houille à Madagascar et à Mahé, c'est fort bien encore, mais à quoi serviraient-ils, si nous n'avons pas constamment en Indo-Chine une flotte de réserve, une armée coloniale, se recrutant, l'une et l'autre, aux deux tiers, parmi les indigènes, et toujours prêtes, l'une à la course, l'autre à une diversion, tout autant qu'à la défense de la colonie ?...

Nous avons Saïgon, le plus beau refuge qu'on puisse rêver pour une flotte de guerre, le meilleur emplacement qui se puisse souhaiter pour un grand port militaire, nous avons la baie d'Along plus belle encore peut-être, et qui baigne à même des gisements houillers, nous avons des troupes annamites, braves sans fanatisme, dévouées jusqu'au stoïcisme lorsqu'on les traite bien, et supérieures à tous les mercenaires connus... profitons-en et profitons-en bien vite pour que, d'où que vienne la prochaine guerre, il nous soit permis de regarder la mer sans inquiétude, et de hardiment espérer en l'Indo-Chine, — cette nouvelle France.

XI

A TRAVERS HANOI

25 mars,

Malgré ses neuf kilomètres de tour, Hanoï est vite vu, sinon vite décrit. Désillusionnant avec cela, comme le reste. On viendra chercher la fortune en ce pays, et, par l'intelligence et le travail, beaucoup l'y trouveront ; mais je doute fort qu'il prenne jamais fantaisie aux artistes d'y poursuivre, soit dans l'œuvre des indigènes, soit dans les choses de nature, le beau qui console ou le pittoresque qui distrait.

Tout se noie ici dans cette bâtardise dont le poids écrase l'Annam. C'est le triomphe de la grisaille et d'un art incolore à force d'être transitoire. Ce n'est plus l'Inde, et ce n'est point la Chine encore. L'inoriginalité du ciel déteint sur les choses et sur les gens, dans une uniforme coulée de banalités monotones. D'aucuns, il est vrai, de mes nouveaux amis, officiers ou fonctionnaires, reprochent à mon dépit ses sévérités de jugement. Pour la saison prochaine, tous me promettent un ciel débarbouillé dont l'indigo radieux prêtera au pays des aspects neufs qui, du tout au tout, disent-ils, changeront mon impression première. Je les veux croire, bien qu'orfèvres, et quoique, en tous pays, les exilés de France se plaisent à vanter leur résidence aux compatriotes qu'ils hébergent. Mais serai-je ici au prochain renouveau? Et puis, j'ai promis justement de noter, telles quelles, au hasard des feuillets et des jours, mes impressions primitives, dans la fraîcheur toute vibrante encore de leur sincérité. C'est bien assez d'être contraint, au mépris de mes convictions esthétiques, d'introduire mon *moi* dans mes récits, sans fausser mes tableaux avec l'improbable et puéril espoir que, généralisés, ils paraîtront exacts à toutes les saisons.

Je ne suis ni un savant, ni un géographe, ni même un politicien; et de ce, qui pis est, je n'ai pas l'ombre d'un regret. Ceci dit une fois pour toutes.

A défaut de l'artiste, l'historien se récréerait-il à Hanoï? Peut-être encore lui faudrait-il le génie synthétique d'un Cuvier archéologue, car les souvenirs des temps morts sont rares, rares les monuments, rares surtout les documents écrits.

Être superficiel aux vertus négatives et aux vices vulgaires, l'Annamite n'a guère plus de conscience politique que de conscience morale. L'abrutissement de ses traditionnels esclavages, et les lois d'hérédité sociale ont obnubilé la mémoire de ce paria d'Asie. Vivace cependant et fécond, par la prédominance même de ses instincts matériels et les ressources de son sol aquatique, cet ichthyophage qui supplée par le phosphore aux globules sanguins et aux nerfs qui lui manquent, est fatalement marqué pour la domestication. Non suffisamment sauvage pour disparaitre sous l'invasion européenne, comme les êtres de race absolument inférieure, il n'a pas non plus l'énergie dont, ailleurs, avant de céder, les autochtones au sang pur s'inspirent pour d'inutiles mais héroïques résistances. Aussi, familier des servitudes, se courbe-t-il déjà sous notre domination, et se multiplie-t-il à notre ombre, tout heureux de ce que le hasard, lui donnant des blancs d'Europe pour nouveaux maîtres, lui ait amené ces Français, pitoyables aux longues infortunes et prodigues de leur force, qui ne dédaignent pas, sous aucun soleil, de régénérer les espèces par des alliances souvent passagères, productives toujours.

Certes, l'historien tantôt souhaité ne trouverait pas injuste, au lendemain de sa venue, ce jugement sur l'Annamite. Animal immusclé, sans dignité et sans courage, le misérable ignore son passé. Il faudrait, pour le connaitre, fouiller en Chine les vieilles bibliothèques fermées encore à nos savants. Car le sol ne compense point cette absence de livres ou de poèmes nationaux. Les monuments y sont peu fréquents, les monuments remarquables du moins. Les pagodes sont des rez-de-chaussée sans style, des kiosques vagues, tous copiés sur un patron unique. Le bois dont elles sont bâties a la vétusté silencieuse. La pierre qui parle si éloquemment sur l'emplacement d'Angkor est inconnue dans ces plaines noyées, et c'est avec surprise qu'on a découvert, en pleine rizière, sur de minuscules arroyos, quelques ponts de marbre, formés de larges dalles noires, qui, sans garde-fous, branlaient sur des fûts grossiers, taillés en ce même marbre indestructible. Avec quelques statues d'éléphants, ou d'animaux chimériques, ils forment le bilan de ce qu'ont laissé, dans le Delta, les siècles défunts. Les rois Lê dont la civilisation sut transporter, de la baie de Tourane à des centaines de lieues, ces matériaux gigantesques, n'ont pas semé d'autres souvenirs ; le curieux qui s'en étonne ne trouve rien dans les temples qui l'en puisse consoler; ou bien, s'il fait quelque intéressante découverte, se rebute vite, furieux de n'en pas obtenir l'explication.

Au coin du grand lac et d'un bastion de la citadelle, à l'extrémité du faubourg nord d'Hanoï, une pagode existe où nous entrons à chacune de nos chasses. Le site est beau, d'ailleurs, et veut qu'on l'admire en ce pays des laideurs plates. Aussi bien, ce n'est pas du sol qu'il tire sa grâce, mais du lac prochain et des marbres. Ceux-ci sont énormes, et rappellent leurs frères, les manguiers de la Martinique.

Superbement touffus, ils étalent et confondent sur des troncs monstrueux des dômes de feuilles d'un vert sombre que la lumière, en filtrant, métallise par places. Des branches rampent au milieu, en tous sens entrecroisées, semblables à de gigantesques serpents rugueux. Au-dessous, une ombre règne, éternelle, humide, très fraîche. Il en tombe ce recueillement qu'ont les vieilles solitudes : enfants, nourris des poésies mortes, nous nous imaginions les bois sacrés plantés pareillement. Ainsi, sous certains aspects, le sol exhale une religiosité inconsciente et vague, à laquelle le rêveur se prend en tous pays. A la sentir par des climats divers on s'explique sans efforts le peu de dissemblance des cultes. Quel que soit le dieu que l'on prie, on lui veut un cadre conçu d'après son idéal humain. Sous toutes les latitudes, à tous les siècles, l'arbre, étant cher à l'homme, semble agréable à la divinité. Égoïsme immortel de la brute que nous sommes, asservissement béni de nos poésies latentes au sol d'où nous sortons et où nous irons dormir ! L'arbre reste saint, la forêt demeure adorée. Les croyances d'antan ne promènent plus à leur ombre leurs théories sanglantes ou puériles, mais poète et penseur y viennent encore, panthéistes pieux comme de Laprade, pessimistes attristés comme la plupart des fils de ce siècle, et tous y goûtent la mélancolie reposante que verse à notre petitesse l'indifférence grandiosement sereine des choses inanimées...

Le lac s'étend au pied de la digue que couronnent, à son dernier angle, près de la citadelle et de la route, ces manguiers vénérables. Adossé à leurs troncs, on l'aperçoit entre les feuilles, par une échappée, qui, en rapetissant le tableau, en allonge la perspective, et en fait étrangement saillir les détails. De l'eau simplement, avec des joncs de zinc luisant, des iris lancéolés, des nénuphars et des victoria-regina aux larges fleurs de neige, aux feuilles en bateau, sur lesquels volent, se posent, et s'envolent encore, dans une fuite qui chatoie, des martins-pêcheurs multicolores. De l'eau simplement, mais avec un éblouissant glacis d'argent au large et des teintes moirées sur les bords. Le ciel y reflète la blanche promenade de ses nuages cotonneux, comme ses bleus aveuglants, ou son miroitement embrumé de mercure. Parfois, une barque la ride, sampan grêle, qu'on prendrait pour un tronc d'arbre. A son extrémité, un champignon se dresse dont l'ombrelle flambe au soleil : c'est une pêcheuse qui, sous son chapeau immense, guette l'eau patiemment. Plus loin, ou bien à droite, des îlots surgissent, ceints de bambous éplorés que vert-de-grise la lumière. D'entre les fines dentelures de leurs branches en éventail, palpitantes sous un souffle, des toits s'élèvent, dentelés sur le faîte de chimères de faïence, et relevés aux coins de gueules apocalyptiques. Sur les tuiles imbriquées, des flamants s'enlèvent, plâtreux, puis, au-dessus, profilés alors sur le ciel, se rosent brusquement. Nimbant la nappe d'eau, c'est une transparence baignée de lumière. On compterait les joncs, les herbes et jusqu'aux grands cercles concentriques qu'y ouvrent les départs ou les fuites des canards sauvages sans cesse égrenés du lac à l'horizon. La brume, même à l'aube et même à la vesprée, ne quitte point les rives. Le centre demeure pur, criblé d'étoiles, ou poudré de soleil, et le regard qui s'y perd, entre deux clignotements, retrouve à l'extrémité, loin, bien loin, d'autres toits, d'autres bambous qui semblent proches et qui coulent sans un bris de la ligne jusqu'au point où le bleu du ciel et le vert des feuilles s'adoucissent, se mêlent, et meurent.

Cependant, par une exception heureuse, la pagode que cachent les manguiers et que précède le lac, n'est point indigne de leurs splendeurs. La porte franchie, on découvre, entre des murs très vieux, une cour pavée où la mousse et les herbes grasses disputent les dalles à cette humide lèpre, spéciale aux caves ou aux cimetières abandonnés. Au fond, le temple se carre, décrépit, ordinaire, mais qui frappe par sa vieillesse même.

Le silence, le délabrement, et l'ombre, avant qu'on ne pénètre dans l'édifice, vous jettent aux épaules leur froide sensation de cloître, puis on oublie cela. soudain noyé dans les ténèbres, et la porte du sanctuaire refermée sur vous. Alors, à l'aide de falottes lueurs d'allumettes, on distingue peu à peu une statue monstrueuse, dont le bronze plein rend un son grave. C'est un guerrier chinois gigantesque, colossal, effrayant presque. On le considère stupéfait, habitué que l'on est aux difformités annamites, aux petitesses religieuses des chapelles vides. Quel dieu représente ce chef-d'œuvre sinon de la statuaire asiatique, du moins de la fonte indo-chinoise ? Nul ne le sait, nul n'a déchiffré l'inscription du socle et nul aussi ne s'en inquiète. L'envie vous prend de flamber la pagode pour voir resplendir le monstre dans le soleil. A côté, dans les mêmes ténèbres de cave, une autre statue, de pierre celle-là, s'accroupit, énorme encore, bien que représentant un homme d'ordinaire taille. Elle est expressive, presque belle, mais on n'a pas le temps de l'examiner ; les allumettes s'usent vite, ou bien c'est un autre chasseur, parfois un boy, qui, par mégarde, voire par plaisanterie, heurte un gong immense pendu à l'un des piliers. Sous les voûtes qui le répercutent, en le grossissant démesurément de leurs échos précipités, le son déroule, du *dzing* primitif et strident à sa vibration dernière, un chapelet de sonorités mugissantes, dont les ondes assourdies s'éloignent en bourdon grave et meurent comme un glas. Le noir de poix qui nous baigne les rend étranges, comme surnaturelles, et, la première fois, d'aucuns sursautent encore dans la surprise de leur tympan, quand, la porte rouverte, le demi-jour pénètre, louche et gris, salué d'un vivat tout de même.

A chaque visite, nous repartons avec les mêmes commentaires aux lèvres et la même irritation de ne pas savoir. Or, cette pagode est la seule véritable curiosité d'Hanoï, comme du reste la plus ignorée. Les pagodes des Supplices, du Petit Lac et des Corbeaux ont été vingt fois décrites ; je n'en parlerai pas (1).

(1) Le lecteur voudra bien ne pas oublier que les différents chapitres de ce livre ont été écrits pour le *Figaro*, sous forme

N'importe, un savant trouverait ici de beaux sujets d'étude. De l'Annamite au sauvage Muong, en passant par les peuplades mystérieuses du Laos, il rencontrerait surtout plus d'un passionnant problème d'anthropologie. L'historien, moins heureux, en attendant qu'il puisse déchiffrer ou faire déchiffrer les rares inscriptions des édifices indigènes, se consolerait en reconstituant l'histoire de l'influence européenne en ce coin de l'Extrême-Orient.

J'essayais de le devancer en contemplant, tout à l'heure, les redans, les bastions, les parapets de cette immense citadelle construite pour Nguyen-Ahn par d'héroïques officiers français, et, soixante-dix ans après, reconquise sur ses petits-fils, par d'autres officiers non moins héroïques.

J'avais voulu monter au sommet de la tour, pensant trouver là-haut un peu d'air sec, sérieusement oxygéné. C'est toute une escalade. Sur trois terrasses superposées, de grandeurs décroissantes, dont les murs humides laissent entre leurs pierres s'écheveler les herbes folles, dont les dalles veloutées de mousse basculent çà et là, la tour érige son tronc de pyramide octogonale, coiffée d'un chapeau en paillotte — salaco minuscule qui rend bonne enfant la géante. Obscur, très étroit, l'escalier en colimaçon visse là-dedans des spirales peu rassurantes. On y

---

de correspondances. L'auteur, soucieux de laisser à son œuvre son caractère de spontanéité et de sincérité absolues, n'a pas voulu y changer une ligne. [*Note de l'éditeur.*]

rêve de mygales velus qui vont vous tomber sur la tête, et de chauves-souris qui vous foucttteront le front, mais on n'y trouve que des rats ou des lézards. Quelques paliers, avec de larges meurtrières, coupent heureusement ce tire-bouchon d'étapes, où l'on souffle tandis que les yeux papillotent, effarés de leur promenade dans l'ombre. Alors, on découvre, sur les murs, des inscriptions infinies, gravées au couteau, des noms, des dates, des ancres, — çà et là des cœurs percés d'une flèche, ou ces phrases : « *Benoît de la première compagnie arrivée au Tonkin* », « *Mort aux Pirates !* », « *A bas les coupeurs de tête ! Vengeons Rivière !* », « *En souvenir de Marie : Rivey, caporal-fourrier* »... L'éloignement de la patrie et l'atmosphère ambiante, chaude de sang et de poudre, enlèvent tout ridicule à ces inscriptions naïves, parfois même les font touchantes. Combien ne reverront jamais le pays, des misérables dont les noms dorment là dans l'indifférence de l'ombre, où nul ne les déchiffrera, jusqu'à ce que, la conquête finie, une couche de plâtre administratif vienne à jamais les noyer dans l'oubli !

Au sommet, sur la plate-forme, on a construit un mirador, paillotte grossière, à l'abri de laquelle deux soldats chargés de la télégraphie optique braquent incessamment leur longue-vue. De ce poste, on découvre la ville et le pays avoisinant comme sur une carte énorme. La hauteur de la tour, que le large horizon semble grandir encore, écrase toutes choses sur le sol, exagère la monotonie plate de la plaine. Tout au loin, à la jonction du ciel et des rizières, la montagne des Pins Parasols et les vagues éminences précédant Bac-Ninh accrochent seules l'œil lassé.

Et c'est alors que mon regard, après une lente promenade sur cette immensité verte, revint et se fixa sur la citadelle. Petite ville dans une grande ville, au large dans ses six kilomètres de remparts, elle étalait ses étangs, ses pagodes, ses terrains vagues et les ignobles paillottes dans lesquelles l'incurie administrative laisse vivre nos soldats. J'aurais pu ne plus me croire au Tonkin. Dans un angle, le peloton des hommes punis, rangé devant un mur d'écurie, immobilisait un scintillement de baïonnettes. Plus loin, à genoux près de la mare, lavandières moustachues, des sapeurs lavaient leur linge entre deux refrains. Sur le gazon roussi, d'autres troupiers étendaient à sécher des toiles radieuses ou couraient comme des enfants. Sans leur casque de liège, j'aurais pris ces coloniaux pour de bons tourlourous de nos garnisons provinciales, à les voir les manches retroussées, les pieds guêtrés, la pipe aux lèvres, aller des cuisines enfumées d'où sortait une odeur aliacée de rata, jusqu'au familier corps de garde devant lequel, à cheval sur un banc, leurs camarades jouaient aux cartes, sous l'œil ennuyé du factionnaire. De l'autre côté, manœuvrait une compagnie ; ses quatre sections incessamment s'accolaient, s'échelonnaient, se divisaient, au milieu des commandements bien connus montant à moi, distincts et clairs,

Près d'elles, des artilleurs pansaient des chevaux pareils à des fourmis, et les hennissements, les coups de sabots s'élevaient encore, très grêles, jusqu'à mon mirador. Soudain, cependant, le Tonkin reparut dans ce cadre militaire au pittoresque usé. Ce fut un vol de corbeaux s'abattant sur la Pagode Royale. Alors mon attention s'arrêta captivée sur l'étrange groupe des éléphants de guerre se baignant à côté du temple, avec des jeux énormes, au milieu d'une cataracte d'éclaboussures. L'un d'eux, folâtre, se mit debout, profilé comme un bronze sur le métal luisant de la mare: sa trompe dressée toute droite lança un long jet d'eau, puis, avec un frétillement de serpent coupé, épousseta ses larges oreilles frissonnantes. Le monstre criait, pris de joie, et son cri ressemblait à un couac de trompette géante.

A présent, j'étais bien en Indo-Chine. Les souvenirs de lectures me revenaient, et sur ce plan vivant je reconstituais les merveilleux combats dont il fut le théâtre : le premier assaut du 20 novembre 1873, où Francis Garnier s'empara de cette citadelle avec 180 hommes, et la seconde prise du 25 avril 1882, où Henri Rivière, avec quelques centaines de braves, sur le même sol, mit en fuite une armée. On a, depuis, réparé tant bien que mal les ravages du canon, mais des témoignages demeurent de ces luttes épiques, et devant eux je pense aux destinées inouïes de cette forteresse construite par des officiers français et deux fois reconquise par eux ! Certes, ils ne rougiraient pas de leur fière descendance, les héroïques aventuriers qui, de 1787 à 1802, prirent et fortifièrent l'Indo-Chine pour un prince misérable et fugitif, pour ce Nguyen-Ahn que, deux ans avant la Révolution, Paris vit arriver en suppliant, et dont les petits-fils aujourd'hui font assassiner nos soldats ! Reviendront-elles, une troisième, une quatrième fois. les hontes des abandons ?... Des Français devront-ils encore se faire tuer au pied de ces remparts dont nous réparons les brèches aujourd'hui ? *O Di, talem avertite casum !*...

J'imagine parfois ici, au cours de mes promenades ou de mes flânes, le dépit du lecteur français, voyageur de foyer, bourgeois candide ou artiste paresseux, à ne pouvoir se représenter, à ne pouvoir mentalement considérer ce pays inconnu où ses fils se battent. Des projets de descriptions menues, détaillées, très exactes, me hantent alors, puis s'évanouissent dans un découragement. On peut toujours peindre un paysage, décrire un être, pour étrangers qu'ils soient tous deux, mais comment, avec de simples phrases, faire surgir sur le papier une ville par exemple, et toute une civilisation exotique, quand les points de comparaison manquent, lorsque nous nous heurtons aux antipodes absolues de nos idées artistiques et de nos théories politiques ou morales ? Certes, on y pourrait arriver, mais il faudrait consacrer des volumes à cette besogne, avoir l'étonnant courage de s'arrêter à chaque mot pour des périphrases explicatives et des démonstrations de vulgarisateur!

Quel que soit son procédé, tout écrivain sait faire vivre l'Afrique, l'Inde ou l'Amérique du Sud sous les yeux de son public, car, indépendamment de la facile inspiration issue de leurs beautés lumineuses et chaudes, il trouve dans ces régions un vague « déjà vu », fruit de lectures anciennes, de tableaux admirés, de conversations retenues, ou plus simplement de ses imaginations de poète. Il ne s'y bute point, chez es hommes et dans les choses, à des étrangetés renversantes ; il n'a point à modifier sa méthode. Enfin, si quelque nouveauté trop vive l'arrête, il peut la soigner comme exceptionnelle, et lui consacrer un hors-d'œuvre littéraire. Et, toujours, il se voit compris à demi-mot, chacun ayant, avant que de le lire, collectionné sans le vouloir certaines connaissances indicatrices sur le sol exotique dont le livre lui reparle.

En Indo-Chine, la tâche du voyageur est autrement âpre, autrement difficile. Artiste, il se désespère devant des laideurs ternes et étiolantes ; conteur, il se bat les flancs devant des excentricités nécessitant, pour être dépeintes, le style d'un manuel Roret, avec notes au bas des pages et figures dans le texte !...

Et voilà pourquoi je boude volontiers certains tableaux. Mon appareil photographique voyageant avec moi, sur le dos de mon domestique, est toujours prêt à emmagasiner en deux secondes l'image des choses. Éloquemment il me suppléera.

Toutefois, ce n'est point à Hanoï que je l'utilise beaucoup. En raison même de notre installation dans cette ville et des progrès — trop minces encore, hélas ! — en résultant, la capitale du Tonkin a perdu en grande partie sa couleur spéciale, mais le pittoresque détruit était à la fois trop maigre et fait de trop de crasse pour qu'on le puisse regretter.

A l'intention des êtres fortunés dont le cerveau est assez bien organisé pour se pouvoir figurer, sans trop de grosses erreurs, et sur sa seule description, une ville inconnue, voici toujours Hanoï en quelques lignes :

Notre prison actuelle est un triangle irrégulier dont les côtés ont de deux à trois kilomètres. Son hypothénuse s'adosse au fleuve Rouge, commençant, vue du port, à gauche, par la Concession, et, de faubourg en faubourg, se terminant à droite par la Douane, une des dix bâtisses en pierre du pays. Pas de port, pas de quai; des berges seulement, irrégulières du reste, s'effritant par lames ocreuses et qu'il faut escalader durant la saison des basses eaux. Rien n'a été fait pour faciliter les débarquements des hommes et des marchandises. De la canonnière, on saute dans un sampan, et, la berge atteinte, on se hisse comme on peut, par les sentiers zigzaguant à travers ce semblant de falaise faite de boue séchée. La Concession, où nos pauvres marins et soldats furent si longtemps enfermés, communiquant comme ils pouvaient avec la citadelle, et presque cernés par les Pavillons-Noirs, contient encore tous les bâtiments officiels, depuis les habitations des généraux et de l'état-major, jusqu'à l'horrible et primitif hôpital. Un fossé, une palissade entourent cet enclos d'une fortification passagère. Aujourd'hui, des jardins y mettent quelque gaieté, sous l'ombrelle des *flamboyants*, gros arbres sur lesquels les fleurs précèdent les feuilles. Et quelles fleurs ! De rouges calices de corail avec des pistils couleur chrome, des pétales lourds et charnus, des tiges de la grosseur du doigt, les font étrangement belles. Leur forme est celle de nos vulgaires capucines dont une horticulture mystérieuse aurait triplé la grandeur ; mais quelle horticulture donnerait à nos fleurs le poids de celles-ci ? Lorsque, sous une rafale, le flamboyant les laisse tomber sur les toits voisins, c'est une pluie sanglante de grêlons tapageurs. Alors accourent les gamins du pays, jolis petits singes grimaciers, qui les ramassent et s'en servent comme de jouets. En trouveraient-ils de comparables comme couleur et comme forme parmi les laideurs des bric-à-brac paternels ? Très élevé, cet arbre sans feuilles, illuminant avec des boules de corail ses branches noires et nues, domine, dans tout Hanoï, toitures et bambous. Il méritait cette parenthèse.

Longeant la Concession, une route part du fleuve et, la digue franchie, devient la rue des Incrusteurs. C'est une voie neuve très large à laquelle ne manquent que des maisons européennes. Des paillottes la bordent ; deux ou trois boutiques chinoises, très propres et luxueuses presque, y commencent la file des échoppes, coupées tous les dix mètres par le comptoir ignoble d'un de ces « marchands de goutte », mercantis éhontés, qui représentent seuls, jusqu'ici, notre commerce. A gauche, on trouve la Sapèquerie, puis le camp des Lettrés transformés en caserne. A droite, deux rues s'amorcent qui encerclent le Petit Lac. Jadis des maisons annamites, des cabanes plutôt, entouraient celui-ci, le cachaient tout à fait. Nos premières troupes en ignorèrent longtemps l'existence. Aujourd'hui encore, il existe, dans un faubourg, un autre lac, minuscule d'ailleurs, que peu de Français savent être là, et que je découvris par hasard en *bibelottant* des incrustations de nacre, de cour en cour, dans un de ces rez-de-chaussée coupe-gorge où, sordide, s'écoule la vie annamite. La pioche des démolisseurs le dégagera à son tour. Déjà, le petit lac du centre de la ville est devenu charmant avec ses maisons blanches qui s'y mirent et les verdures qui le bordent çà et là. A son extrémité et perpendiculaires aux deux chemins entre lesquels il dort, deux rues parallèles vont du fleuve à la citadelle, en coupant la grande digue. Et sur elles se greffe, un échiquier compliqué rappelant nos ruelles du moyen âge. Là le commerce, là l'industrie, là le pittoresque s'il en est. Le reste de la ville n'offre d'intérêt d'aucune sorte. Le tout a bien près d'une dizaine de kilomètres de tour et renfermait plus de cent mille habitants avant la guerre. Ce chiffre ne m'a pas surpris, à voir grouiller dans les faubourgs, tassées dans quelques mètres carrés, d'innombrables familles de cette race plus prolifique que patriarcale. J'ajoute qu'il n'y a pas encore dans ce vaste triangle plus de dix constructions européennes, et qu'on n'y voit ni hôtel, ni même un café. Les Anglais, évidemment, y auraient créé déjà tavernes élégantes, hôtels confortables, club, et jeu de crickett ! Nous n'y avons même pas une table propre pour y boire un verre de bière à la fraîcheur...

Voilà, n'est-il pas vrai, un rapide coup d'œil sur Hanoï qui merveilleusement renseignera le lecteur d'imagination ?

Je reviendrai à mon système ordinaire, dans mes prochaines lettres : j'y viderai mon carnet de notes quotidiennes. Mieux vaut un croquis, hâtif mais complet et exact, d'un coin isolé, d'un groupe, que ces monographies ou que ces tableaux d'ensemble plats à pleurer et parfaitement impuissants à faire surgir devant les yeux du lecteur les vues qu'ils prétendent évoquer. On m'excusera pour ma franchise.

XII

HANOÏ ET L'ART ANNAMITE

30 mars.

C'est toujours la même chaleur pesamment humide. Dès l'aube, une lassitude nous abat. Franchement brumeux, le ciel nous semblerait plus supportable ; car, pour notre malheur, il en tombe moins de la mélancolie que de l'agacement. Cette éternelle calotte de vapeurs d'eau, dont, avec des éclats durs, le soleil qu'elles voilent métallise le blanc sale, parait déprimer toutes choses. Aussi, les matins sont-ils écrasants, et, derrière nos stores fermés, les employons-nous, dans une artificielle fraicheur, à préparer nos correspondances, parfois, à lire, aux jours bien heureux de l'arrivée des courriers Après le déjeuner, si notre voûte daigne s'éclaircir, nos regards consolés prennent un bain d'indigo, et volontiers, alors, nous sortons pour battre la ville et ses environs, insoucieux de la chaleur torride, la curiosité en éveil, l'observation affinée, ivres de lumière enfin et une bienveillance ensoleillée au cœur.

Je n'emploie pas ce *nous* pour le seul plaisir d'éviter le *moi* prétentieux sous lequel ma phrase titube, gauche et gênée, mais bien pour désigner le trio de Parisiens dont je fais à présent partie. J'ai conservé mon logis du bord du lac, mais je prends mes repas et je travaille chez mon ami Paul Bourde, l'érudit rédacteur du *Temps*, qui, avec le correspondant de l'agence Havas, habite, sur la rive opposée, une ancienne pagode tant bien que mal transformée en habitation européenne. Deux chambres et une salle à manger ont remplacé le sanctuaire. N'y pouvant coucher, le nouveau venu s'en console en traversant le lac, deux fois par jour, dans une grossière périssoire. La manœuvre de la pagaie stimule l'appétit défaillant, raffermit les muscles qu'anémie la chaleur. Puis, il est vraiment joli, notre petit lac, lorsque le ciel daigne sourire ; et son voisinage, à peu près exempt de paludisme, nous rend les heures moins longues, nous console des laideurs d'Hanoï.

Bourde, qui se lève tôt, le dit nacré quand la pointe d'aube y vient, entre les herbes, réveiller l'orient de ses perles. Plus paresseux, je ne l'ai jamais encore vu qu'à la pleine lumière de la matinée. Aveuglant, criblé de flèches de feu, secouant au large un semis de sapèques d'or, à cet instant il a toutes les splendeurs de midi, mais ses incendies même nuisent à ses rives, éteignent les nuances de leur cadre, dévorent ses riantes pagodes. Mieux vaut le surprendre, aux moments de transition, quand, sans se dégrader encore, finement ses tons s'attendrissent.

Il est six heures. Le ciel veuf de sa flamme revêt une douceur froide. Est-ce du bleu, du rose, du blanc ? On ne sait. Les reflets de ces trois teintes se mêlent. A l'ouest, entre les toitures et les branches, s'enfonce graduellement la seule couleur qui demeure. On dirait une laque chaude. L'eau n'a plus, elle aussi, de gamme spéciale. Au pied de mon logis, entre les iris et les roseaux, elle se glauque, sans qu'un frisson ride sa moire ensommeillée. Plus loin, elle est comme le ciel, indécise, argentée par places. Et tout, alors, nettement se dessine, malgré l'amollissement des lignes et la fuite des contours.

A droite, c'est un temple minuscule, un kiosque de briques, sans grâce, et couvrant tout entier son îlot, mais troué de fenêtres qui, dans l'estompement du soir, le font paraître découpé, presque joli. A gauche, une autre île plus large surgit dans une ceinture de bambous. Celle-là porte une pagode grande et presque belle, précédée d'un pavillon dont les piliers se cassent dans l'eau. Une longue et étroite passerelle béquillée de minces supports, invraisemblablement frêle, l'unit à la rive. Cette pagode est rose, et les tuiles de son faîte accrochant un dernier rayon du couchant s'ensanglantent entre les chimères de faïence, incolores à cette heure, mais si bien profilées sur l'azur qu'on peut voir, entre les mâchoires fantastiques, leur langue menaçante, comme les piquants hérissant leur crête. Au-dessous, saules-pleureurs sans mélancolie, les bambous ont de soudains frémissements, puis rependent, immobiles. Leurs soyeuses dentelles effilochent un vert de minute en minute plus sombre. La passerelle est rose, ses piliers semblent vernissés en noir, et bambous verts, tuiles carminées, chimères blanches, passerelle rose, piliers d'ébène, tout se reflète dans la blancheur de l'eau avec une endormante immobilité.

Autour du lac, la sérénité de la nuit prochaine remplace le crépuscule, à peu près ignoré sous ce ciel, par une promenade pareille d'hésitante lumière. Le jour, sur le point de disparaitre, a comme des rappels, des lueurs changeantes et douces ; parfois même, il semble vouloir se réveiller plus vif, comme ces lampes moribondes dont un dernier souffle d'oxygène galvanise l'expirante flamme. A cette exquisité passagère de la clarté qui ne veut pas mourir, les rives gagnent un embellissement bref. Les verdures, les toits des temples, les paillottes, les pignons des magasins apparaissent à travers un tulle, et, tandis que, plus tendres, leurs couleurs s'épurent, leurs lignes perdent leurs arêtes et revêtent de fuyantes harmonies. La brise se lève ; un vague murmure court sur le lac comme un soupir des choses avides de sommeil; une palpitation berceuse trouble les bosquets de l'île, confond les teintes sous

HANOI ET L'ART ANNAMITE

l'époussètement des feuilles ; et le premier crapaud, s'essayant, jette deux cris sonores.

Mon hôte l'officier et moi, nous nous embarquons. Devant nous, sur le fil télégraphique coupant l'extrémité du lac, un martin-pêcheur, notre voisin habituel, est posé qui, obstiné, guette encore l'eau poissonneuse. A regret, il se lève au bruit de nos pagaies, tourne en cercle deux ou trois fois, puis disparaît dans les bambous.

Quelques brassées vigoureuses enlèvent notre petit canot. Les jambes croisées à l'orientale, nous cessons de nager, « laissant courir », muets, l'un et l'autre, sous la caresse fraîche éventant notre front. Bientôt, le bateau s'arrête et le clapotement de notre sillage s'éteint. Tout est silence maintenant ; la nuit tombe. Des lucioles mouchètent de feu les bambous entourant la pagode. L'île, la passerelle, les toits voisins s'effacent. Un rideau noir se déroule à plis lourds. Seul, durant une seconde, un haut phallus de pierre émerge encore, luttant contre l'ombre. Et brusquement il disparaît.

Les pagaies refouettent l'eau ; la périssoire de nouveau s'élance. Nous regardons dans le lac, qui, peu à peu, se paillette, un large salaco d'or pâle, la face triste de la lune, surgissant comme une tête de noyé. Des frissons la plissent, qui sont de petites vagues nées sous nos rames. Soudain, on ne l'aperçoit plus : un poisson saute et retombe avec un gargouillement court ; l'eau vibrante se couvre de cercles, et les reflets d'étoiles ou de lune s'engloutissent passagèrement. D'autres poissons, à présent, s'élancent de tous côtés; leurs ventres nacrés font des éclairs d'argent, et nous battons des mains, à les voir parfois s'abattre au fond de notre barque. Vite, on étouffe leurs cabrioles révoltées, puis on se courbe sur les rames. Souque, souquera ! Nos rêves sont oubliés ; en cinq minutes, la distance franchie. Le bateau glisse comme une flèche, file entre les pieds de la passerelle, et nous jette chez nos amis.

— Venez voir notre pêche !

Nos jeunes rires secouent le quartier mort. Enfin, on se met à table, pour retrouver la France une heure ou deux avec nos invités de tous uniformes. On toaste au prochain retour, à des victoires moins exotiques, et quand nos voix se taisent une seconde, on entend la chanson mélancolique des crapauds du lac, ou, montant de la caserne contiguë, le *Qui vive!* nasillard et comiquement articulé d'un factionnaire annamite.

22 mars.

Chaque jour la chaleur se fait plus lourde, mais je n'y prends plus garde, et au sortir du logis ma flânerie emboîte le pas aux soldats. Ils vont par petits groupes remontant vers la citadelle, car l'heure de l'appel approche, et le quartier tantôt sera consigné jusqu'à quatre heures. Ce sont des turcos, des marsouins, des légionnaires, des artilleurs, des marins, tout un monde d'uniformes, dont les couleurs se heurtent.

Çà et là, au seuil des boutiques, des rassemblements se forment ; je m'arrête et je m'y mêle pour entendre et voir. Au coin de la rue, un marché se débat. Accroupi sur sa natte, ainsi qu'un tailleur, un vieil Annamite, le nez armé d'énormes besicles, tient tête aux clients. Étonnament, cet homme ressemble à un de nos vieux magisters de village. C'est un artiste indigène ; il a encore à la main son pinceau, et, à côté de lui, cinq ou six godets s'alignent remplis de couleurs crues. Entre ses jambes, un rouleau de papier laisse passer un pan du dessin qu'il enlumine : la prise de Son-Tay, œuvre compliquée et grossièrement naïve, où l'absence de perspective est remplacée par le nombre des personnages.

Sur un plan et dans une proportion unique, dix groupes de Français de différentes armes assiègent une forteresse bleu de ciel, campée comme un gâteau monté de confiseur. Des Chinois jaunes et rouges fuient dans toutes les directions, et, à l'extrémité du dessin, les canonnières en chocolat accélèrent la déroute à coups d'obus. Qu'on s'imagine l'art des jouets de Nuremberg appliqué à l'aquarelle. L'ensemble pourrait servir d'enseigne et de carte d'échantillon à un fabricant de joujoux militaires pour boutiques à treize sous.

Cependant, un détail ressort qui résume l'esthétique indo-chinoise ; c'est, comme dans tout l'Extrême-Orient, l'absence voulue de toute symétrie, le dédain affecté des compositions appareillées, qui se font pendant ou s'harmonisent. Cet art *numero impare gaudet*. Jamais un Annamite, par exemple, ayant à représenter une batterie d'artillerie, ne dessinera six canons : il en mettra cinq ou sept, à moins qu'il ne travaille sur commande et d'après un dessin européen. Statuaire, il ne conçoit que le monstrueux ; peintre, il place son idéa dans le heurt des couleurs et dans l'incohérence des lignes. Pourtant, s'il dessine à la façon de nos tout petits écoliers barbouillant sur un mur la caricature de leurs maitres, il a parfois, comme coloriste, de surprenantes qualités trahissant sa filiation chinoise. On ne peut rêver rien de mieux fondu, comme de plus hardiment nuancé, que certaines de ses broderies sur soie. Au fond, pour tout dire, ces anomalies s'expliquent, se retrouvent à Canton comme ici, car l'art c'est l'homme. L'Asiatique peignant des sujets de son pays n'est plus le même. Il lui manque seulement quelques connaissances géométriques pour être exact. Chez lui, ce qui nous semble pure fantaisie est la reproduction à peine idéalisée de types réels, ses modèles. Ses personnages de paravents, de panneaux, de lanternes existent, ses femmes même, malgré qu'on en dise, malgré le teint qu'il leur donne : car, en Chine, elles se fardent violemment, et il les peint fardées, poudrerizées, comme il les voit, sinon dans la rue, du moins dans les fêtes intimes, au fond des gynécées interdits aux Barbares. Puis, comme paysagiste, surtout lorsqu'il s'attache à rendre un seul coin de haie, ou une plante unique, c'est-à-dire quand il ne nous révolte pas avec son absence de perspective, il possède un réel talent d'exécution. Le plus humble même de ces enlumineurs d'Hanoï, qui doivent être aux maîtres chinois ce que nos barbouilleurs d'enseigne sont aux vainqueurs de nos Salons, peint des bambous à la perfection. De même, il réussit fort bien les oiseaux. Par contre, ses tigres sont ridicules, mais qu'est-ce que cela prouve, sinon la vérité de mon prétendu paradoxe : l'art indo-chinois est réaliste ? L'Indo-Chinois exécute bien ce qu'il voit bien, ce qu'il peut copier ; du tigre, qu'il redoute, il ne connaît que la fourrure ; encore en possède-t-il rarement chez lui.

Aussi bien, je donne pour ce qu'elle vaut, sur ce point comme sur les autres, mon impression première, confiant en la sincérité de son rendu pour me faire pardonner, si je foule trop de conventions, ou, ce qui est plus grave, si je commets de trop grosses erreurs. Je confesserai, du reste, pour me disculper une bonne fois, la façon dont j'entends ma tâche : je me suis toujours imaginé que l'imprévu était la meilleure des choses de ce bas monde et le charme des voyages en particulier. J'ai cru et je crois encore qu'entre la joie de découvrir et la possibilité de se tromper, qu'entre la jouissance de déviriginiser lentement son esprit en tâtonnant par une civilisation et un monde inconnus et la crainte de voir mal ou trop vite, hésiter n'était point permis. Avant de les quitter, je n'ai jamais rien lu qui concernât les pays où le hasard m'a mené, et j'espère bien ne couper qu'à Paris les pages des livres sur l'Indo-Chine, qui moisissent ici au fond de nos malles. Emmagasiner des impressions pour les comparer plus tard à celles de ses prédécesseurs : là gît le plaisir. Le plaisir et l'intérêt, car j'imagine encore la lassitude du lecteur recevant de trois mille lieues un délayage de compilations déjà lues vingt fois, une réédition des opinions courantes, et qui bâille, pour avoir trop caressé l'espoir de s'incarner dans son écrivain, de voyager et de sentir avec lui, les pieds au feu, sans quitter son *home*.

Pour revenir à mes moutons, il faut distinguer entre

l'art indo-chinois en général et l'art annamite. Celui-ci est à peu près nul, et, dans ses rares manifestations, ne se différencie qu'à peine de l'art chinois, dont il copie les modèles, lui empruntant son procédé, non son imagination fantaisiste. C'est l'éternelle influence du milieu. L'originalité du sol influe sur celle de l'autochtone, quand elle ne la fait pas tout entière. Où ces misérables prendraient-ils le sens artistique qui leur manque ? Ils naissent, vivent et meurent dans le gris. Dis-moi comment tu t'habilles, et je te dirai qui tu es ! Notre indigène adore les tons neutres : ses vêtements sans plis reproduisent l'ocre mouillée de ses fleuves, le blanc sale de son ciel, le vert timide de ses champs. Brodeur, il n'a la révélation des combinaisons primitives de palette que s'il jette sur la soie un coq vernissé ou quelques-uns de ses poissons diaprés. Peignant des hommes, il verse dans le bariolage le plus extravagant. Et n'est-ce pas, d'ailleurs, tout dire d'un seul mot que de rappeler ses théories sur le costume ? L'extérieur doit en être sombre : la première robe ne peut qu'avoir une teinte foncée ou tout au moins triste, sans reflets toujours ; au-dessous, par exemple, la revanche des couleurs a le droit d'éclater. Nous avons vu des femmes dont, sous une blouse terne, les robes étalaient dix teintes violentes, du bleu de Prusse au vert pomme, en passant par les jaunes et les vermillons !

La dignité du caractère, l'individuelle indépendance, voilà ce qui manque à ce peuple, après le climat, pour qu'il possède un art à lui. Il n'a pas de traditions comment aurait-il un idéal intellectuel? Il ignore son histoire, comment parlerait-il autre chose qu'un patois? Peintres, statuaires, poètes, les fils de l'Annam patoisent, et toujours patoiseront. L'esclavage les a marqués au front à jamais. Ce sont des enfants, de grands enfants, mais terriblement vieux et caducs, se transmettant un sang vicié. Le nègre robuste et sain n'est point désespérant comme eux, et sa naïveté peut faire rêver d'une régénération. L'Annamite, lui, ne se régénérera pas. Sa race prolifique survivra longtemps peut-être, car, ayant l'opium, sinon l'alcool, et possédant à l'état endémique nos maladies contagieuses, il est de longue date vacciné contre certains fléaux, ordinaire cortège de la civilisation occidentale : parce que, surtout, il trouvera en nous des conquérants faciles prêts aux alliances fécondes ; mais il ne dépassera point le niveau social auquel il est parvenu.

L'art n'est qu'un mot ; c'est la résultante de facultés spéciales aux intelligences fières, que développent une traditionnelle liberté et la croyance en la Patrie. Ici rien de tout cela. Rien, pas même un de ces cultes qui tout en surexcitant les imaginations primitives éveillent la conscience de l'individu. Des Français établis depuis vingt ans en ce pays et parlant sa langue, m'ont contredit, mais sans conviction. D'aucuns affirmaient qu'il existe des races à la fois fanatiques et passionnées d'indépendance, chez qui tout art semble lettre morte. Ils n'en purent citer. L'Hindou, maintenant serf abêti, a joui, durant les siècles morts, d'une civilisation inouïe dont des monuments demeurent et témoignent, superbes, indestructibles. L'Arabe, qui n'est pas encore moribond, reste admirable dans un milieu où l'art est latent, comme la naturelle éclosion de la belle et fécondante lumière. D'ailleurs, il faut entendre largement la signification de ce mot : Art. Les peuples qui n'ont ni sculpture, ni peinture, ni architecture originales peuvent avoir une poésie, — éternelle et première forme des intelligences, balbutiement et chant du cygne des civilisations.

La poésie arabe n'est inférieure à aucune poésie orientale et les livres sacrés de l'Inde abreuveront longtemps tous les musiciens de l'idée. Où donc la littéraure annamite ? Le patois de l'Annam s'écrit avec les caractères idéographiques des Chinois ; mais qui l'écrit, les mandarins exceptés ? Les Homère chantent des mâles pour des mâles ; or, ces bâtards d'Indo-Chine sont moralement des eunuques !

Je me relis, et la crainte d'être taxé d'exagération brusquement arrête ma plume. Il me souvient aussi des erreurs parisiennes que j'ai partagées jadis et dont je me défais ici chaque jour. C'est à l'Hôtel des Ventes que j'ai vu mon premier meuble tonkinois. Il m'en était resté un souvenir qui me tenait encore en route. Connaissant l'Annamite de Cochinchine, je voulais m'imaginer, pour ce seul meuble, le Tonkinois très supérieur. Ah ! me dira-t-on, mais c'est un art, cette incrustation en ébénisterie ! Certes, mais est-ce un art original ?

Oh! que nenni : voici le Japon qui réclame, et la Chine elle-même, la Chine classique du Quang-ton, l'immédiate voisine du Tonkin. L'Annamite est et reste un singe : toujours il calque ou il copie.

D'abord, je ne les ai pas retrouvés en ce pays, ces beaux meubles, chers aux Parisiennes, soit qu'on n'en fabrique plus, soit que nos ébénistes aient refait, enjolivé, perfectionné, rebâti ceux que j'avais vus rue Drouot.

A Hanoï, comme dans tout l'Extrême-Orient, comme chez nous au moyen âge, les professions sont classées par quartiers. Chaque industrie a sa rue ou ses rues. Allons-nous-en par la rue des Incrusteurs, voulez-vous ?

Des échoppes ainsi qu'ailleurs. Des rez-de-chaussée sales, nus et laids. Une suite d'étroites pièces, coupées de cours où la pluie moisit les dalles, s'étend de la devanture jusqu'au jardin, ou jusqu'au lac, loin, très loin. Les chambres et les magasins sont au fond de ces boyaux, les ateliers au commencement, sous l'œil des passants. Là des ouvriers, des ouvrières surtout, brisent des coquilles d'huîtres perlières — et trop souvent, hélas! de moules sans valeur, — découpent la nacre sur leur dessin, portent celui-ci sur la planche à incruster, l'y calquent, puis, burinent le bois aussi exactement que possible entre les lignes marquant le contour du morceau à marqueter, et fixent enfin la nacre dans l'entaille obtenue.

Ces diverses opérations se font à l'aide d'instruments rudimentaires dont hommes et femmes usent avec une adresse merveilleuse. Par malheur, c'est un travail de patience, et l'on m'a demandé deux ans, avec des avances trimestrielles, pour me confectionner une bibliothèque, dont, bien entendu, je voulais fournir le modèle et le plan.

En cette ou ces besognes, l'art, on en conviendra, ne saurait consister dans l'habileté, étonnante du reste, de l'ouvrier abêti par la *division du travail*, laquelle nécessite l'association, mais tue toute initiative artistique. L'assortiment des nuances, avec la variété des tons de la nacre, l'éducation de l'œil faite dès l'enfance, l'habitude routinière et la copie continue d'un modèle, ne le marque pas non plus. Il devrait donc apparaître dans le seul choix du dessin. Celui-ci est immuable.

Chaque atelier a les mêmes planches découpées, cinq ou six, qu'on calque, qu'on décalque et qu'on recalque — éternellement. Ce sont les mêmes fleurs, les mêmes papillons, gauches et roides, légers et vivants, suivant l'habileté du fabricant, mais, en tous cas, toujours semblables.

Nul ne renouvelle ses sujets. De père en fils, on se les passe, et leur fastidieuse répétition rend mortellement ennuyeuse une visite de toutes ces échoppes. Peut-être changerons-nous un jour cette abominable méthode, en fournissant à ces travailleurs, aussi habiles qu'incapables de créer, des modèles neufs, variés, présentant la fantaisie inséparable du genre ; mais, pour l'instant, nous la tuons, au contraire, cette unique industrie de luxe. Tous les officiers achètent, et à n'importe quel prix. L'Annamite, toujours voleur, livre des bois inférieurs qui se gondolent et jouent, de la nacre de pacotille et criarde qui s'écaille ou se déchausse, mais il varie moins que jamais les formes lourdes de ses meubles. Quant à en soigner la menuiserie, il n'en a cure. Tout se déclinque vite : coffres ou bahuts ressemblent à des accessoires de théâtre.

Cette décadence se retrouve, du reste, dans les autres productions locales. Les ouvriers sont rares et très lents.

L'indigène, dont je citais tantôt les jolies broderies, a déjà livré à dix capitaines les panneaux dont je m'émerveillais. Les coqs y sont les mêmes, et les poissons identiquement pareils. Mes sujets, tirés à un nombre infini d'exemplaires, ne vaudront pas une ligature avant six mois ! Le peintre d'Horace ne savait que peindre les cyprès ; mon sauvage est pire encore, possédant plus de clients.

Certes oui, on trouvera ce chapitre injuste, et l'excellent Paul Bourde, avec l'indulgence extérieure de son pessimisme, ne sera peut-être pas le dernier à protester. Cependant, nous parcourons la ville ensemble, et nos achats révolutionnent les mêmes boutiques. Je connais le fond de ses malles, comme il possède le fond des miennes. Quel objet parmi nos diverses emplettes contredira mon jugement ?

Nos bronzes ? Ils sont bien rares. Encore ne sommes-nous pas sûrs de leur origine. Il en est qui terriblement sentent la race khmère et qu'on a dû dénicher à Angkore. D'autres semblent provenir du Siam, à travers le Laos. Aussi bien, l'Annamite en ignore-t-il la valeur, ui qui, pour les mieux vendre, s'ingénie à détruire leur sainte patine et, dans ce but, vandale ignoble, les met là séjourner sous des couches acides de fumier. Un de nos amis, M. Thesmar, le commandant de l'*Éclair*, s'arrachait presque les cheveux, hier encore, ayant vu deux de ces brutes tonkinoises briser à coup de marteau un coffret exquis et tricentenaire, afin d'en arracher les niellures d'or ! Dira-t-on qu'elle est trop forte, l'épithète de vandale ? Et ce simple détail ne prouve-t-il pas absolument que ce peuple n'a même point l'ombre d'une artistique tradition ?

Sur quoi donc se rattre ? Pas de porcelaines originales. L'article de Canton se retrouve partout et la faïence locale est vile à donner des nausées. Les ustensiles de cuivre sont chinois encore de forme, et gâtés souvent par de maladroites soudures. Pas une figurine repoussée. Rien d'élégant, voire même de simplement curieux.

Il y a bien la soie, une jolie soie couleur paille, mais, si elle me pouvait tenter le jour où, las des ambitions littéraires, je viendrai ramasser mon million ici, elle ne me frappe pas comme artiste, couleur à part. L'indigène, en effet, tisse peu et s'habille surtout avec d'odieuses cotonnades anglaises. O mes rêves des Antilles et de la Guyane ! J'y souhaitais, sous les magnificences du ciel et de la forêt, de belles théories asiatiques, des défilés d'apothéose orientale, le long desquels, dans une débauche de couleurs incendiées, les costumes et les « accessoires » lutteraient de pompe et d'éclat avec l'ensoleillement de la nue et la féerie du sol. Me faut-il regretter la peinture de guerre de mes Galibis et de mes Roucouyènes, la nudité sculpturale de mes noirs ? L'autre jour, nous assistions à la réception des ambassadeurs de Hué, reçus (par une de ces aberrations politiques, dont nous sommes coutumiers, malgré les leçons par nous subies en Indo-Chine) au son du canon et dans un apparat princier. Ces pauvres ambassadeurs étaient hideux, mi-croque-morts et mi-commissionnaires. Bourde écrira dans le *Temps* qu'ils portaient le deuil de leur dernier souverain, dont il dira le nom, mais, malgré lui, je nierai l'existence de superbes costumes, abandonnés pour cause de décorum funèbre. Le dernier mandarin chinois s'habille mieux qu'un ministre annamite. Puis, étant donnée la corrélation fatale des choses intellectuelles, ne sait-on pas seller un cheval, palanquiner un éléphant, comme bâtir un temple ou un palais, comme enluminer un parasol — le tout pour caresser le regard, — lorsqu'on a le secret du costume aux teintes harmonieuses, aux plis majestueux ?

Avares pour eux-mêmes, certains peuples sont prodigues pour leurs autels. L'Annamite n'a pas de dieux, ou plutôt n'en a plus. Sa religion balbutie comme les idolâtries primitives. A mi-chemin des spiritualismes anciens et des négations modernes, sa foi tâtonne, également ignorante des fanatismes et des analyses, et, par suite, étrangère à leurs grandeurs. Bouddhiste, il n'a pas de bonzes ; incertain d'une vie future, il n'a pas plus l'idée d'une préexistence. Il honore les morts, offre des cercueils à ses proches de leur vivant, voit venir sa fin avec stoïcisme, aime le travail pour ce qu'il rapporte, les vertus domestiques des esclaves de tous les temps ou des bêtes domestiquées, et cite, sans en comprendre l'horreur, ce proverbe courant : « *Pour que fille soit vierge à neuf ans, il ne lui faut ni père ni frère* ». Au fond, il n'a ni vices, ni vertus, et banal et plat, ne se soucie pas davantage du temple, qui est en même temps sa *maison-commune*, que de sa propre demeure. Aussi, l'art absent de partout, ne se retrouve-t-il pas à la pagode. Si, de loin en loin, dans celle-ci, l'on découvre une ornementation curieuse, œuvre de sculpteur ou de brodeur, on est contraint, à l'examen, quand elle n'est pas vieille à défier toute recherche, de l'attribuer à d'anciens conquérants. Les parties modernes de la construction, les offrandes des fidèles sont atroces de monotonie, de laideur et de banalité. Ce sont des imitations de barres d'or et d'argent, d'ignobles découpages en papier enluminé, tels qu'en pourrait faire un fleuriste canaque, et d'épouvantables chevaux de carton, que refuseraient de vendre les boutiques de jouets dont au jour de l'an nos boulevards s'encombrent. Qui me rendra les simili-marbre et les vierges en toc du quartier Saint-Sulpice et les plâtres affreux dont les petits Italiens de Paris entretiennent les garnis du Panthéon ?...

Je finis :

L'art, c'est la virilité. La race annamite est morte. Comme pour symboliser cette déchéance, ses fils se féminisent. Insexuels avec leurs robes et leurs chignons d'hermaphrodites, ils déroutent l'observation avant de l'écœurer. Et les traditionnelles castrations politiques dont leur peuple a été et sera victime toujours, prennent aux yeux du voyageur ce caractère de nécessité fatidique qui vite sèche les pitiés et crève court les utopies.

Comme les virginités, les virilités ne se reconquièrent point, envolées une fois.

— Diane, Diane, tu me fuis! clame la jeune Grecque de Sapho.

Et la déesse sereine et blanche s'écrie, du haut de son hamac d'argent immaculé :

— Je ne reviendrai plus vers toi, — jamais plus!

Dans notre ciel dépeuplé, rien ne répondrait au glabre enfant de l'Annam, s'il avait l'improbable désir d'en appeler à son Olympe. Mais notre civilisation française, également sourde, ne le régénérerait point davantage. Utilisant ses facultés de copiste simiesque, elle en fera un ouvrier, non un artiste, si bien que, sous ce nouveau joug, il restera dans sa presqu'île noyée à monter pour nous la garde devant ses richesses, — si bien qu'il demeurera le gardien du sérail, mais gardien bien dressé que ne corrompront point la perversité du Chinois, ce vieillard vicieux, ou la cavalerie de Saint-Georges du bellâtre anglais, le goinfre aux favoris roux!

XIII

EN SAMPAN

Hong-Hoa, 15 avril.

Nous dormions tous du lourd sommeil des soldats cuvant leur fatigue, lorsque la voix d'un boy et un furieux piétinement de chevaux m'éveillèrent. Je me dressai tout habillé sur mon lit de campagne, et mes mains, tendues avec ce geste instinctif du sommeil qui se défend, heurtèrent les plis secs du moustiquaire. Subitement, tout s'était tu, mais des étincelles m'entouraient. Peu à peu, je me souvins de la plaisanterie de la veille, des lucioles enfermées sous nos rideaux, et invisibles, alors que les bougies brûlaient encore entre les laques de l'autel. Il ronflait sur le lit contigu, l'auteur de cette surprise, le gros lieutenant japonais.

J'entre-bâillai les plis de mousseline : une à une, les

mouches à feu s'en allèrent, rôdant silencieusement par la chambre, avec des éclipses courtes et des résurrections vertes et jaunes dont les arabesques couraient. Puis, elles disparurent dans un trou gris, l'ouverture de la porte. Et j'allais reprendre le somme interrompu, ne comprenant pas quel bruit m'avait tiré du rêve, quand j'entendis encore le boy appeler, au milieu des hennissements irrités des chevaux.

— Koïzoumi! criai-je, machinalement.

Le gros lieutenant japonais ne bougea point. Il rêvait tout haut, balbutiant dans sa langue natale des mots étranges, avec des essais de gestes sous lesquels bruissait la paille de son lit. Une seconde, je demeurai aux écoutes, la main sur la crosse de mon revolver, le pouls ému de cette anxiété sotte mais exquise qu'il faut goûter au cantonnement, lorsqu'on couche chez l'ennemi. Et mes yeux enfin se rouvrirent tout à fait, et la mémoire me revint, m'apportant la topographie de la case, la sensation d'une absolue sécurité. Les chevaux menaient toujours tapage, comme si le diable se fût déchaîné dans l'écurie. J'étais déjà dehors.

— Ça cheval malade! ça cheval méchant!...

Le boy effaré me montrait dans le hangar une bête en folie qui, détachée, courait, dansait, ruait, prise de rage, dans le tumulte croissant des autres chevaux. Une lanterne louche grossissait démesurément les ombres, détachait des croupes luisantes, ou des têtes apocalyptiques, aux yeux apeurés. J'essayai d'empoigner par sa longe le petit étalon, mais il se cabra, tourna sur lui-même et me jeta contre le mur.

Le boy hébété ne m'éclairait plus. Il fallait en finir ; je saisis encore le licol tout en me garant ; mais avant que j'eusse fait un effort, la bête tomba sur le flanc, et demeura immobilement prostrée, couverte d'écume, époumonée, pitoyable à sembler humaine...

— Ça malade, ça morte ! continuait l'Annamite.

Je m'assis près de l'animal. Maintenant, il me reconnaissait, et laissait ma main caresser ses fins naseaux, flatter son encolure. Son bon gros œil de bête suivait mes mouvements, avec une prière résignée, et, je sentis alors le chagrin qu'on éprouve à ne pouvoir soulager la douleur d'un être.

J'allai chercher un seau d'eau fraîche, du riz, de l'herbe verte, du sucre. Il renifla mes présents sans y toucher ; sa langue râpa mes mains, mais son œil angoissé ne cessa point sa plainte. Sa gorge sifflait ; deux fois, il eut une toux rauque, sèche et dure, qui ne voulait pas sortir. Brusquement, je me souvins des hôpitaux où, pour la première fois, je vis mourir, des salles puant l'iodoforme où se fit mon apprentissage des douleurs. Un cheval n'est point un homme ; celui-ci d'ailleurs ne m'appartenait pas, et je l'avais rarement monté ; seulement, il était beau, il était bon, et sa souffrance m'étreignait comme celle d'un ami. Naïvement ému, j'évoquai mes souvenirs anatomiques ; je tâtai le pouls à la bête comme à un soldat. Le sang bouillonnait dans les artères et sa galopade furieuse soulevait mon doigt. Les naseaux à coups secs lançaient un souffle chaud, et un tressaut continu, un grelottement de fièvre secouaient sans répit ce pauvre corps tout à coup épuisé. La queue, épandue sur la paille, frissonnait à peine, mais les oreilles ballottaient, tandis que les sabots pris d'une danse de Saint-Guy trépidaient sans quitter le sol. La robe baignée de sueur s'ébouriffait, froide par places ; le ventre aux côtes saillantes vibrait comme sous une ébullition intérieure : et je demeurais là, devinant, à ne m'y pas tromper, l'agonie prochaine, désespéré de ne savoir que faire, regardant bêtement cette bête souffrir.

J'appelai mes compagnons de chambrée. Deux ou trois se levèrent, vinrent voir, surpris et attristés comme moi. L'œil de l'étalon se faisait plus humain, mendiait, tour à tour, à chacun le soulagement que notre impuissance s'acharnait à vouloir trouver quand même. On ne s'imagine pas combien en campagne on s'attache à ces demi-frères...

Soudain, il fallut s'écarter, s'aplatir contre les murs, dans la bousculade générale des autres bêtes qui, brisant leur longe, prises de peur, piétinaient dans le hangar, évitant les ruades du malade. Il s'était dressé debout contre la muraille, s'en prenant aux choses de sa torture, s'acharnant des sabots et des dents contre la cloison. Puis, il retombait, tournait sur lui-même, ou commençait une promenade circulaire, avec des tentatives de toux déchirantes, et des plaintes qui râlaient. Enfin, de lui-même, il s'arrêta ; son sang galopait toujours, une moiteur plus froide frippait son poil, ses paupières dansaient, et, plus oppressé, son poitrail se gonflait en efforts inutiles. Cette prostration prit vite fin ; un nouvel accès reparut, que suivirent une suprême chute, un état de coma plus navrant encore.

A ce moment, nous nous regardâmes, le dernier espoir enlevé. Il fallait songer aux autres chevaux. Nos mains caressèrent le moribond, et, malhabiles, le forcèrent à se lever, puis l'emmenèrent dehors, dans le jardin. Ce fut un long trajet. Il titubait ; nous dûmes le soutenir. Ensuite on réveilla les coolies qui allèrent chercher de la paille, dont on tapissa le sol ravagé, pour que le pauvre cheval ne se blessât pas dans ses convulsions. Nous étions tous autour de lui, étranges avec notre lanterne, dans la nuit sans étoiles. A chaque instant, dans le sentier longeant la cour, des rondes passaient, et c'étaient des « qui vive ? », des bruits de fusils qu'on arme, des interpellations pour notre lumière tardive et notre insolite rassemblement. L'agonisant ne voulait pas rester couché. Il se levait, sans révolte maintenant, mais toujours titubant, avec des arrêts d'une seconde quand il se sentait défaillir, et continuait à tourner en rond. Lorsqu'il se laissa aller enfin, n'en pouvant plus, désormais incapable de mouvements, notre cœur se serra, et nous pensâmes à avertir son maître qui dormait encore, ignorant du malheur. Il vint, les yeux bouffis de sommeil, comprenant mal, hébété de nos reproches pour le peu de soins qu'il avait eus de son compagnon.

Il se baissa vers lui, lui flatta les oreilles, s'écria: « Pauvre coco! » et retourna se coucher.

Ce matin, à l'aube, nous courûmes au jardin. « Coco » n'était plus sur la paille ; il était allé mourir au pied d'une haie. Raide, boueux, les membres à faux, il gisait, lamentable, entre les herbes. La rosée l'avait trempé, lui donnant par avance cette horreur des cadavres d'animaux charriés par les rivières, et ses yeux demeuraient ouverts, larmoyants, pleins de cette stupeur infinie que la mort laisse derrière elle. Déjà, des moucherons se logeaient sous les paupières, en essaims bourdonnants.

Nos coolies entourèrent le corps, le suspendirent à leurs bambous, l'emportèrent. — Un ami de moins!...

Et tantôt, comme nous embarquions sur le *Pélican*, un de nous montra quelque chose de noir que le courant croissant détachait d'un banc de sable, à mi-fleuve. On toucha le maître de *Coco* à l'épaule, et tous, nous regardâmes la dépouille informe et noire qui s'en allait au fil de l'eau. Un corbeau perché sur le ventre gonflé semblait guider ce radeau triste.

Sur le Fleuve Rouge, 16 avril.

Sur le *Pélican*, simple chaloupe à vapeur, nous descendons le fleuve Rouge. Nos chevaux et nos bagages reviendront plus tard, par terre, en suivant le même chemin qu'à l'aller. Et seuls, étendus sur le pont étroit du minuscule steamer, ou, plus paresseusement, encaqués sous le toit des sampans auxquels nous donnons la remorque, nous savourons notre repos, béatement. Hong-Hoa pris, c'est la guerre finie, et, par suite, le retour prochain. Nous discutons l'itinéraire à suivre pour rentrer en Europe. Les heures s'écoulent, reposantes, au fil de l'eau boueuse, et sous la chaude impassibilité du ciel.

Dans un des sampans, une femme annamite, laide et souriante, allaite un enfant, tout en cuisant son riz. Fille du fleuve, elle est chez elle en ce bateau, où deux nattes, une marmite, une image pieuse, quelques baguettes d'autel, un tonnelet de bambou, un vieux coffret à bétel forment son primitif et très suffisant mobilier. Sur ces planches pourries et moussues, sous cette paillotte en forme de bâche, elle est venue au monde et, depuis, a vécu toujours. Sur ces nattes, elle a reçu les caresses de l'époux, sur ces nattes, trois fois, elle a reposé sa maternité douloureuse. Elle y mourra, bête fidèle et résignée que ni rêves, ni passions n'ont mordue, et dont aucun regret ne glacera le rire puéril, car nul désir ne l'a passagèrement éteint. Accroupie, les cuisses croisées, elle nous couve de son œil moutonnier qui sourit, lui aussi, du sourire enfantin des lèvres minces. La gorge ovale et maigre surgit sans honte du kékouin entre-bâillé, tend au petit singe qu'elle abreuve sa pointe hypertrophiée pareille à la mûre de haie qu'une gelée brûle et verdit avant la maturité rubescente. Deux autres enfants, tout nus, le ventre énorme, — l'un la tête rase avec, au sommet, un court plumet de cheveux, l'autre tondu partout sauf au-dessus des oreilles que surmontent, comiques, deux houppes de poils noirs, — se traînent autour d'elles, se disputant à coups de dents, à coups d'ongles, un vieux peigne de bois. Nous laissons tomber un bout de cigare. Ils s'en saisissent, se barbouillent de cendres et le fument, tour à tour, avec des mines de bonheur. Réveillé, leur petit frère repousse le sein et gigotte. Il veut fumer aussi. Impartiale, la mère exige qu'on lui prête le cigare, et le petit monstre, très grave, le porte à ses lèvres, aspire la fumée, se salit les joues et s'amuse, éperdûment, sans une toux, sans une grimace. Il a dix mois, nous expliquent les gestes de la mère qui, contente, nous remercie, le même pli d'aise découvrant la laque de ses dents noircies.

Pareil, le paysage se continue sur les rives. Si basses que soient celles-ci, par moments, elle nous cachent l'éternelle rizière et les cultures en ligne, dont l'implacable défilé se déroule sans qu'une parcelle de terrain leur échappe. Dans ces passes, on ne voit plus que les berges ocreuses, l'eau jaune et le ciel vaporeux. Puis, un coude brusque déplace l'horizon ; les derniers plans des montagnes de Hong-Hoa réapparaissent bleuis, ou bien c'est une digue parallèle qui se dessine, avec, à son sommet, un buffle immobile, sculpturalement profilé sur le ciel, et dont le méchant regard nous suit. Souvent, sur le dos du pachyderme, un moutard demi-nu remplace les oiseaux habituels qu'attirent les parasites. Il nous examine, parfois nous salue à l'asiatique, et son cri de « bonjour, capitaine ! » nous arrive triomphalement. Le petit homme ne sait dire que cela, mais en abuse. A plusieurs reprises encore, nous croisons des jonques que des indigènes remorquent à la cordelle. Ils s'arrêtent pour nous voir passer. Plus loin, des paysans occupés dans les champs se retournent au sifflet de la machine et nous contemplent, les hommes appuyés sur leur bêche grossière, ou accoudés sur la herse ou sur la charrue, les femmes, un panier sur la tête et les mains sur les hanches, les uns et les autres, quelquefois enfoncés jusqu'au ventre, dans la boue grasse. Des toits çà et là, trouent les verdures qui côi-

15

gnent les villages. Ensuite les berges remontent et l'on ne découvre plus que le fleuve charriant du soleil, ou s'ouvrant en éventail de feu sur des bancs de sable pointillés d'oiseaux blancs.

Mais d'autres distractions alors nous occupent. A tout instant, on s'échoue. Le mécanicien et le quartier-maître — seuls Français de l'équipage du *Pélican* — s'ingénient à se déhaler. Les sampanières démarrent leurs barques, s'efforcent de nous remorquer. Nos Annamites armés d'immenses perches de bambou s'arc-boutent sur les plats-bords, et poussent, et geignent, et suent pour nous déséchouer. Le canot ne bouge pas d'un cran. Des débris nous dépassent dans le courant qui nous nargue et semble plus rapide : épaves sans nom qui disent la débâcle chinoise, et troncs de bananiers qu'on prend de loin pour des noyés verdis. On nous prie d'aller sur l'avant pour *soulager* l'arrière dont on retire le charbon, nos cantines à vivres et tous les objets lourds, afin de déplacer le centre de gravité de l'embarcation. Nos efforts, cependant, demeurent inutiles. Alors, ce sont des danses qu'on effectue à l'avant extrême. On nous prendrait de loin pour des épileptiques à nous voir, blancs et annamites, passagers et matelots, nous démener sérieusement, sans rires ni musiques, avec des entrechats fous dont le martèlement sur les planches sonores fait plus de bruit que la machine chauffant à vide. Lorsque nos danses et nos bonds n'ont pas enfin dégagé l'arrière envasé, et modifié le tirant d'eau général, on se décide à envoyer un sampan porter une amarre à terre, et tout le monde fraternellement s'y attelle, dans une traction acharnée qui nous pèle la paume des mains, nous laisse sans souffle, furieux et crevés.

Cinq fois en cette journée, nous nous sommes échoués ainsi, chaque échouage durant des heures. A la fin, nous ne nous sentons plus la force de nous plaindre, et, parqués sur deux mètres de largeur, sales et ruisselants de sueur, sans eau ni linge, sans cabine pour nous nettoyer, nous restons abêtis à nous regarder en cercle. Koïzoumi, le lieutenant japonais, seul, ne perd rien de sa placidité souriante. Incessamment, il nettoie ses ongles de fille, tandis que plus nerveux — en asiatique européanisé qu'il est, — son capitaine, le savant Ikêda, peste et jure contre le fleuve, ou contre Jean Dupuis, « ce farceur ».

Cependant, tout cela se supporte encore, tant qu'il fait jour, mais, la nuit venue, nos récriminations deviennent plus amères. Vers dix heures, un heurt brusque de la quille qui talonne, un mouvement irréfléchi qui jette presque tout le monde à bâbord, pensent nous faire chavirer. Valises, tables, bancs, seaux et vaisselle, tout dégringole. Le fanal se décroche, se brise, allume l'alcool des bouteilles renversées, nous menace d'un incendie avant l'engloutissement. Heureusement, on en est quitte pour la peur, et la sarabande recommence à l'avant, plus étrange sous la lune. Nous bondissons à pleins jarrets, nous laissant retomber de tout notre poids, et chacun, tout bas d'abord, puis tout haut, s'excite à ce cancan, par des refrains familiers, dont les airs se battent en une atroce cacophonie. Mélopées bretonnes, japonaises, tonkinoises, refrains de Bullier se concertent, et au milieu de nos gambades de fantoches, sous le ciel criblé d'étoiles, nous nous trouvons bientôt si comiquement ridicules que nous en éclatons de rire, à présent désarmés.

Son-Tay ! Voici Son-Tay. Nous sommes à mi-route de Hanoï, et dans notre impatience, nous donnons à peine un souvenir au merveilleux épisode de cette campagne du Tonkin dont les remparts de la ville et sa digue de Phusa furent le théâtre. Que de braves ont été tués ici, dont rien ne dira plus à d'autres hommes l'héroïsme merveilleux ! Il faut bien que le combat ait ses fièvres momentanées et ses joies immédiates, car elle s'éteindrait vite, la vaillance qu'insufflerait seul l'espoir des gloires à venir et des reconnaissances nationales ! Pauvre amiral Courbet, que, le cœur étreint, j'ai vu l'autre mois, à Hanoï, pleurer sous l'affront ! La politique le remplaçait en pleine victoire, l'exilait, désormais inutile, à son bord : il pleurait, et, officiers de terre et de mer, tous se sentaient émus de sa douleur, tant ils l'aimaient pour sa sollicitude courageuse et son étonnante équité. Ainsi va la vie par tous les mondes, sous tous les cieux ! Gœthe l'a trop bien dit : Chaque feuille de laurier est hérissée de ronces ! Le mieux est de se cornifier le cœur le plus vite possible, ou si les nerfs s'y refusent, de se consoler des petites saletés humaines dans de réconfortantes pensées d'art. Aussi bien, pour faux ou humble que soit notre idéal à chacun, elles offriront peut-être encore quelque intérêt, nos impressions de choses, quand nos appréciations des hommes seront devenues incompréhensibles, nécessitant des notes au bas des pages et des délayages inexacts !

L'amiral est à son bord, résigné par devoir, le désespoir à l'âme. Son remplaçant ignore, depuis près de deux mois, où cantonnent ses troupes dans Hanoï, ne sait si elles ne grelottent pas la nuit, si elles ne grillent pas le jour dans leurs infects baraquements ; poussif et dédaigneux, il n'a point encore visité l'hôpital où crèvent ses blessés, ceux que l'autre, le marin insoucieux des politiques, visitait chaque jour. Mais que nous fait cela ? Elles ne sont même point neuves, ces tristesses, et notre impassibilité, notre mépris des petitesses gouvernementales qui les créent ou les autorisent, se sont bâtis sur de plus navrantes constatations ! Le ciel demeure étrange à dépeindre, le sol passionnant à décrire, en raison même des difficultés esthétiques de ses tons effacés ou de sa monotonie : laissons donc de côté les lâchetés ou les sottises. Documentaires, nous les retrouverons toujours pour le roman à venir, — le *roman rêvé* que l'on n'écrit point.

17 avril

La lune émergeait à droite, derrière une digue. Énorme et rouge, elle semblait niellée sous les fines dentelures d'une haie de bambous. Elle monta un peu encore, roula dans le ciel, dégagée soudain, comme une tête ensanglantée qui s'envole, tranchée par le sabre. Alors, sa teinte lentement s'amollit. Le cuivre rouge se faisait laiton. Plus haut, ce fut un métal plus pâle, une rondeur pareille à ces fonds de miroir, dont, la glace brisée, la dorure garde encore un tain mercuriel. Argent et or: les deux tons mêlés dans une fusion douce pleuraient une bleuâtre lueur. Au-dessous, les berges et les champs se vert-de-grisaient; mais le fleuve charriait, entre des moires, un ruban de nacre, un ruissellement d'écailles. Des vapeurs blanches rétrécissaient le cadre, semblaient des fumées mortes. Or, comme une fraîcheur tombait, s'embrumant à la rosée des rizières, la nuit pleine de lune pesait sur nous sans ses habituelles voluptés, sans ses molles caresses.

C'était la nuit froide et triste des minuits septentrionaux, où les rêveries sentent la mort et sont moins le repos que le ralentissement de la vie, où la lassitude des sommeils revêt hommes et choses d'un linceul. Car on ne les entendait pas de notre barque, au milieu du courant, les clameurs trépidantes qui, d'ordinaire ici, peuplent l'obscure étendue. Ni crapauds, ni grillons, ne s'égosillaient au bord de l'eau dont le chuchotement suivait notre sillage, au milieu d'une mousse neigeuse. L'oreille faite au ron-ron sourd de la machine, à la vibration de l'hélice, nous n'écoutions que le silence.

Notre sampan, au bout de la remorque raidie et interminée dans le noir, semblait voler de lui-même et poursuivre le vapeur. Il montait, descendait, remontait encore, et, parfois, décrivait des petits cercles pareils à des bonds élargis. Sous l'avant, l'eau léchait le bois avec des rires étouffés, et, nous nous laissions bercer, Paul Bourde et moi, par la mélancolie du fleuve et la morne tristesse de l'ombre. La lune, toujours plus haute, se voilait par instants derrière des flocons de nuage, visible encore, mais épanchant cette clarté louche qu'au chevet des cadavres les cierges filtrent à travers la mousseline des rideaux.

Parfois des mots nous venaient, interrompus souvent et comme échappés à nos rêves : mais dans la commune sensation qui nous faisait baisser la voix, nous nous comprenions tous deux.

Subite, une antique pensée de Ballanche me revint

que je laissai tomber à l'oreille de mon compagnon :
« C'est une immense tristesse, qu'une tristesse sans objet ! »

Alors, nous dialoguâmes :

Bourde — Il n'y a pas de tristesse sans objet. Lorsque ces vagues deuils s'abattent sur nous sans cause apparente et tangible, c'est qu'une douleur ancienne se réveille dans notre cœur. Le temps l'a atténuée ou endormie, mais elle couve sourdement, et, pour la faire ressurgir, il a suffi d'un son, d'une couleur, d'une impression de choses sur nos nerfs de sensitifs...

Moi — Seulement, on n'a plus la conscience distincte de cette douleur ; on la sent, mais on ne sait la préciser. On pourrait définir sa tristesse ainsi : *le mal de vivre.*

Bourde — C'est un titre de roman, cela !...

Moi — Oui, d'un roman que je n'écrirai pas, vous le trouveriez encore trop réaliste ! mais que vous devriez faire, vous le pessimiste par excellence.

Bourde — Ami, vous avez la manie déplorable des étiquettes...

Moi — Eh bien, je retire réaliste et pessimiste ; mais vous ne nierez point que ce voyage-ci ait modifié votre philosophie ? qu'il ait tout au moins fait prendre corps à vos convictions ?... Nous sommes sur le fleuve Rouge, à cette heure, mais votre esprit vagabonde loin de cette eau baignée de lune. Et voulez-vous que je vous dise où ? Mon cher, vous êtes simplement perché sur le pic d'Adam, et, là-haut, mélancoliquement, vous regardez le séminaire des bonzes, avec le souhait passager d'y entrer pour y finir votre existence dans l'étude du bouddhisme pur !

(Paul Bourde ne répondit que par un sourire.)

Moi — Vous nous l'avez contée au bivouac, votre visite au grand prêtre Sumangala. Il a célébré devant vous l'entrée de l'âme de Darwin dans le Nirvâna et vous a achevé avec des citations de Büchner et de Comte...

Bourde — Il m'en a cité bien d'autres...

Moi — Schopenhauer peut-être ?...

Bourde — Eh ! c'est un bouddhiste encore, celui-là !

Moi — La foi morte, il est certain que le savant moderne devient bouddhiste. Mais, pourquoi votre érudit de Sumangala n'a-t-il pas répondu à toutes vos questions ? Vous m'avez dit l'avoir quitté déçu !

Bourde — Mon cher, il m'entretenait en présence de ses disciples, et je crois qu'il ne pouvait devant eux dévoiler toute sa doctrine. Il y a, sachez-le bien, le bouddhisme des profanes, et le bouddhisme de l'élite, la religion des rares initiés. Je voudrais connaître ceux-ci.

Moi — M'enseignerez-vous la vérité, si vous la découvrez ?

Bourde — Certainement ! Le jour où j'aurai percé le mystère, quand je saurai comment la morale bouddhiste, la plus belle peut-être qu'on ait jamais prêchée, peut découler de théories de renoncement et de contemplation décourageantes jusqu'à la mort, je vous dessillerai les yeux, sans égoïsme !

Moi — Merci, maître !

Bourde — Et nous convertirons la France retardataire de vingt-cinq siècles. En plein Paris, nous ouvrirons un temple où nous appellerons les chercheurs anxieux qui errent à travers les ruines des croyances et ne trouvent ni consolation, ni repos entre leur foi disparue et le pessimisme funèbre qui dessèche. Vous verrez !...

Bourde souriait toujours, et, pourtant, dans son ironie utopique, il me semblait voir passer comme un regret et comme une espérance.

— Vous vous étiez d'ailleurs, repris-je, familiarisé depuis longtemps avec les études bouddhiques ?

— Non, répondit-il, c'est un plaisir que je n'ai pas eu le temps de me donner. Seulement, j'ai traversé cette crise douloureuse où, les premières croyances mortes, l'âme jeune ballotte à travers les philosophies. J'ai demandé aux livres un tas de pourquoi, et ma désespérance a retenu celles de ces lectures qui la caressaient le mieux. Il existe un recueil, *l'Avadâna-Çataka, le Livre des Cent Légendes*, qu'un de nos savants, M. Léon Feer, a traduit ou commenté dans le *Journal asiatique* et qui m'a particulièrement frappé...

Je priai mon ami de m'en dire quelques pages.

— Écoutez, fit-il :

Le bienheureux Buddha résidait à Kuci-Nagara, au pays des Mallas, dans un bosquet fermé par une paire d'arbres Çâla.
Alors, à ce moment qui était le temps du Nirvâna complet, Bhagavat s'adressa à l'âyusmat Ananda : « Ananda, lui dit-il,

prépare pour le Tathâgata, entre les deux Çâlas formant la paire, un lit qui ait la tête au nord. Aujourd'hui, dans la veille du milieu de la nuit, aura lieu le Nirvâna complet du Tathâgata, dans l'élément du Nirvâna où il n'y a aucun reste d'Upadhi. »

« Oui, vénérable ! » répondit l'âyusmat Ananda, et conformément aux ordres de Bhagavat, il prépara, entre les deux arbres Çâla formant la paire, un lit qui avait la tête au nord. Après quoi, se dirigeant vers le lieu où était Bhagavat, quand il y fut arrivé, il salua avec la tête les pieds de Bhagavat, puis se tint à une petite distance.

Se tenant à une petite distance, l'âyusmat Ananda parla ainsi à Bhagavat : « Vénérable, le lit de Tathâgata est prêt, il est placé entre les deux arbres Çâla formant la paire, il a la tête au nord. »

Alors Bhagavat se rendit au lieu où était le lit ; quand il y fut arrivé, il se coucha sur le côté droit, plaçant bien ses pieds l'un contre l'autre, se rappelant la notion intime de la vue intellectuelle, rassemblant toute sa science, fixant bien dans son esprit la notion intime du Nirvâna. Là, pendant la nuit, à la veille du milieu, Bhagavat obtint le Nirvâna complet dans l'élément du Nirvâna où il n'y a aucun reste d'Upadhi.

Aussitôt que le bienheureux Buddha fut entré dans le Nirvâna complet, à cet instant même, des météores ignés tombèrent du ciel, les tambours des dieux retentirent dans les airs.

Aussitôt que le bienheureux Buddha fut entré dans son Nirvâna complet, les deux Çâlas, les meilleurs des arbres, qui constituaient le bouquet d'arbres formant la paire, s'inclinèrent et couvrirent de fleurs de Çâla la couche de lion de Tathâgata.

Aussitôt que le bienheureux Buddha fut entré dans son Nirvâna complet, un Bhixu prononça à cette heure même cette stance :

> Ils sont beaux, certes, les deux Çâlas de ce bosquet,
> Ces arbres, les meilleurs des arbres,
> Puisqu'ils ont couvert de fleurs
> Le maître entré dans son Nirvâna complet !

Aussitôt que le bienheureux Buddha fut entré dans son

Nirvâna complet, Çakra, le roi des dieux, prononça cette stance :

> Oui, les Samskâras sont impermanents,
> Etant soumis à la loi de la production et de la destruction ;
> Après qu'ils ont été produits, ils sont arrêtés.
> Le bonheur consiste dans leur suppression.

Aussitôt que le bienheureux Buddha fut entré dans le Nirvâna complet, Brahma, le maître du monde, prononça cette stance :

> Tous les êtres qui sont dans ce monde
> Vont désormais rejeter le corps,
> Puisqu'un maître comme celui-ci
> Qui n'a pas son pareil au monde,
> Revêtu de la force d'un Tathâgata,
> Doué de l'œil de la science, est entré dans le Nirvâna complet.

Aussitôt que le bienheureux Buddha fut entré dans son Nirvâna complet, l'âyusmat Aniruddha prononça ces stances :

> Il a cessé de respirer,
> Cet ascète au cœur ferme ;
> Il est parvenu au calme inébranlable,
> Celui qui a l'œil de la science est entré dans le Nirvâna complet !
>
> Il y a eu une grande épouvante,
> Il y a eu un tressaillement d'horripilation,
> Quand le maître, doué de dons les plus variés,
> Est arrivé au terme final.
>
> L'esprit qui ne se laisse prendre à aucune attache
> Lorsqu'il reçoit la sensation,
> Un tel esprit arrive à la délivrance,
> De la même manière que s'éteint une lampe.

. . . .

Mon compagnon se tut. Sa voix avait donné à la vieille légende un charme intense que la nuit rendait plus pénétrante ; et, tout bas, dans ma vague émotion, je songeais qu'il ferait bon de rêver à pareille heure et à des choses pareilles, dans cette Inde fabuleuse et grandiose, au bord du Gange, sous les cocotiers, loin de ce Tonkin terne et plat, sans légendes et sans poésie.

La lune tombait dans le ciel plus assombri. C'était un ballon d'argent d'une lumière froide que des verdures lointaines déchiquetaient sur les bords. Elle s'abima peu à peu, disparut, et de nouvelles étoiles surgirent de partout, dans une illumination soudaine. Le même silence régnait, énorme ; seulement l'eau n'avait plus au milieu ses reflets d'or pâle, et sous le semis des astres, ses flots d'encre se pointillaient à peine. Roulés dans nos manteaux, sur les nattes du sampan, nous entrâmes doucement du rêve dans le sommeil.

XIV

RETOUR

27 avril

Les plaines ont encore succédé aux plaines, pareillement plates, uniformément vertes, et très tristes, avec l'ébouriffement, sous la brise, des bambous éplorés. Après le fleuve Rouge, couleur d'ocre mais imposant de largeur, le Cua-lac et le Taï-binh, deux arroyos, également couleur d'ocre, mais charriant une plus vulgaire laideur dans leur courant plus étroit, entre leurs rives plus pauvres, sous un ciel plus mélancoliquement noyé. Haïphong est proche : la réconfortante pensée du retour distrait le regard, le fait indulgent. Des faces anémiées se tendent, des yeux caves s'illuminent ; chacun fouille le court horizon par delà les bizarres détours de la serpentine rivière.

Quand, étranges au milieu des verdures, des mâts, de vrais mâts avec des vergues, des haubans, des agrès, surgissent, seuls visibles d'une flottille qu'un crochet du canal semble mettre en pleine terre, à droite de notre direction momentanée, un « Ah ! » de satisfaction sort de toutes les poitrines. Et l'on oublie subitement les échouages répétés et toutes les misères du voyage. Les deux jonques que nous remorquons sont pleines de soldats, des marsouins. Debout sur les toits en paillotte, ils saluent, eux aussi, l'arrivée au port. Ce n'est point encore la fin de la campagne, le retour au pays, mais c'est le repos dans une garnison meilleure, et comme une étape de la route rêvée. Déjà, ils ne se souviennent plus des pénibles trois jours qu'ils ont passés sur ces toits, dormant sous la pluie et sous le soleil, à quelques pieds de cette eau limoneuse d'où parfois, émergent encore des cadavres chinois, gonflés, verdis, atroces. Ils bouclent leur sac ; ils bavardent ; ils rient ; et leurs bons rires clairs activent nos convalescences.

À bord de l'*Activ*.

Haïphong, malgré ses sampans, gondoles asiatiques sans grâce, ne prétend point à jouer les Venise, mais ce rapprochement classique vous vient, tout de suite, à voir à marée basse les maisons bordant ses quais. Pourtant la boue, autant que l'eau, baigne leurs pilotis, et des jonques s'amarrent aux visqueuses béquilles qui les soutiennent, car l'arroyo partout remplace la rue. Par malheur, il roule des eaux sales, souvent empuanties, et ce sont de sordides masures, de lépreuses bicoques, que ces aquatiques maisons, à deux ou trois près. Malgré tout, notre première impression demeura bonne ; une vie circulait, dont on s'était déshabitué, et mettait une animation pittoresque par la ville. Mais aujourd'hui, à distance, à bord du steamship danois d'où j'écris, je ne puis plus retrouver cette sensation.

Elles sont mortes, éteintes par la gravité mélancolique des faits, les préoccupations artistiques qui, dans notre voyage jusqu'ici, nous montraient surtout les paysages. Et, hors de ce Tonkin, qu'épuisés ou malades nous fuyons de toute la vitesse de notre hélice, l'ami que j'accompagne — l'excellent Paul Bourde — et moi, nous ne parlons plus que de nos désillusionnantes découvertes, que de nos patriotiques tristesses. C'est ainsi que de Haïphong, disparu maintenant à l'horizon gris, je n'évoque en moi qu'une image confuse. Par contre, avec une poignante amertume, les souvenirs de sottises dont nous fûmes témoins me reviennent, obsédants et précis. Menus faits, si l'on veut, mais d'une éloquence cruelle et attristante pour tous ceux qui pressentent l'avenir et savent quel merveilleux parti on pourrait tirer de ce Tonkin.

Il faut réagir, cependant, fouiller le carnet de notes et compléter ces correspondances hâtives, bien que je m'en imagine, à Paris, l'effet très décourageant. Ma mission en Indo-Chine était toute littéraire; — je n'en aurais point accepté d'autre, d'ailleurs. — mais il aurait fallu que le choix de mes sujets et la forme de mes récits fissent pardonner leur manque d'informations sur une terre nouvelle, les naïfs s'imaginant pouvoir connaitre un pays d'après les descriptions du voyageur. Or, je n'ai pas eu la fortune de passionnantes aventures. Depuis Son-Tay, pris, hélas! avant mon arrivée! rien de tragique ou simplement d'émouvant. Nul moyen de claironner! Ma phrase, comme mes enthousiasmes, comme les faits eux-mêmes, a dû se traîner terre à terre, et ma malechance, ma bonne étoile plutôt, m'ont évité la périlleuse épreuve de décrire après Pierre Loti, mon prédécesseur, une bataille pour de vrai, dans un cadre et avec des décors comme en rêvent les poètes ou les symphonistes du style. Et maintenant, sur le pont du vapeur qui m'emporte vers Hong-Kong, j'ai le regret du temps perdu, des inutiles fatigues et de mes ambitions tuées. Malgré les exhortations de Bourde, malgré mon amour de la mer et mon culte des horizons que change chaque aurore, je songe à mon roman qui, sans mon expatriement, paraîtrait à cette heure, au drame que j'aurais fait jouer...

Faux regrets, tristesses vaines : autant en emporte, dans notre sillage, le courant qui enguirlande l'eau glauque avec ses ronds mousseux. Ce voyage serait à refaire, et j'en saurais à l'avance les désillusionnants résultats, que je l'entreprendrais encore dans une ardeur pareille. Voyager, c'est changer sa vie, sortir des banalités ordinaires ; cela seul vaudrait le déplacement, ne dût-on rapporter de ses fugues ni le souvenir qui retouche, plus tard, par ce charme spécial au passé, les tableaux exotiques, ni ces jeunes amitiés nées entre le ciel et l'eau, dans les communes misères, et dont les joies durables consolent des pires dépits.

Haïphong diffère d'Hanoï par son aspect aquatique, par ses rues étroites que, plus libre et plus varié, le commerce chinois remplit d'une animation pittoresque en même temps que d'une écœurante malpropreté. On y circule mal et on le voit vite, las de ne pouvoir mettre son cheval au trot par les ruelles grouillantes et mal pavées, ou d'être continuellement contraint de héler un sampan pour faire ses visites. L'eau charrie, en effet, les mêmes immondices qui rendent glissantes les dalles en dos d'âne des chaussées ; des relents de poissonnerie mal tenue planent sur la ville entière. Quelques maisons officielles, gracieuses et blanches, que j'avais tout d'abord vues du large en arrivant, il y a trois mois, font ressortir davantage la crasse générale de notre sordide établissement. Autour du gros de la ville s'étalent des mares croupissantes ; leurs herbes vertes, comme vers l'Est, un bois de cocotiers — le seul que nous ayons découvert au Tonkin, — distraient le regard fatigué des teintes sales de l'arroyo et des paillottes. La sensation persistante demeure un étonnement pour l'incurie dont ici la France fait preuve, et les conversations que nous tenons avec nos hôtes, tout en pataugeant dans la boue, ne sont pas pour le diminuer.

— Monsieur, me dit l'un, pourriez-vous me dire pourquoi, dans nos colonies, le titre et la qualité de Français sont-ils généralement le contraire d'une recommandation ? pourquoi l'autorité s'entête-t-elle à paralyser nos tentatives, à étouffer notre initiative ?

pour quelles raisons nos fonctionnaires et nos consuls protègent-ils tout le monde, sauf leurs compatriotes? Voudriez-vous nous dire s'ils sont délégués pour prendre nos intérêts contre les étrangers et les indigènes, ou si le gouvernement les paie seulement pour défendre ceux-ci contre nous? Crée-t-on des colonies pour les colons, ou pour les fonctionnaires?

— Monsieur, me crie un autre, vous savez peut-être cela, vous Parisien : Pourquoi n'y a-t-il que des marchands de goutte en ce pays ? Pourquoi le commerce anglais et, ce qui est plus dur, le commerce allemand écrasent-ils le nôtre? J'ai des capitaux, je veux m'établir, créer une maison française : pourquoi refuse-t-on de me vendre du terrain ? On me répond qu'on ne sait pas si la ville officielle restera ici, la barre de Cua-Cam empêchant de créer un vrai port, ou si on n'en fondera pas une nouvelle à Quan-Yen, où l'arroyo est plus profond, ou encore à la baie d'Along, dans laquelle accèdent nos fleuves, et où, à notre place, les Anglais auraient déjà créé un port incomparable. Je vous en prie, monsieur : quand le saura-t-on ?

— Mon cher monsieur, me chuchote un troisième, vous avez vu nos rues boueuses, nos cloaques, nos quais où l'on compte les appontements : vous avez vu la Résidence, un véritable cottage anglais propre, confortable et frais, entouré d'arbres et de pelouses : nous avons ici des indigènes qui travaillent pour une poignée de riz, et des douanes qui rapportent... Vous avez vu les immondes baraques où l'on caserne nos pauvres soldats : il y a plus de dix ans que nous sommes ici ! *Erudimini*, voyageur !... Mais ce n'est pas tout : Ceci que je vous montre est un magasin. Ne riez pas ! Il y a *des mois*, vous m'entendez, DES MOIS, que ces barriques de vin, que ces caisses de vivres sont là sous la pluie et sous le soleil. Le biscuit moisit, la farine pourrit, l'alcool s'évente, le vin se gâte et se perd. Ne craignez rien : le tout n'en sera pas moins distribué à la troupe et à la flotte. On arrose le bois des barriques, quand le soleil l'a trop brûlé ! Et il y a DES MOIS, mon cher ami, DES MOIS qu'on réclame la construction de hangars !...

Et tous, en chœur, reprennent des doléances plus générales. Ils nous expliquent comment, de par l'incapacité ou l'indifférence des gouvernants qui signent des traités de commerce, les conventions avec les chemins de fer et les traités avec les compagnies de navigation subventionnées, toutes les colonies ont avantage à user de produits étrangers et à ne jamais recourir à la mère patrie. A Haïphong, nous démontrent-ils, il est plus économique d'acheter, par exemple, des vins de Bordeaux à des maisons allemandes ou anglaises qu'à des maisons françaises. Les premières le prennent à Bordeaux d'où les tonneaux, par des vapeurs au fret léger, vont à Londres, qui les expédie à Hong-Kong. De Hong-Kong à Haïphong, un troisième navire anglais les porte aux consommateurs français. Tarifs en main, il serait beaucoup plus coûteux d'expédier ces futailles de Bordeaux à Marseille **par chemin** de fer et de les confier ensuite à nos paquebots !!!

Ensuite ce sont des plaintes sur l'entêtement routinier de nos industriels et de nos commerçants. Pas un ne consent à changer un métier, à élargir ses cotonnades, à satisfaire les commandes de l'Extrême-Orient que l'Angleterre et l'Allemagne ont habitué à des modèles fixes. Pas un n'ose risquer dix mille francs sur l'affaire la plus certaine, à cause de l'éloignement. Mieux encore, tous refusent à leurs compatriotes le crédit que ceux-ci trouvent sans peine à Londres et à Hambourg !...

Je ne proteste, ni ne console, sachant, hélas ! tout cela trop vrai...

Et voici, résumés en ces fragments de conversation, les souvenirs que j'emporte des dernières heures que j'ai passées au Tonkin ! Sans bien chercher, je retrouverai d'autres souvenirs antérieurs, mais pareils, s'ils ne sont pires.

A bord de l'*Activ*, devant Hoï-How
(Ile d'Haï-nam), 4 mai.

C'est dimanche. Le grand soleil flamboie dans le ciel crûment bleu qui arde lui-même et pèse sur la mer. Les flots, verts encore tout à l'heure dans le matin naissant, ont pris une teinte indigo, très foncée. Au large, leur clapotis secoue un lac incandescent de paillettes : On dirait un millier de miroirs à alouettes qui, sur un sol mobile, vireraient, aveuglants, tous ensemble. Des hirondelles blanches tournoient autour du vapeur.

Le navire *évite* au courant et à la marée. C'est une continuelle surprise pour les yeux qu'on relève brusquement après quelques pages de lecture : la terre qui était à droite se trouve à gauche, bande verte et jaune, très éloignée. Tout est changé. Dans une distrayante et brève désorientation, nous cherchons nos points de repère : un toit de pagode et des pavillons chinois dont l'étoffe promène son triangle dentelé, pareil à l'aile d'une girouette, perché à l'angle d'un fortin.

Un grand silence règne, donnant cette instinctive sensation du dimanche qu'on a souvent sans consulter le calendrier. Pas un bruit entre le ciel bleu et l'eau bleue. Sur rade, deux canonnières chinoises, un steamer anglais et des jonques indigènes semblent morts. Une chaleur tombe du ciel, monte de la mer, s'épanche entre deux réverbérations. Toute la vie se concentre sur quelques voiles de pêcheurs, des voiles de nattes passant et repassant dans le soleil, éblouissantes, comme tressées d'or.

Sous la tente dont les trous criblent le pont de sous neufs, l'atmosphère devient irrespirable. De chauds effluves de graisse montent de la machine, planent dans l'air sans brise. A l'avant, c'est l'odeur de l'opium qui sort de la cale, et demeure, nuage odorant, au-dessus du panneau sur lequel je me penche. Les Chinois passagers gîtent au milieu des colis. Quelques-uns jouent. D'autres se balancent dans leur hamac, et leur longue queue déroulée rampe sur les vêtements blancs, comme le serpent des vignettes de Riou dans les romans de Boussenard.

Je guette s'il ne vient pas de terre un sampan que je puisse héler pour aller à Hoï-How. C'est à peine si la marée, désespérément lente, commence à se faire sentir. Plus rapide, le thermomètre s'élève encore, et, avec la température, l'impatientant supplice de cette immobilité et de ce silence s'accroît.

Enfin, voici la barque tant souhaitée, portant une équipe de Célestials si brûlés de soleil qu'on les prendrait de loin pour des nègres. Longtemps, ils me gardent, luttant de leur mieux contre le courant, et se dirigeant en zigzag pour éviter les eaux trop basses. Peu à peu, les côtes se rapprochent et je distingue nettement, par delà des plages de sable et des lignes vertes de bambous, des fortifications naïves, des toits.

Il y a une heure que nous avons quitté l'*Aclio* quand le sampan s'engage au milieu d'un canal menant au petit port de Hoï-How. Nous passons entre deux fortins ridicules dont un mur de boue et de cailloux assujetti par des bambous prolonge les vaines défenses. Les créneaux à angle droit ont un mètre et demi *dans tous les sens*, pareils aux fenêtres auxquelles manque encore l'entablement dans les constructions inachevées. Des canons antédiluviens allongent çà et là leur cou vert-de-grisé. Des fanions blancs brodés de chimères sont fichés aux angles. Au fort de gauche, des soldats chinois travaillent encore, exhaussant les remparts et crénelant les portes. Avec le cercle jaune bariolé de caractères rouges qui met une lune claire à leur uniforme sur la poitrine et entre les deux épaules, ils ont une étrangeté pittoresque, un moment amusante. Leurs voisins de l'autre bord, guerriers pacifiques, pêchent à la ligne, ou cherchent des crabes entre les pierres de la rive. Sous le soleil, l'ensemble demeure paisible ; même, il serait banal, à force de tranquillité sans grandeur, si la fantaisie des forts, des costumes, des drapeaux n'y jetait sa note de paravent.

Le canal s'élargit. Une autre forteresse apparaît, plus vieille encore et plus énorme, mais aussi plus inoffensive. De ses meurtrières toujours rapprochées, toujours invraisemblablement larges, on ne saurait tirer sans atteindre les ouvrages de première ligne. Des drapeaux flottent au-dessus de cette bâtisse. Devant elle, dans le retour d'équerre que fait le canal fuyant à gauche, des jonques de guerre se carrent pesamment. Leur poupe rappelle l'arrière de nos antiques nefs, et les flancs ventrus font sourire avec leurs cuivres neufs sur leur bois pourri, avec leurs antiques canons. Des soldats et des marins vont et viennent sur le pont. D'autres — coolies misérables, ramassés sur les quais de Canton — vident, assis en cercle, d'incessants bols, au milieu d'un papillotement de baguettes plongeant furieusement dans les gâteaux de riz et furieusement poussant leur prise aux lèvres des dîneurs.

Il n'y a plus sur la rive, à gauche, que de rares cases espacées par des massifs verdoyants. A droite, au contraire, les maisons se suivent, construites sur pilotis et se touchant toutes. La Douane et deux ou trois docks européens rompent seuls la laideur sale de ces bicoques.

C'est à la Douane qu'on accoste. On traverse les bureaux où se prélassent des employés anglais et allemands, puis, de cour en cour, on débouche dans la ville même. Alors, en cinq minutes, on a vu Hoï-How.

Ce n'est plus le Tonkin, c'est la Chine, la Chine classique, étrange et monstrueuse, où la vie grouille, bigarrée. Une fourmilière d'insectes multicolores

Je suis une ruelle irrégulièrement dallée, en dos d'âne, bordée de boutiques accolées étroitement. Deux mètres de largeur dont les auvents et les étalages qui débordent mangent encore une partie. Çà et là, des nattes tendues sur des bambous unissent les maisons. On marche à l'ombre sous ces toits, mais souvent les nattes sont trouées, ou bien, c'est une branche d'arbre, surgissant d'une cour, qui s'avance et s'étale, acacia ou letchi, tendrement verte ; de longues flèches de lumière percent alors la voûte, allument les ors des enseignes, blondissent les fruits, vernissent les laques, poudroient de mica les pavés. Les maximes de Confucius gravées sur les tableaux rouges, les lettres compliquées des écriteaux et des étiquettes, les chamarrures des comptoirs, les papiers dorés et argentés des vitrines s'irradient avec des à-coups sautillants, crevant l'œil. Tout paillette, tout chatoie, tout miroite : soleil et clinquant partout se marient. Mais la grande fête du regard se donne sur les étals en plein vent, surchargés de légumes, de fruits, de poissons et de viandes, au milieu des soucoupes innombrables remplies de riz ou de mélasse. Les poissons s'irisent, humides encore, écaillés de nacre, et confondant, tassés, leurs fugaces arcs-en-ciel. Les concombres, les oranges, les piments, les tomates, les cédrats, les letchis, les mangoustans, les mangues, les bananes échafaudent des pyramides polychromes et parfumées sur un fond d'herbes violemment vertes, ou sur des plateaux laqués dont les bords d'un noir glacé reluisent. Des mouches bourdonnent au-dessus, dans l'odeur de miel, pareilles à des essaims d'étincelles, quand leur vol chassé par le marchand coupe les bandes de lumière pleuvant sur la rue, d'entre les feuilles ou les nattes. Des cristallisations de sucre brisent des éclats de mercure à la surface des confitures. Des quartiers de porc et de chien virent, pendus à des bambous, et montrent, tour à tour, la peau vernissée, couleur chrome, et leurs chairs rubescentes.

Le marché se continue d'un bout à l'autre de la rue principale, surgit plus crûment colorié à chaque coude qu'elle décrit. Une impression de vie féconde se dégage des choses. On se heurte, on se bouscule, on se presse. Des enfants glissent entre mes jambes. Des brouettes énormes à roue pleine, effroyablement grinçantes, roulent incessamment, creusant de passagers sillons dans la foule, et le bruit des marteaux frappant le bois et le fer, les aboiements des chiens, le tintement des sonnettes et des gongs compliquent la fièvre de la rue d'un tapage sans trêve. Parfois, passe une chaise à porteur. Poupine, une tête de femme étrangement fardée apparaît une seconde, et le courant recoule plus fort derrière les coolies, fait de Chinois habillés de blanc ou de bleu, de filles du peuple grassouillettes qui rient aux éclats, de vieillards au nez chaussé d'immenses lunettes, de soldats qui ricanent ou m'insultent, et sur mes talons crachent avec mépris.

De loin, toutes ces têtes semblent appartenir à des

pantins et remuer sur place. Des parasols violets étoilent leur moutonnement. Les chapeaux de paille, immenses, ondoient comme des boucliers d'or. Je marche, je marche, je marche, sans que cette animation s'arrête ; continuellement boutiques et échoppes défilent, toutes pareilles, avec leurs lanternes énormes couvertes de chimères carminées. Chacun travaille avec rage. Pas un oisif. Les échoppes de savetiers sont innombrables. Dans un faubourg, après une porte ouverte dans un rempart qui ne tient plus debout, je retrouve des marchandes en plein air vendant du riz, du thé et du poisson bouilli. Elles sont assises sur de vieux canons démontés. Plus loin, je m'arrête devant un forgeron qui fabrique des affûts. Ses ouvriers en rangent une demi-douzaine devant la porte, mais la foule ne semble point prendre garde à ces préparatifs belliqueux. Et je rebrousse chemin, souriant aux choses déjà vues, dans une curiosité plus molle qui s'étonne pourtant encore à tous les coins. Un orage se prépare, le ciel devient fuligineux, et, dans l'ombre grandissante, les petites lampes allumées dans chaque boutique devant l'autel des ancêtres jettent une lueur plus jaune, lustrant les moulures des niches et pailletant les Bouddha dorés.

XV

LA PAIX

Canton, 28 mai 1884.

Si la France doit au talent et à l'habileté du commandant Ernest Fournier la libre possession d'une de ses plus belles colonies, je lui dois, pour mon humble compte, un supplément de voyage et un surcroît de fatigue dont je me remets mal, mais dont je ne me féliciterai jamais assez.

J'arrive de Tiensin. La paix s'étant signée dans cette ville, il était naturel d'aller y chercher des informations précises sur ses causes et ses effets ; mais cette besogne n'était point mienne, et ma mission restant toute littéraire, j'aurais repris sans plus de souci la route de France, si cette question de la paix et du Tonkin ne m'avait passionné à l'égal de tous ceux de nos compatriotes fixés en Extrême-Orient.

J'insiste sur ce point à dessein. J'imagine en effet qu'à l'annonce de la convention de Tiensin, — à moins que les journaux français n'aient été, tout de suite, plus explicites que les feuilles de Hong-Kong, — on aura dû maudire un coup encore la politique et les politiciens pour ce nouvel affront infligé au drapeau. A Hong-Kong, en tous cas, comme à Saïgon, l'impression première était lamentable. « Quoi ! disait-on, c'est pour atteindre ce piètre résultat qu'on a fertilisé les rizières avec le sang de nos troupiers et jeté tant de millions à l'eau ? On renonce à demander une indemnité de guerre, on ne prend pas les mines de charbon de Formose, on n'annexe pas Haïnam et l'on s'en tient au Delta avec une zone neutre, source éternelle et ruineuse de conflits ; c'est de la folie ou de la lâcheté ! »

Ces propos s'expliquent. Le texte entier du traité n'avait pas encore paru, et de l'extrait en trois lignes qu'en donnaient les « papiers » anglais, on retenait seulement ces deux points : abandon de l'indemnité et ouverture au commerce européen de trois provinces chinoises. Conclure de là qu'une fois de plus, nous étions bernés, et qu'une fois de plus, nous avions tiré les marrons du feu pour les Allemands et les Anglais (seuls outillés de façon à profiter de l'ouverture de ces provinces), c'était raisonner logiquement ; et chacun raisonnait de la sorte.

Pour moi, je me mêlais aux discussions, et, plus qu'un autre, je déplorais la sottise commise. Nous sommes ainsi : les plus indifférents s'emportent quand il s'agit du pavillon. D'ailleurs, cet étrange et merveilleux Tonkin est un si bizarre pays que chacun s'y intéresse. On y vient chercher des tableaux, des descriptions, des prétextes à une orgie de couleur, puis, un beau matin, on est empoigné. L'homme de lettres devient colon, colon chauvin, et, si l'on touche à « son Tonkin », il s'emballe. Cette chose m'arriva. Seulement, lorsque j'eus expectoré ma bile, je réfléchis qu'il serait bon au moins de connaitre le traité en son entier avant de le juger, et de savoir surtout comment et pourquoi on l'avait conclu. Puis, un espoir me hantait. Puisque le commandant Fournier avait mis son nom au bas de ce document, c'est que celui-ci était *honorable* et nécessaire. Et je pensais cela, parce qu'en ce temps d'avachissement général, les hommes d'honneur et de talent se faisant rares sont connus, et que le commandant Fournier a sa réputation, étant un de ces hommes.

Voilà pourquoi je me suis condamné à une nouvelle étape. Maintenant, je demande la permission de raconter au petit bonheur, au hasard de mes notes, sans souci du mot et de la phrase, ce qu'elle m'a appris. Cela ne sera pas très littéraire, mais il se pourrait que cela fût instructif.

Le signataire pour la Chine de la convention de Tiensin, S. Exc. Li-Hung-Tchang, vice-roi du Tché-Li, est le seul homme d'État *sérieux* du Céleste Empire. On a dit cent fois quelles étaient sa situation exceptionnelle et sa valeur, et le nombre d'amis, voire d'admirateurs, qu'elles lui ont valus parmi les Européens eux-mêmes, tandis qu'elles lui attiraient la haine des « Vieux Chinois », particulièrement de la cour et du Tsong-Li-Yamen de Pékin. Les ennemis du vice-roi, par contre, étaient les amis ou les agents du marquis de Tseng. Faut-il ajouter que les deux hommes ne se sont jamais aimés ? On l'a vu de reste, par le désaveu que l'homme d'État infligeait à l'ambassadeur, en 1883. En son temps, la chose fit quelque bruit. C'était à l'époque où le directeur du *Gaulois* plaçait des abonnements dans l'Empire du Milieu et daignait partager ses faveurs entre M. de Tseng et les gens du « pschutt » ou du « tschock ».

Dans le public, on prête généralement à M. Jules Ferry — on ne prête qu'aux riches — l'intention de mystifier la Chambre en inventant le désaveu de Son Excellence Li. La chose était réelle cependant. Le vice-roi n'a jamais caché ses sentiments à l'endroit du trop nomade ambassadeur, et le ministère de la marine aurait pu confirmer les faits que M. Jules Ferry avança sans trouver créance. Éternelle moralité de la fable ! Ne jamais crier : « au loup ! », quand le loup n'y est pas, ou le vrai cessera d'être vraisemblable.

Ce loup me ramène à mes moutons...

Li-Hung-Tchang, homme supérieur, se connait en hommes. Il avait fait et cultivé la connaissance du capitaine de frégate Fournier, en 1879, pendant le conflit chino-russe, et avait démêlé tout de suite à quel officier il avait affaire. M. Fournier, alors commandant du *Lynx*, resta deux hivers à Tiensin, mais n'accepta du vice-roi que son amitié, malgré l'insistance de celui-ci à lui offrir la position de directeur de sa marine avec des émoluments plus qu'asiatiques. Le jeune officier rêvait autre chose : il nourrissait les patriotiques ambitions des esprits ayant conscience de leur valeur. Avec amour, il préparait déjà les plans d'une expédition au Tonkin à laquelle, un an plus tard, il travailla comme aide de camp de l'amiral Jauréguiberry, et les questions indo-chinoises le passionnaient si fort qu'il donnait à leur étude tout le temps que ne lui prenaient pas ses fonctions et ses remarquables recherches sur les typhons. Car, et c'est là un point à noter valant bien sa parenthèse, le diplomate de quarante ans qui a donné à la diplomatie la leçon de Tiensin, n'est pas seulement un marin du plus grand mérite, ce n'est pas seulement un brave soldat qui, au Bourget, prit le parc d'assaut avec une poignée de matelots et fut mis à l'ordre du jour de l'armée, c'est aussi un savant dont les travaux sur les déviations du compas sont célèbres dans toutes les flottes des deux mondes.

Commandant du *Volta*, M. Fournier fut chargé, au mois de septembre 1883, d'aller chercher M. Tricou au Japon. M. Bourrée était rappelé après avoir commis de phénoménales erreurs et son successeur débarquait à Shangaï sans plan ni instructions. Mais, lui aussi, il avait remarqué ce jeune capitaine de frégate à qui la Chine et les affaires chinoises étaient si familières ; il le garda près de lui, en fit son ami. Même, on prétend qu'il dut beaucoup à cette amitié son raccommodement avec Li-Hung-Tchang, entre autres choses. Toutefois, comme je tiens ce renseignement du chargé d'affaires de... Saint-Marin, on en croira ce qu'on voudra, les diplomates étant — après les cabotins et les peintres — les gens qui disent le plus de mal les uns des autres.

Ce qui demeure certain, c'est que M. Fournier, détaché en mission, accompagna l'ambassadeur à Pékin et à Tiensin. Dans la première de ces villes, M. Tricou refusa fort habilement de parler d'autre chose que de l'indemnité due à la France pour les événements de Canton. Il voulait attendre une victoire de nos troupes au Tonkin pour reprendre sur un pied nouveau les négociations si étrangement menées par M. Bourrée. A Tiensin, chez le vice-roi, ç'avait été autre chose. Le diplomate et le marin s'étaient laissés tâter, mais Son Excellence Li ne leur offrant, à peu de choses près, qu'un replâtrage du traité Bourrée, l'affaire en était restée là.

On se souvient qu'en quittant Pékin, M. Tricou alla faire ses adieux au Japon et, de là, rentra en France. Nous nous croisâmes à Colombo ; seulement, quand l'ambassadeur m'y souhaita bon voyage, il ne prévoyait pas, ni moi non plus, du reste, que son ancien hôte du *Volta* aurait seul l'honneur de signer la paix et que le hasard des choses amènerait l'homme de lettres à courir avant lui, ministre plénipotentiaire, sur les routes de Chine...

L'homme propose... En Chine, ce n'est pas Bouddha, ce n'est pas Confucius qui disposent : c'est Li-Hung-Tchang.

A la fin du mois de mars dernier, l'Impératrice-Régente l'invitait à traiter au plus tôt avec la France. La souveraine n'était pas sans avoir les nerfs crispés de ce qui se passait autour d'elle, à chaque courrier du Tonkin. Et, très vivement, elle reprochait aux membres du Tsong-Li-Yamen de n'avoir su faire ni la paix ni la guerre. Son Mazarin, par bonheur, n'était pas en exil.

Le vice-roi ne se fit pas prier : on lui donnait raison. Et se rappelant le commandant Fournier, il résolut de le faire sonder.

Li-Hung-Tchang, ai-je dit, a plusieurs amis européens. Celui de tous qu'il préférait, et que, plus que jamais, il préfère, était un Allemand, M. Détring, commissaire des douanes chinoises, fixé dans l'Extrême-Orient depuis vingt ans. M. Détring, connaissant assez bien M. Fournier, Son Excellence l'expédia à bord du *Volta*.

Ce choix, cette mission, ces procédés pourront étonner à Paris, mais nous sommes en Chine. Aussi bien, le commissaire des Douanes n'en était-il pas à ses débuts. Conseiller intime du vice-roi, il avait été chargé par lui d'étudier, au cours d'un voyage en Europe, l'état des esprits dans les chancelleries et les dispositions de l'opinion en France à propos du Tonkin. Très au courant de nos divisions politiques, et se fiant de moins en moins à l'épique marquis de Tseng, Li-Hung-Tchang voulait être renseigné par des rapports *de visu*. M. Détring, homme intelligent et impartial, s'était fort bien acquitté de sa tâche.

Ici nous entrons dans une comédie ou plutôt dans un roman, mais dans un roman dont tous les détails sont rigoureusement exacts. Et si l'on s'étonne de ce que je les aie découverts, je répondrai qu'en Extrême-Orient, comme ailleurs, et plus qu'ailleurs, partout où il y a trois temples, deux consuls et une femme, les secrets courent les rues — et ne courent pas si vite qu'on ne puisse les rattraper, quand on n'est pas goutteux.

M. Détring, en sa qualité de commissaire des douanes, avait un chef.

Ce chef, le Directeur général, s'appelait M. Hart.

... M. Hart, Anglais et gallophobe — qu'on me pardonne ce pléonasme !

Ainsi que le veulent toutes les traditions, M. Détring n'aimait pas son chef ;

Et celui-ci le lui rendait, — toujours d'après les mêmes traditions.

Il le lui rendait si bien, qu'il n'aimait pas davantage les amis et les protecteurs de son subordonné, Son Excellence Li-Hung-Tchang, entre autres.

Et le commandant Fournier, qui, de la passerelle du *Volta*, voyait tout ce qui se passait en Chine, savait toutes ces choses, calculait les ambitions de tout le monde.

Et il éclata de rire dans sa barbe, quand l'ambassadeur amateur le « sonda ».

Ayant ri, il pensa que ce serait bien le diable, s'il ne réussissait pas à tirer un bon traité d'une situation pareille, chacun étant intéressé à l'établissement d'une entente : Li-Hung-Tchang, pour satisfaire l'Impératrice, consolider son crédit et écraser ses rivaux ; M. Détring, pour... embêter son chef, assurer son avenir et éviter un échec à son protecteur.

Le négociateur quitta le *Volta*, emportant la réponse écrite du commandant. Le marin dans sa lettre au vice-roi posait comme condition première, et *sine qua non*, le rappel du marquis de Tseng. Ce rappel prononcé, peut-être pourrait-on, ajoutait-il, se mettre d'accord, si la Chine nous payait une indemnité de guerre, retirait ses troupes du Tonkin et nous y laissait notre entière liberté d'action. J'imagine que, ces bases écrites, M. Fournier ne s'en tint pas là, et que M. Détring fut dûment stylé. Au fond, le marin s'amusait bienheureusement à la pensée d'employer un Allemand à une œuvre française. Pour que la *chinoiserie* fût complète, il ne devait point d'ailleurs tarder à prendre comme second auxiliaire un Chinois véritable. Même, les mécontents partent de là pour clabauder. Mais pour ceux qui savent le fond des choses, le plan du capitaine de frégate était mieux que spirituel. Je n'insiste point. Il a réussi, du reste, et cela dit tout.

Li-Hung-Tchang médita longuement la lettre de l'officier et la transmit à Pékin ; seulement, en raison de son premier article, il eut soin de la faire tenir directement à l'Impératrice, avec ses propres commentaires dont la conclusion était, aux mots près, celle-ci :

« Je ne puis engager de pourparlers si nous ne donnons pas à la France une première satisfaction, en même temps qu'une preuve de notre désir de traiter avec elle : le rappel de notre ambassadeur s'impose. »

L'Impératrice hésita, comme on pense. Le marquis de Tseng est de la première noblesse, son parti tout-puissant, mais, tandis qu'elle tergiversait, le *Volta* ne demeurait pas inactif. Son commandant menaça de bombarder Ké-Long (île de Formose), où l'on refusait de lui vendre du charbon. Il est présumable que le mouvement de peur, qui, dès le premier branle-bas de combat, amena les autorités de Ké-Long à livrer le charbon, et à faire, par écrit, toutes les excuses possibles, eut son contre-coup sur le continent et à la cour. La souveraine céda : à la fin d'avril, le marquis de Tseng était rappelé.

Peu après, Ma-Kien-Schang, un Chinois européanisé, licencié en droit de la Faculté de Paris, interprète et conseiller intime du vice-roi, venait en apporter la nouvelle au commandant Fournier, et, sur ce gage de sincérité, l'invitait à venir à Tien-sin conférer avec son maître. L'officier avait trouvé son second auxiliaire.

Muni de l'autorisation de l'amiral Lespès, mais négociateur simplement officieux, il se rendit à Ché Fou. Le 5 mai, il débarquait à Tien-sin, et, tout en laissant adroitement supposer qu'il venait simplement étudier les fortifications de cette place, il s'abouchait secrètement avec Son Excellence Li, dès le lendemain même. Le 11 au soir, la convention était signée.

Sans doute, on s'étonnera d'une aussi rapide entente;

mais il ne faut point perdre de vue que le vice-roi connaissait déjà les conditions du commandant, et qu'en vue d'une discussion prochaine, ils avaient, l'un et l'autre, préparé leurs batteries. J'ajouterai qu'au début M. Fournier agissait en amateur, qu'il reçut *seulement le 8* ses pleins pouvoirs par télégraphe, et qu'enfin il se trouvait sans instructions, livré à lui-même et responsable du succès d'une mission qu'il n'avait pas, à vrai dire, sollicitée.

Plus d'un officier, à sa place, quand M. Détring était venu sonder le terrain, aurait répondu qu'il ne savait rien et qu'il « n'avait pas d'ordres ». Le commandant du **Volta**, moins timide, avait deviné la « convention à faire ». Il fallait donc réussir, et pour cela, ruser.

La première et grosse difficulté à aplanir était sans contredit la question de la suzeraineté de la Chine sur l'Annam et le Tonkin. Là-dessus s'étaient brisées les négociations précédentes. La Turquie peut publiquement abdiquer ses droits sur la Tunisie, mais la Constitution chinoise est trop formelle, l'esprit chinois trop ancré dans ses traditions, pour qu'on obtienne de la Chine un semblable abandon. M. Fournier biaisa. La difficulté fut tournée à l'aide du mot « *respecter* » introduit dans l'article 2. On sait que, par cet article, le Céleste-Empire, se déclarant « rassuré », s'engage à évacuer le Tonkin devant nos troupes, et à « respecter » les traités directement intervenus ou à intervenir entre la France et la Cour de Hué.

Aujourd'hui encore, je m'étonne que la Chine ait

accepté cette clause, renversement d'une politique séculaire. Le commandant, me dit-on, eut fort à batailler pour l'y contraindre. Mais il connaissait à merveille la situation, joignait l'énergie du soldat à l'habileté d'un négociateur consommé et, d'après les cancans diplomatiques, s'appuyait enfin adroitement sur les ambitions avouées ou non avouées des conseillers de son adversaire. Dans le Céleste-Empire, on peut être vaincu, mais on ne doit jamais *perdre la face*. Perdre la face, c'est être humilié, c'est être déshonoré. Un François Ier asiatique, après un Pavie, s'écrierait : « Tout est perdu, sauf la face ! » Cependant, c'est surtout sur le terrain des affaires que cette expression s'emploie. Le Chinois est tout orgueil, se croit le premier peuple de la terre. Ménagez ses illusions et sa susceptibilité, laissez-lui *la face*, qu'il paraisse obéir à son amitié pour vous, cette amitié fût-elle invraisemblable, et non céder à la force : vous en ferez ce qu'il vous plaira — si vous êtes le plus fort, s'entend. Puisque, dans le jugement par lequel vous le condamnerez, sa vanité se raccroche aux considérants, rendez ceux-ci élogieux. La *foourme* avant tout ! (1)

(1) La Chine s'engagea à procéder immédiatement à cette évacuation, et désigna un mandarin pour y présider et prévenir tout conflit. Les dates du 6 et du 26 juin furent désignées pour l'occupation par nos troupes des places de Lang-Son, Cao-Binh et de Laokay. M. Fournier en informa aussitôt M. le général Millot en l'invitant à « expulser par la force les garnisons chinoises, attardées à ces deux dates » (sic). Mais celui-ci, comme désireux d'offrir à la Chine des moyens d'éluder ses engagements, prit des mesures insuffisantes, et n'envoya à Lang-Son qu'une poignée d'hommes. Cette colonne se heurta à une armée chinoise dont les chefs demandèrent *par écrit* un délai pour se retirer. Le

M. Fournier savait cela. Il fit passer l'article 2 grâce à l'article Ier. D'après cet article 1er, la France s'engage à protéger, envers et contre tous, les frontières méridionales de la Chine, limitrophes du Tonkin. A première lecture, l'engagement semble grave, mais on découvre vite, à la réflexion, qu'il n'y a rien là que d'ordinaire. Ne pas protéger lesdites frontières, ce serait, pour nous, abandonner le Tonkin. Notre drapeau flottant sur le Tonkin, nul n'attaquera la Chine en passant par notre territoire, sans par cela nous déclarer la guerre. En un mot, cet article reste la simple énonciation de notre *devoir de neutres*. La Belgique, par exemple, a des obligations

---

commandant français crut devoir passer outre sans demander d'ordres ou de renforts et, tombé dans une embuscade, se retira après avoir perdu le tiers de son effectif. On sait quels événements suivirent, et avec quelle joie antipatriotique les *diplomates de carrière* et les politiciens se livrèrent à l'exécution en règle du traité de Tien-sin et de son auteur. D'autre part, la Chine, sommée de nous indemniser pour ce désastre, dont elle n'était qu'à demi responsable, crut l'occasion bonne, le parti de la guerre et les ennemis de Li-Hung-Tchang reprenant le dessus, pour se dérober à ses engagements solennels. Avec sa mauvaise foi ordinaire, elle nia avoir jamais consenti à l'évacuation du Tonkin à date fixe, et démentit effrontément M. Fournier, sans même reculer devant la confection de *faux* diplomatiques, jusqu'au jour récent où la traduction des lettres écrites par les mandarins militaires de Lang-Son au commandant des troupes françaises fit éclater la vérité et justifia le marin diplomate qui n'avait d'ailleurs pas, pour vrai dire, à être justifié aux yeux des patriotes comme à ceux des gens familiers avec les choses de l'Extrême-Orient. Dans ces lettres, en effet, les mandarins chinois, tout en sollicitant un délai pour emmener leur armée, avouaient avoir reçu l'ordre de se retirer devant nous à date fixe et s'excusaient de ne pouvoir immédiatement exécuter cette clause du traité de Tien-sin. L'auteur n'a pas à indiquer ici la moralité à tirer de ce fait, ni à s'appesantir sur les écrasantes responsabilités qui en découlent pour M. Millot.

(*Note du* 1er *octobre* 1884.)

analogues vis-à-vis de l'Allemagne et de nous. Mais le commandant du *Volta* fit de cette énonciation un habile usage. La Chine se trouva contente étant flattée, et parut ne concéder les points stipulés en l'article 2 qu'en reconnaissance des promesses faites par l'article 1er.

Restait la question d'indemnité. M. Fournier n'avait pas d'instructions précises, et les journaux, seuls, hélas! avaient appris à l'Extrême-Orient qu'on *pût* en demander une. Néanmoins il alla de l'avant, feignit d'avoir des ordres, cita un chiffre exorbitant et, comme il le voulait, fit peur. Très justement, Li-Hung-Tchang déclara que les troupes chinoises ayant été appelées au Tonkin par l'empereur d'Annam, c'était à celui-ci à payer les *pots cassés*, et qu'il serait décapité à Pékin, lui vice-roi, s'il souscrivait à une condition pareille. « D'ailleurs, ajoutait-il, nous ne pouvons payer. La dynastie actuelle jouerait le pouvoir sur cette carte-là. Vous savez où nous en sommes : nous avons eu notre *krach*, le pays est très appauvri, sinon ruiné, nos banques sont en faillite, on nous a refusé le renouvellement de notre dernier emprunt. Il nous faudrait frapper de nouveaux impôts, c'est-à-dire allumer des révoltes. Je vous cède le Tonkin, mais vous payer encore par-dessus le marché, ce serait *perdre la face*. Une révolution naîtrait qui bouleverserait le pays et balaierait non seulement le trône, mais les étrangers. Et puis, qu'y gagneriez-vous, votre indemnité empochée? Nous vous fermerions nos deux cent cinquante lieues de frontières de terre et nous vous barrerions trois provinces ayant 80 millions d'habitants!... »

Le négociateur français en était arrivé à ses fins. Il n'avait plus qu'à répondre que ces raisons étaient excellentes, mais qu'il avait sa mission à accomplir. Il put promettre de plaider la cause des Chinois auprès de son gouvernement, mais en exigeant à cet effet qu'il fût offert une compensation pour notre abandon de l'indemnité...

Et l'article 3 fut enlevé. On sait que la Chine s'y engage à conclure avec nous un traité de commerce *spécial* et favorisant *spécialement* notre trafic. Aussi bien l'article, par les mots : *En retour*, porte le caractère d'un échange. La Chine oubliant sa promesse, nous pouvons, traité en main, rééditer notre demande d'indemnité, et obtenir mieux encore.

L'article 4 est sans importance. Il continue à rassurer la Chine, à lui *conserver la face*. Li-Hung-Tchang était navré que, dans le traité de Hué, M. Harmand eût ajouté au paragraphe stipulant que le résident de France serait l'intermédiaire de l'empereur d'Annam dans *toutes* ses relations avec les puissances, les mots : « *Y compris la Chine.* » On lui promit d'enlever ces quatre mots en conservant l'esprit de ce paragraphe. Encore une question de forme.

Ce n'était pas tout que d'avoir amené le vice-roi à accepter cette convention, inespérée pour nous, si l'on en juge par les instructions primitives données à M. Patenôtre. Il fallait l'approbation *ne varietur* de

Pékin. On ne l'obtint pas sans peine, le rappel de M. de Tseng ayant exaspéré les ennemis du vice-roi, mais enfin, on l'obtint, et M. Jules Ferry put féliciter l'ambassadeur improvisé.

Cette véridique histoire ne serait pas complète, si je ne disais un mot du désappointement des ministres et consuls étrangers à Tien-sin, quand ils apprirent la signature du traité.

Le 12 mai, de grand matin, étant encore dans leur lit, ils reçurent tous une invitation à dîner au consulat de France. La lettre les informait que Son Excellence Li-Hung-Tchang, vice-roi du Petchili, serait des convives, et portait comme signature :

ERNEST FOURNIER,
Capitaine de frégate,
Ministre plénipotentiaire de la République française en Chine.

Ils firent, comme on dit vulgairement, *un bien drôle de nez!* Comment! ce petit officier, « en complet gris », en « gris de chauffe », qui feignait d'étudier les fortifications chinoises, les avait joués de la sorte? Ils le félicitèrent tout de même, et vinrent au dîner, mais on devine quelles figures ils y portèrent !

Or, ce n'était pas pour le simple plaisir de les tromper que M. Fournier avait agi si mystérieusement. M. de Brandt, l'ambassadeur d'Allemagne à Pékin, se méfiait de sa présence à Tien-sin. M. de Brandt, dont on retrouverait aisément la main dans les affaires

17.

Bourée, est un gallophobe aussi actif qu'ardent; il avait réuni à Pékin tous les représentants étrangers dans une ligue anti-française. M. de Lucca, ministre d'Italie, était son bras droit. M. Fournier trouva ce dernier à Tien-sin, mais sut le déjouer. Après l'Italien, le ministre de Belgique lui-même, celui des États-Unis surtout, le représentant de l'Espagne, et tous enfin, nous avaient combattus auprès du Tsong-Li-Yamen, encourageant la Chine à la résistance et calmant ses peurs avec des promesses d'arbitrage.

Sir Harry Parks, le ministre d'Angleterre, plus encore que son confrère allemand, avait un intérêt immédiat à mettre des *bâtons dans nos roues*. L'un et l'autre donc, s'ils avaient eu vent des opérations de M. Fournier, auraient empêché la cour d'adopter la convention : « Qui est-ce qui vous presse? auraient-ils dit. Gagnez du temps, à tout prix. La France veut en finir avec vous pour se retourner du côté de Madagascar et de l'Égypte. Plus vous attendrez et la ferez attendre, plus douces et bénignes seront ses conditions .. »

Le 10 mai, M. de Brandt, de plus en plus intrigué par la présence du commandant du *Volta*, se mit en route pour Pékin, résolu à s'y employer contre Li-Hung-Tchang, dont les tendances pacifiques l'inquiétaient. Ils comptaient qu'en son absence, le terrain serait surveillé par sir Harry Parks, incessamment attendu de Corée. Mais il n'avait pas tourné les talons et le ministre anglais n'était pas signalé encore, que le tour était joué, le traité signé et l'acceptation de la cour reçue par télégraphe. Ce fut un joli coup de théâtre !

Il est au moins inutile d'ajouter que je n'avais pas attendu la fin de ma petite enquête pour me réjouir du résultat obtenu par M. Fournier. La lecture attentive du texte entier de la convention m'avait désabusé déjà. Toutefois, je mentirais en n'avouant pas l'heureuse sensation très *bébête* mais bien française que me procura ce désappointement trop visible des Anglais et Allemands, de *tous les étrangers*, pour dire vrai. On ne saura jamais combien l'on nous aime !...

J'ai eu l'honneur, à mon retour, de voir le commandant du *Volta*. C'est un très jeune officier supérieur. Il n'a que quarante-deux ans. Extrêmement sympathique, il corrige la bonté de ses yeux et de ses traits par une grande finesse dont son regard résolu trahit l'acuité. Ce marin dégage extérieurement ce je ne sais quoi, ce cachet latent de supériorité que j'avais remarqué tout de suite chez un autre homme de grande valeur, le général de Négrier. Bien que brunie par le soleil, la tête est belle, d'une beauté énergiquement mâle. Le sourire dans la force, l'intelligence avec l'esprit. Mi-Toulousain et mi-Lorrain, le commandant a pris les qualités des deux races. C'est un fier Gaulois.

Naturellement, nous avons parlé du traité, mais j'ai trouvé le jeune plénipotentiaire très discret. En un mot, pour une malheureuse fois que j'aurai essayé de me transformer en *reporter*, j'ai remporté un échec.

La vengeance étant le plaisir des dieux et des

hommes, je me suis alors donné le régal de raconter à mon hôte, rebelle à l'interview, l'histoire de ses négociations. Il ne m'a dit ni oui, ni non, mais à la vivacité de ses interrogations sur la source de mes renseignements, à ses sourires mal dissimulés, j'aurais appris si je ne l'avais su déjà, que mes informations étaient bien exactes.

Et maintenant, puisque cette lettre est la dernière ou l'avant-dernière de la série que j'ai consacrée au Tonkin, on me premettra de l'allonger de quelques lignes qui en seront la moralité et qui expliqueront la vive et profonde joie que, patriotisme et chauvinisme à part, je rapporte de mon voyage.

Le succès du commandant Fournier, c'est le triomphe de la Marine : voilà pourquoi j'ai été si heureux de féliciter cet homme de talent et de cœur. Ce succès consolera bien des gens, bien des braves, qui, par devoir, ont tu leurs désillusions et leurs chagrins.

Il faut avoir le courage de le dire, maintenant que tout est fini, et je me fais honneur d'avoir ce courage : la marine, flotte et troupes, durant cette campagne, n'a pas toujours été traitée par nos gouvernants ainsi qu'elle méritait de l'être. *L'État n'a pas le droit d'être ingrat.* Et ce mot *ingrat*, ils ne le trouveront pas exagéré, ceux qui ont vu l'amiral Courbet pleurer sous l'affront !...

Il fallait le remplacer, puisqu'on organisait une armée véritable. Soit, mais devait-on le reléguer? Ne pouvait-on créer deux commandements parallèles?

Peut-on et a-t-on pu faire la guerre au Tonkin sans le concours constant de la marine? J'arrive à un point délicat...

Il est malaisé de parler d'un homme avec qui l'on n'a eu que d'excellentes relations, mais puisque une erreur typographique a fait précéder ma seconde chronique de quarante et une lignes formant une lettre particulière, puisque l'on m'a fait ainsi publiquement avouer ce que je pensais de lui tout bas, j'irai jusqu'au bout de ma pensée :

Pourquoi a-t-on nommé M. le général Millot commandant en chef?

Comment! on possède un général de division d'infanterie de marine, un officier distingué, M. Bossand, et on le met de côté, quand sa spécialité le désigne pour une guerre coloniale! Alors, il y aura toujours dans notre brave armée des *sacrifiés* ? L'infanterie de marine restera éternellement de la chair à canon et à épidémie, sans qu'aucune grande récompense, sans qu'aucune faveur vienne lui témoigner la reconnaissance du pays ? Ce n'était pas un marin, M. Bossand, c'est un soldat : il pouvait commander des troupes de la guerre et au besoin, pour contenter tout le monde, demander à celle-ci ses deux brigadiers. On lui a préféré M. Millot.

Était-il donc indispensable au succès des luttes futures que M. Millot eût les privilèges du soldat qui a commandé en chef devant l'ennemi??? M. Millot, enfin, pour justifier ce que j'appellerai un *passe-droit*,

— car le sang français qui, en l'arrosant, a fait française cette terre du Tonkin, c'est le sang de l'infanterie de marine et de la flotte — M. Millot est-il, comme M. de Négrier, un de ces hommes pour qui l'armée rêve les plus grands commandements? L'officier qui me répondra : « Oui! » aura la reconnaissance de la boutonnière enfoncée jusqu'entre cuir et chair !

Un brave soldat? Je le sais bien. Ils le sont tous d'abord... Mais il y avait la politique, la politique à laquelle des hommes qui ont l'honneur de porter l'épaulette descendent parfois jusqu'à s'engluer, la politique qui fait oublier à un très brave homme et à un très vaillant soldat que l'officier a la propriété de son grade, même s'il est prince, et que c'est un singulier moyen de se rapprocher de la timbale ministérielle que de prétendre le contraire ! La politique, enfin, qui guide les choix des gouvernants et les guide si bien que, lorsque le gros de l'œuvre est fait au Tonkin et fait par l'infanterie de marine et la marine, on sacrifie l'une et l'autre pour triompher sans elles — trois mois après Son-Tay !

Une jolie chose, la politique, et qui arrange fameusement l'armée ! Pour un écrivain, c'est une fière joie d'y être étranger et de pouvoir déclarer malpropre le baquet où tant d'autres barbotent allègrement...

Soldat avant d'être écrivain, je devais dire ces choses, que mes camarades, marsouins ou officiers de vaisseau, ne peuvent exprimer. Peut-être en trouvera-t-on la forme trop amère, mais six mois de campagne excusent bien des vivacités. Aussi bien, je le répète, cette lettre étant la dernière, il m'eût été trop dur de n'y pas mettre ce que j'avais sur le cœur.

Le succès du commandant Fournier, c'est la revanche de la Marine !

XVI

OU L'AUTEUR EST LAS, ET LE PROUVE

A bord de l'*Activ*, 6 mai.

L'*Activ* battant pavillon danois, on mange à son bord beaucoup de pommes de terre, mais personne n'y parle français. Mon compagnon de route est malade ; je demeure seul à table avec le capitaine et son collègue passager, un Yankee pur sang. Tour à tour, je m'escrime en allemand, en petit nègre, en provençal, mais je ne puis me faire entendre. Au dessert, pour me reposer, je feuillette la collection reliée d'un journal illustré de Copenhague, heureux lorsque j'y retrouve une vue de France ou la reproduction d'une de nos œuvres d'art, pour la toucher du doigt et la montrer à mes hôtes. Ils sourient, répètent : « Paris !... Paris ! splendide Paris ! » puis, reprennent leur cigar   aves comme devant. Et cependant, nous en arrivons à échanger quelques idées. Le croirait-on ? nous causons (?)... littérature ! Le Yankee me donne en anglais le titre de nos principales œuvres contemporaines. Il en a lu et retenu la traduction: il me cite, en estropiant leurs titres, les romans de Balzac, de Zola, de Daudet. Toujours il a en poche une livraison de revue anglaise ou américaine, très littéraire et qui semble suivre de près le mouvement intellectuel du continent. Si bien que j'en viens à admirer ce dur marin, dont la face s'est tannée à tous les soleils, s'est hâlée au vent de toutes les mers. Il n'a rien d'un gentleman, mais il utilise son cerveau. Cet homme a lu l'*Assommoir* et sait par cœur Shakespeare. Qui donc parmi nos capitaines au long cours possède son Molière et son Corneille? qu donc surtout connait Dickens ou Edgar Poë?

Hors de la cabine du capitaine, lorsque Bourde dort ou travaille, les heures tombent lentement, fatigantes à les pouvoir considérer comme un acompte de purgatoire. La mer elle-même ne console plus mon ennui. Elle demeure d'un vert jaune sous l'implacable soleil. Combien plus belle, le matin, avant que l'envahissante lumière ait exagéré l'azur du ciel ! Alors, elle est bleue, comme en Provence, et mes rêves y coulent de longues minutes. De l'étrave sur les flancs, ils suivent les bouillonnements écumeux, se perdent à l'arrière dans le sillage aux plaques translucides veinées elles-mêmes de remous salins, ou criblées de globules blancs qui crèvent dans une mousse. L'hélice tourne avec le même han étouffé, la même plainte sourde sous laquelle vibre le caillebottis. Dans ce tremblement dont l'accoutumance fait un va-et-vient berceur, si l'on cesse de contempler la blancheur courante, si l'on relève les yeux jusqu'à l'horizon, on découvre un sillage plus sombre, un grand ruban bleuté et moiré que le navire dévide sur la mer. On le suit jusqu'à ce que l'œil se ferme, et l'on goûte, avec la volupté de la vitesse, cette somnolente hébétude que soufflent les immensités pacifiques au sein desquelles la mort semble devoir être un reposant sommeil.

Mais quand commence la pluie de feu, quand le grand ciel s'embrase, l'eau se décolore. Elle verdit, puis jaunit, comme s'ils déteignaient en ses flots les sequins ensoleillés qu'elle lave. Une coulée de métal en fusion s'étend sur elle, glisse avec l'astre qui s'y mire. Une chaleur s'élève de son aveuglante surface, dans une réverbération qui nous rejette, la prunelle cuisante et le front moite, sous la tente du bateau.

Là la chaleur reste obscure, mais, par contre, s'exagère en d'écœurantes puanteurs d'étable : l'*Activ* emporte un chargement de porcs.

Ils sont ficelés — boudins anticipés — dans des paniers aux mailles énormes, filets d'osier tressés sur eux, en forme de manchons. Empilés les uns sur les autres, incapables de mouvements, ils geignent tout le jour. Ceux qui sont en façade, sortent leur nez rose, nous reniflent au passage, et grognent lamentablement. Les pauvres animaux ne boivent, ni ne mangent de la traversée ; même leurs airs deviennent si comiquement malheureux qu'on en arrive à les plaindre, pour tristement odorante et agaçamment criarde que soit leur laideur.

Parfois, un porc conservé à l'état libre par les cuisiniers du bord, et qui se gave, lui, des débris de notre table, s'approche et gravement considère ses frères emmaillottés. Sa vue met les prisonniers en des rages plus fortes, mais l'égoïste s'en soucie peu. Crevant de graisse, le groin suintant encore les victuailles, il va de panier en panier, flairant leurs hôtes, plissant sa peau luisante ; et sa petite queue en tire-bouchon a des frétillements qui se moquent.

Plus loin, sont des cages à volailles. De gros pigeons cendrés, la gorge renflée, y roucoulent. Soir et matin, un steward chinois vient remplir leurs terrines d'eau fraîche, de miettes et de riz, mais alors, les deux pigeons du capitaine, accourent et, sans vergogne, picorent la nourriture des captifs à leur bec. On ne les nourrit pas, ceux-là : sont-ils pas libres ? C'est une loi vitale que l'indépendant en ce monde, homme ou bête, doive trouver lui-même sa pitance, *unguibus et rostro*. Ces pigeons libres simplifient le combat pour la vie : ils vivent, aux dépens des pigeons esclaves ; à vrai dire, ils ont l'excuse du désert d'eau qui les entoure.

Combien de... pigeons en ce monde...
Ne philosophons point : Hong-Kong est proche !

Hong-Kong, 15 mai.

Toutes les fois que la réalité dépasse son imagination, le voyageur sent se réveiller son égoïsme. Il est tout à la joie de ne pas être désillusionné, mais sa paresse puise une excuse dans la jouissance même de sa pupille. Or, Hong-Kong que je croyais être le plus triomphal monument du génie anglo-saxon ne m'a point déçu. D'ailleurs, n'est-il pas pardonnable, le misérable que trois mois de Tonkin ont sevré de pittoresque comme de confort, si, dans ses flâneries sur la praya de la Gênes chinoise, il oublie son journal de route ? Aussi bien encore, elle est terminée ma tâche. Sous leur titre générique *Au Tonkin*, mes lettres ne sauraient se consacrer aux colonies anglo-chinoises et à la Chine sans faillir à leur programme, sans m'exposer surtout à redire des choses trop dites, à enseigner des choses trop sues. Quant au plaisir de décrire, quant à mes enthousiasmes de touriste, tout cela est mort, bien mort, sous la vulgarité fatigante des derniers jours de cette campagne sans combats. Ces enthousiasmes, je les pourrai, çà et là, goûter encore, mais elle s'est évanouie la juvénile ambition de les traduire, et, très paresseusement, je les savourerai en silence, sans plus jamais ce mouvement machinal à la poche renfermant carnet et crayon, qui, au début, me faisait noter chaque effet de couleur, chaque curiosité découverte.

Est-ce bien, pourtant, de la lassitude ? Est-ce bien du découragement ? Ma passion d'écrivain se réveillerait-elle quand même j'aurais l'impossible certitude de voir bien accueillies, aux premières colonnes de la première page d'un journal mondain, ces impressions purement littéraires, et, de parti pris, dédaigneuses de l'actualité, quand le vent des batailles ne rend point celle-ci passionnante ?

Je n'ose répondre oui, et je n'ose point surtout aller au bout de ma pensée. Faut-il expliquer pourquoi, malgré l'obsédant retour de ce *je* qui paralyse ?...

C'est d'abord la vague nostalgie que m'inspire tout l'Extrême-Orient. A moins que le Japon, dont l'art m'a toujours captivé, ne modifie, si j'ai le temps de l'aller parcourir, ce premier sentiment, j'emporterai, emmaganisée toute pareille un peu partout, en Indo-Chine, à Hong-Kong, à Macao, à Canton, la même sensation infécondante. La poésie est morte en ce sol trop vieux. Le grandiose y fait défaut dans les choses comme chez les hommes. Le sol, enfin, aux accidents des côtes près, y étend généralement la banalité fertile des terres que l'homme a façonnées à son modèle. Les choses y sont petites et mesquines, y suent la civilisation, une civilisation différente de la nôtre, mais dans laquelle l'excentricité exclut la grandeur, et dont la vieillesse détruit l'intérêt. Rien de sauvage, rien de saisissant, rien qui émeuve. Tout y est domestiqué dans la faune et dans la flore, et l'arithmétique a presque entièrement détruit chez l'autochtone l'art qui pourrait consoler de cette conquête trop centenaire ou, plus moderne, s'en inspirer. En vain, parfois, je morigène la folle du logis mécontente. L'indocile se cabre, et, pour toute réponse, évoque malgré moi l'Amérique du Sud, la forêt vierge, l'Afrique et le désert noyé de soleil. Celles-ci sont les jeunes maitresses dont chaque caresse recèle une révélation, celles qu'on aime, qu'on désire, qu'on regrette. Leurs charmes primitifs soufflent des passions brûlantes comme elles, et leur coquetterie, pour nous mieux prendre, s'arme de dangers. Il faut se battre pour les posséder, jouer du sabre d'abatis ou de la carabine, affronter les grands fauves ou l'indigène plus cruel, mais les bonheurs qu'elles donnent sous leurs arbres monstrueux, sous leurs cieux éclatants, sont dignes des épreuves qu'elles exigent. L'Extrême-Orient, au contraire, la Chine du Sud et l'Indo-Chine du moins, c'est la vieille maîtresse, dont les bras tatoués ont pressé des générations. Caduque, lasse à mourir, l'antique courtisane s'est ossifiée. L'âme est morte en elle : sa chair trop foulée s'est banalisée, son ciel a pris les tons passés des ciels de lit des anciennes alcôves ; parfois il s'embue de vapeurs. Aussi se pare-t-elle violemment, relique édentée, chère aux archéologues. Fardée, musquée, luisante, elle ressemble à une châsse qu'un enfant aurait ornée en même temps qu'un artiste. Or et chrysocale, argent et étain! Mais les métaux ne s'y mêlent point seuls. La robe est de soie reprisée de coton, la soutache grossière y continue les broderies ; diamants et stras, nacre et paillettes s'y heurtent, misérables et luxueux, scintillants par-ci, ternes par là, inharmonieux toujours. Œuvre d'art et jouet d'enfant à la fois. La curiosité de cette énigme fait la seule attirance de la vieille attardée. *Ulcus an facies?* murmure l'Européen, et il la visite, les navrements entrecoupant surprises et joies. Une idole polynésienne dont un Phidias a plissé les draperies, qu'un peintre en bâtiment a enluminée, qu'un impressionniste japonisant a coiffée et que la main d'une enfant, lasse de sa poupée, a jetée, guenille inutile autant qu'invalide : voilà à notre point de vue esthétique la vieille Chine !...

On me dira que la poésie n'est pas tout en voyage, et que les laideurs bariolées de l'Extrême-Orient, par leur originalité même et par le pittoresque de leur pullulante vie, sont pour tenter un peintre réaliste. Je n'y contredirai point, et cependant, ne voyage-t-on pas dans l'espoir de trouver autre chose? Certes, à défaut du Niagara, la cascade des Buttes-Chaumont est sinon curieuse et belle à voir, du moins intéressante à dépeindre. Encore faut-il avoir le loisir de l'étudier et le temps surtout d'observer ses visiteurs. Les Buttes-Chaumont n'auront, littérairement, de raison d'être que si l'écrivain y promène la noce de l'*Assommoir*. La Martinique vue du fort Desaix, les goulets de la Trinitad, la forêt du Haut-Maroni, le Pic d'Adam à Colombo, voilà, par contre, des tableaux qui n'ont pas besoin de l'homme. J'ai dit tableaux : le reste est cadre. Tableau la baie d'Along, cadre la rivière de Canton. Voit-on maintenant où j'en veux venir? Comment le voyageur qui passe, rapide, en un pays où tout lui est inconnu, hommes et langues, pourrait-il utiliser ces divers cadres? Çà et là, il en note les saillies, les dorures extravagantes, en un mot les points qui accrochent le plus ses regards, et, au souvenir, dans son cerveau surchargé d'images, surgissent le plus crûment dans le papillotage général. J'estime que six mois à Canton en compagnie d'un interprète européen — l'interprète indigène ne démêlant rien de nos curiosités ou mentant effrontément — ne seraient point un trop long séjour à qui voudrait écrire sur cette ville étrange vingt pages exactes et colorées suffisamment pour la faire vivre aux yeux du bon lecteur.

Il est vrai encore que certaines gens, danseurs de corde du paradoxe, ne détestent point la tradition humoristique des voyageurs imitation Swift. Ceux-là se pâment quand on leur écrit :

— Tous les Annamites sont borgnes. Les oculistes

feront sagement, à la paix, en n'exportant ici que des monocles...

Mais outre que ce genre fantaisiste exige, comme un civet un lièvre, de l'humour, c'est-à-dire, pour nous Français, de la verve et de l'esprit — denrées que je n'ai point l'heur de loger en mon sac de touriste, — il répugne un peu à mon instinctif besoin de vérité. Je voyage entre douze et treize nœuds à l'heure : je n'étudie ni n'écris point de même, et tout l'or de la caisse du *New-York Herald* ne me déciderait point à parler des choses que j'ai seulement entrevues. Néanmoins, je ne récrimine pas. Foin des clichés où l'on pleure sur l'antique diligence ! La vitesse est une volupté dans tous les modes de locomotion, et le sage regardant le voyage comme un rêve dont au réveil on se souvient, on doit rêver vite pour rêver souvent.

Les glob-trotters — généralement des gentlemen oisifs — ont, je le sais bien, mis à la mode, et aux vitrines de Plon, les brèves relations de leurs courses autour du monde. Celles que j'ai sous les yeux fourmillent d'erreurs et semblent écrites par le maître d'hôtel d'un paquebot. On souffrira à Paris que sans les rééditer, je me borne à envier leurs heureux auteurs.

Au reste, ma mélancolie se console à penser qu'au fond, rien n'est perdu de ces choses trop hâtivement vues. Un cadre s'utilise toujours. Voici justement la jeune école américaine qui commence à placer par les plus exotiques milieux le théâtre de ses romans. Si donc de Macao, où j'ai passé vingt-quatre heures à peine, si de Canton dont une effrénée passion du bibelotage ne nous a montré, à Bourde et à moi, que les inoubliables boutiques, je n'envoie nulle description, les notes et les souvenirs que j'en rapporte me serviront plus tard. Dans ce cadre chinois, se développeront romans et nouvelles, et leurs descriptions, écourtées par l'action mais liées à l'étude des personnages, seront peut-être moins fastidieuses qu'en ce livre trop fastidieux déjà.

Que si enfin l'on m'objecte que j'aurais aussi tôt fait de transcrire, malgré leur brièveté, mes impressions de portefeuille, au lieu de me disculper à longues et ennuyeuses pages, je me tiendrai pour battu, mais je m'excuserai d'un mot :

Il pleut sur la praya ; il pleut à verse. Hong-Kong a ce matin, des airs londoniens, spleenétiques à mourir, et, autour de moi, des mangeurs-de-Français roux et roses s'ingurgitent incessamment d'atroces *sodas-water* !...

Hong-Kong, 18 mai.

Le *Victoria-Hôtel*, où nous sommes descendus, possède une terrasse qui domine la praya, et d'où le coup d'œil est merveilleux. C'est la rade avec ses trois ouvertures si bien masquées par les navires et par les rochers resserrant les passes qu'on la pourrait prendre pour un lac. Une flotte y dort à l'ancre, s'y amarre aux appontements. Or, rien n'égale la richesse de ce coup d'œil. C'est la forêt de mâts classique, mais une forêt animée, vivante, où la fumée des innombrables cheminées de steamers monte entre les vergues, comme la fumée des cabanes de bûcherons se volute entre les branches.

La ville, conquise sur la montagne, dévale jusqu'à ce lac, y mire ses maisons pareilles à des palais, et ses roches escarpées, et les merveilles de végétation que le patient et industrieux génie anglais a fait produire aux pierres de l'île elles-mêmes ; mais elle ne m'inspire que tristesse, cette ville superbe à laquelle nous n'avons point encore su créer de rivale. La rade elle-même m'irrite, charriant, comme les rues, des millions. Ici, tout sue l'or, tout est lucre. Le tintement des piastres que les *compradors* chinois comptent, de l'aube au soir, dans les banques et dans les comptoirs anglais et allemands des quais ou de Queen-street, plane sur la ville entière, semble être la musique qui rythme la fiévreuse animation de ce peuple affairé.

Je cherchais, avant-hier, à démêler quelles sensations me paralysaient, et me laissaient maussade, l'œil vagabond, en face du papier blanc de mes lettres, interrompues. Hélas! ce n'est pas que ce parfum de mercantilisme répandu sur Hong-Kong. Ma poésie, qui protestait contre la laideur plate à peu près générale en Extrême-Orient, s'accommoderait fort bien, au contraire, de cette chasse furieuse au gain. A défaut de la forêt vierge et du Désert, va pour une Bourse! La vie sous toutes ses formes empoigne quand une passion l'émeut. Cette fièvre commerciale, cette danse des millions, cette lutte avec le sol dont le roc résiste, et avec la civilisation orientale dont la vieillesse se révolte devant le progrès européen, voilà certes, des choses captivantes, car, avant tout, ils sont modernes mes caprices. Un sonnet de Baudelaire, un site comme la baie d'Along les poussent à l'admiration, mais tout autant peut-être la scientifique conquête d'une terre ingrate et d'un peuple inférieur. Mes enthousiasmes enfin sont complexes. L'isthme de

Suez percé leur semble aussi beau qu'une toile de Millet, et la vue d'un port asiatique où renâclent cent vapeurs bondés de marchandises et envahis par une foule bigarrée qu'étreint ou qu'exaspère la même folie aborieuse, leur paraît égaler la plus personnelle des œuvres d'art. Il vaut bien un combat de gladiateurs, le *struggle for life* de la science contemporaine !

Par malheur, mon patriotisme a la mesquinerie voulue des sentiments qui absorbent : ce port asiatique est veuf de nos trois couleurs ; il n'est ni notre œuvre, ni notre conquête ; il appartient à un peuple qui nous hait et que je déteste ; — voilà pourquoi ma tristesse me laisse sans désirs de le décrire, abattu par une admiration boudeuse sur la terrasse de l'hôtel Victoria.

On ne dira jamais assez combien peu l'on nous aime hors d'Europe, et quelle bile anime les Anglais contre nous. Dans ces quinze derniers jours, à constamment entendre le méprisant « *Frenchman* » dont on insulte ici tout ce qui est nôtre, je m'imaginais être encore en Allemagne, au lendemain de la guerre...

Hong-Kong, 28 mai.

L'heure du retour a sonné : le *Djemnah* des Messageries Maritimes chauffe à mi-rade, en face de l'hôtel ; demain il m'emportera loin de Chine. Déjà la pensée de la traversée dernière adoucit la mélancolie où m'a jeté le départ de Paul Bourde. Plus heureux, mon cher compagnon revient en France par le Japon et les États-Unis ; l'autre semaine, je l'ai conduit à bord de la *City of Tokio*. Depuis, si ce n'est aux rares moments que peuvent me donner nos quelques compatriotes établis à Hong-Kong, je rumine une déplaisante sensation, conséquence ordinaire de la solitude en un pays étranger dont on ignore la langue. Cela n'est pas, non plus, pour peu dans ma paresse. Les conversations avec un ami, l'habitude de juger différemment les choses vues ensemble pour l'unique plaisir souvent de discuter : voilà les meilleurs stimulants littéraires que je sache. En les perdant, j'ai senti de la tristesse. Notre jeune amitié d'ailleurs s'était développée dans des épreuves communes : les causeries affectueuses, souvent pareilles à des confidences et si faciles au bivouac où jamais on n'est sûr de demain, l'avaient resserrée : mon égoïsme de touriste n'a donc pas souffert seul de cette séparation. Mais la vie s'écoule ainsi. Chaque vent qui passe nous enlève un lambeau d'affection, bourgeons ou feuilles complètes, tout s'envole. Heureux ceux que la mort abat avant qu'ils se soient vus dépouillés, la sève éteinte !...

Ce soir, mes malles fermées, je m'oublie sur la véranda en attendant le traditionnel dîner d'adieux. Et ma lassitude n'a plus d'impatience, à sentir tangible, très prochaine, la fin de mon spleen. Comme à la veille de tous mes embarquements, je *prépare* l'impression sur laquelle je veux rester pour l'évoquer d'un seul coup, plus tard, et bien vivante. C'est un tableau que je me brosse, une photographie plutôt que j'arrange. Le fond en sera cette ligne de montagnes qui, au-dessus de Kao-Lown, ferment la rade, montagnes rouges, rocheuses, sans verdure, mais pittoresquement découpées et se profilant, superbes, sur le ciel. A leur pied sera la rade, bleue comme à Toulon, et flambant au centre, sous une averse de soleil tropical. On la verra par bandes irrégulières, plus bleue encore ainsi, entre les files de navires, steamers monstrueux, courts voiliers, clippers étroits, jonques massives. Et je rendrai à cette marine sa vie intense, sa fièvre de travail sous l'éclaboussement de la lu-

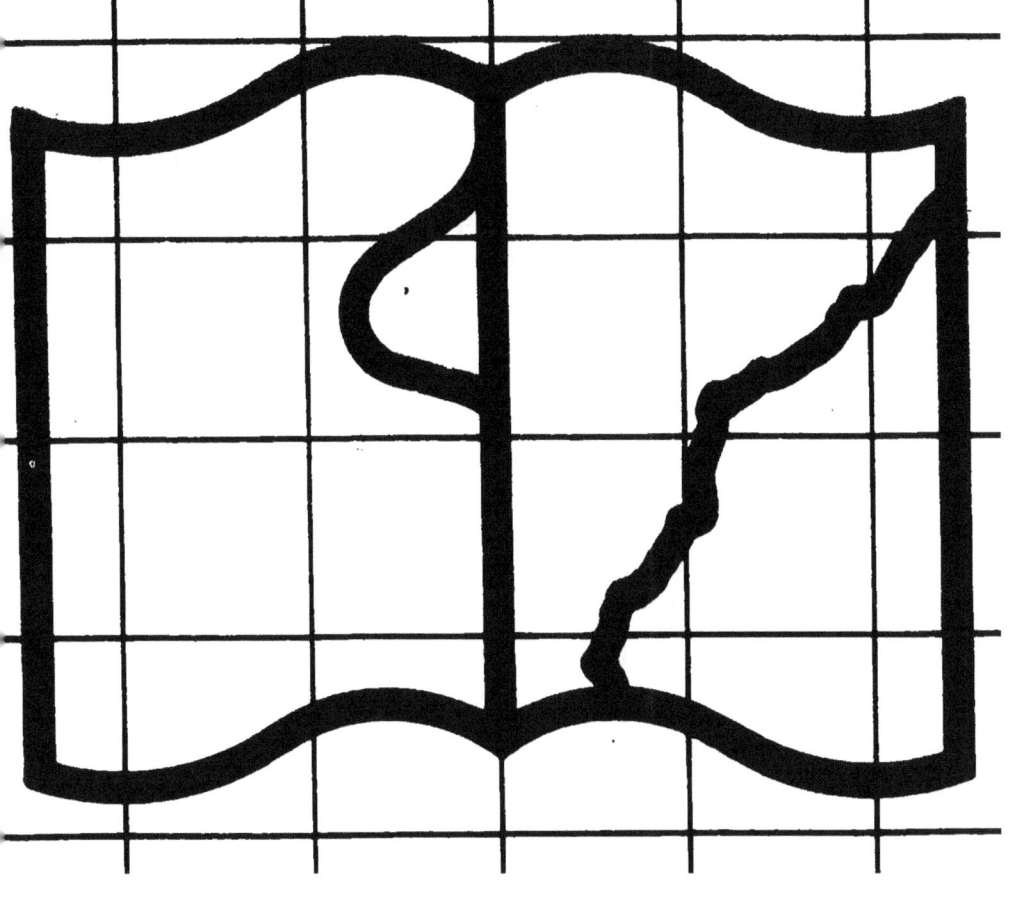

mière. Le quai formera le premier plan. Une foule y grouillera, comme à cette heure, avec ses types, et ses costumes étrangement multicolores. Or, pour mieux graver en moi l'image de son défilé, je m'accoude au balcon, et la prunelle prise, je m'amuse à suivre à perte de vue, jusqu'à ce qu'un torticolis me fasse retourner, la frétillante théorie. Je note tous les membres du cortège : les coolies chinois demi-nus et bronzés à sembler nègres qui galopent, portant sur d'immenses bambous une gracieuse chaise, ou traînant la djirinkicha, cabriolet minuscule et laid, — les Parsis vêtus en gentlemen et coiffés d'une tiare, — les riches Célestials habillés de soie bleue, et parfois arborant un feutre mou, souvenir de San Francisco de « Cisco », d'où ils s'enorgueillissent d'être revenus — les commis anglo-saxons, adolescents roides, gravures de mode animées, qui se pressent, mâchant ce seul mot : *Business*, et percent la foule, violemment, pour porter au patron le dernier cours du change à Londres et de la piastre à Shangaï ou Calcutta, — les matelots allemands ou anglais qui titubent, le chapeau su, l'oreille, — les policemen indiens aux yeux d'escarboucle, — les soldats de la Reine, la badine à la main, crevant de graisse et rêvant de désertion, — les employés macaïstes, pauvres serfs qui s'essaient à singer leurs maîtres et qui tiennent de leurs parents portugais et chinois une invraisemblable fusion de laideurs...

Je les suis tous, las de les cataloguer, la paupière

OU L'AUTEUR EST LAS, ET LE PR[...]

...ourde à la fin, et battant devant le mo[...]
des têtes. Puis ce sont les femmes seules [...]
sidère : les prostituées chinoises et ja[...]
s'en vont, voiturées par des coolies, parée[...]
châsses et crûment fardées, les femmes [...]
tête voilée comme des religieuses, et n[...]
pérément ; les Européennes enfin... Oh ! [...]
John Bull, les anguleuses et suaves créat[...]
vont jouer au law-tennis, escortées de [...]
midship's qui, plus roses dans leur blanc[...]
flanelle, portent gravement leur raquette e[...]
liers à semelle de caoutchouc. *Misses* des[...]
où êtes-vous donc ? Pourquoi faut-il que [...]
aie jamais rencontrées, si ce n'est aux vitri[...]
pil, depuis des années que je voyage ? Et [...]
être follement jolies pour faire oublier tout[...]
ricaturales compatriotes !... Par bonheur, [...]
jeunes filles et les dames de la gentry, dé[...]
ques Américaines. Celles-ci du moins sont [...]
habillées, celles-ci du moins sont jolies, ma[...]
refuserait certainement l'entrée de notr[...]
Boulogne. J'en vois deux, grises encore de [...]
leur tenue ne semble étonner personne : car [...]
Unis fournissant les ports chinois de ces j[...]
qui y vivent en saint-simoniennes, la pu[...]
anglaise, toujours pratique, tolère aisémen[...]
braillé de rapport. Malheur, du reste, au [...]
qu'une reconnaissance mal placée pousse à [...]
dames au passage ! On le montre du doigt...

AU TONKIN

oule, le soleil tombe. Aux premiers ré-
s'allument, je me laisse aller dans mon
. Le tableau que je veux emporter est à
is en mon souvenir. Demain à pareille
considérerai plus que le ciel et la mer...
 de la Chine. Et sur cette pensée, l'œil
 revois mentalement d'autres chinoiseries
ont ma mobilité cérébrale me donnera
ant un an, le court regret! Macao reparaît

 morne ville, triste et silencieuse... Macao,
lamnée que le typhon ravagea et que
s cruel a laissée au navrement de ses
us étrange que tout ce que j'ai visité, elle
mière, avec ses rues silencieuses où mes
t seuls quelque bruit, avec son port désert
a boue, avec les décombres laids qui disent
 sa prospérité déchue et de sa gloire morte
 tout jamais.

t, comme il faut que les visions du touriste
ent toujours en quelque point autour duquel
t ses divers souvenirs, je retrouve la maison
'excellent vieillard qui possède le parc où
amoëns... Je le retrouve lui-même, le brave
exilé, souriant, ratatiné, touchant et ridi-
ffabilité joyeuse nous reçut dans un salon
si poussiéreux, que, malgré le meuble em-
is le crûmes un instant contemporain du
. Avec des grâces de bonhomme en Saxe, le

bon Portugais nous versait d'un vin pareil à du sirop, vénérable à faire mal, et qu'on dut sans doute embouteiller l'année du grand tremblement de terre de Lisbonne. On feignit de le boire. Le vieillard claquait de la langue entre ses mâchoires édentées, puis, ravi de s'exprimer en français, commençait des histoires. Notre idiome, il l'avait appris dans les romans philosophiques du dix-huitième siècle, et la forme surannée de ce parler complétait sa vieillesse à merveille. Il avait un registre où chaque voyageur consigne son passage. Nous signâmes à deux doigts du paraphe pâli et cinquantenaire du prince de Joinville, car les touristes sont rares à Macao : le vétéran mourra sans avoir vu remplir plus de deux feuillets de son album.

En le quittant, on devait une visite à la grotte du Camoëns ; notre sainte ignorance française put s'étaler à l'aise devant le monument, d'ailleurs sans goût, qu'une tardive piété a consacré au poète, et que de fort mauvais vers souillent de tous côtés. Sous toutes les latitudes, il faut que des commis-voyageurs qui, parfois, sont gens du monde, bavent des sottises au pied des monuments publics, ou sur les livres d'or des pèlerinages de l'art ! Tout en les déchiffrant, mes compagnons s'interrogeaient sur Camoëns. Suave éducation universitaire ! Le plus savant d'entre nous rajeunissait le poète d'un demi-siècle, et je ne pus venir à bout de citer la fameuse scène d'Adamastor, le géant des tempêtes. Sur quoi, un enseigne du *Lutin*, à moins que ce ne soit le docteur du bord, nous fit former autour de la statue un vaste cercle qui, bientôt, se mit à tourner comme une ronde d'enfants, comme un *monôme* d'étudiants. Nous chantions — l'aveu palliera peut-être ce crime de lèse-majesté ! — le dernier refrain de café-concert rapporté de Paris :

> Les Portugais sont toujours gais ;
> Qu'il fasse chaud, qu'il fasse frais,
> Les Portugais sont toujours gais !...

A quoi tiennent pourtant les associations d'idées ? Voilà qu'à présent, cet air banal et ces paroles bêtes à pleurer se lient intimement en ma cervelle au souvenir d'un des plus grands poètes que les races latines aient donné à l'humanité. Si quelque soir, je retrouve Arsène Houssaye au café-concert des Ambassadeurs, me croira-t-il lorsque, à l'audition de cette chanson stupide, interrogé par lui sur mon silence rêveur, je répondrai, très naturellement :

— Cher Parisien de Paris, je songe au Camoëns ! Existe-t-il une traduction lisible des *Luciades* ?

Involontairement, de Macao ma pensée retombe à Canton, mais, par la même loi, mes souvenirs se ramassent encore là sur un coin particulier. Ce ne sont ni la rivière des Perles, ni le port, ni les bateaux-fleurs, — chastes restaurants à tort célébrés par une légende aussi fausse que les diverses légendes courant sur la Chine, — ni la Concession européenne de Chamyne où, leur territoire toujours inutile et nu, la France et les Français vivent à l'auberge chez les Prussiens et chez les Anglais, prospères jusqu'à la pléthore, ce ne sont enfin ni les monts-de-piété, logés dans des tours élevées, ni la pagode des Cinq Cents Génies, ni la pagode des Cinq Étages, ni les merveilles diverses de la ville qui, au passage, happent ma rêverie flâneuse. Ce que je revois, c'est une rue :

Longue, étroite et sombre, elle file entre des maisons dont on ne découvre point les toits. Des nattes, tendues d'un rez-de-chaussée à l'autre, couvrent les dalles d'un dôme que la lumière perce par endroits seulement. On dirait un de nos passages parisiens, toituré de vitres sales. Point de trottoirs : deux mètres séparent les boutiques qui se font vis-à-vis. Dans cette ruelle, un fleuve coule, indescriptible, et étrange à affoler le poète ou le prosateur qui le voudraient représenter. Ce sont des Chinois et des Chinoises de tous rangs et de toute profession, dont on s'étonnerait moins sans nos idées préconçues d'Européens mal informés.

Les gens du peuple nous coudoient, vêtus simplement d'un très court pantalon bleu, pareil à celui de nos journaliers, mais plus large. Le torse est nu, jaune à peine, glabre, et rayé entre les omoplates par le serpentement de la queue du chignon. Coudoyant ces ouvriers, dans une démocratique égalité, des lettrés circulent, roses, violets et noirs. La soie de leurs robes splendides est mince et transparente. La lumière vague filtrant d'entre les nattes obscurant la rue y casse des éclairs changeants. Des bonzes, au crâne couturé de cicatrices, croisent les lettrés, puis des marchands dont l'obésité semble obscène. Çà et là circulent des soldats déguenillés ; une tunique de toile constitue leur uniforme, timbré, par devant et par derrière, d'une lune blanche sur laquelle, en caractères rouges, s'étale la notation matriculaire de leur régiment. Ils passent, nous regardent, crachent dans la direction de nos chaises à porteurs, expectorent un cri de mort que l'interprète n'ose nous traduire, puis se rangent devant le palanquin historié d'une aristocratique chinoise. La promeneuse se dissimule derrière les stores, nous épie furtivement avec son éternelle curiosité de femme pour le Barbare dont frères, amants et maris rêvent ou préparent devant elle la vengeresse extermination.

Il n'est pas à Canton de circulation possible pour les voitures. Nous n'en voyons point. La foule n'est composée que de piétons. Nos minuscules chaises, ainsi que celles où se prélassent des indigènes, ne peuvent elles-mêmes avancer toujours. Les porteurs, couronnés comme de vieux chevaux, les épaules ensanglantées par le poids des brancards, ruissellent, mais trottinent sans relâche avec l'éternel cri chinois de « gare ! gare !... » qui ressemble à un aboiement. Par moments, contraints enfin de s'arrêter, ils figent autour d'eux le courant humain dans une passagère stagnation. D'aucuns alors, pour ne point perdre leur vitesse initiale et leur entraînement, piétinent sur place, pareils à des conscrits. Et, entre leurs jambes, des gamins incessamment se faufilent, comiques et parfois demi-nus. Nous assistons à des sorties d'écoles semblables aux nôtres. Des enfants, une houppette sur le crâne, caricaturent leur maître avec un morceau de charbon sur les murs. D'autres nous tirent la langue et rient, pleins de grimaces. Une odeur forte, faite de relents de sueur, de parfums d'épices, d'aromes opiacés, d'exhalaisons de halles, de parfums féminins et de toutes les puanteurs humaines, roule avec la cohue des passants. Nos rues, aux jours d'émeute ou à la Mi-Carême, ne sont pas animées davantage dans une atmosphère plus raréfiée. Muets de surprise, nous regardons de tous nos yeux l'enveloppante foule. Dans nos étonnements, un étonnement bientôt l'emporte, désillusionnant presque. Au costume et à la langue près, tout ce monde est européen. Voici des rôtisseries que la rue du Faubourg-Saint-Denis pourrait revendiquer pour siennes, des bouillons Duval qu'avec les bâtonnets en moins le boulevard croirait à lui, des magasins de bijouterie dont l'intérieur, voire les vitrines, rappellent à s'y méprendre les magasins du Palais-Royal ou de la rue de la Paix. Mais que dire des boutiques de curiosités ? Pareillement aménagées à la française, il nous semble les avoir déjà vues, aux environs de l'Hôtel des Ventes, ou boulevard Haussmann. Plus frappantes encore les échoppes au seuil desquelles, arrêtés par une croissante marée d'hommes, nous stationnons toutes les deux minutes : bazars « tout à treize sous », éventaires de faux jade, décrochez-moi ça des antiquaires du rebut, bric-à-brac pittoresquement sales, baraques où l'on ravaude cuir et laine... Des chiens, des oiseaux les peuplent comme nos loges de concierges. Dans les arrière-salles, des mirotons aliacés empoisonnent dans un cercle de moutards que l'odeur du fricot distrait de l'abécédaire chinois étalé sur leurs genoux. Puis, ce sont des musiciens ambulants, des mendiants, des diseurs de bonne aventure, des conférenciers au nez chaussé de lunettes, Sarcey de carrefours, ou des marchands de chansons. La rue a des kilomètres de longueur, se coupe par des agglomérations de professions semblables, dont les magasins s'accolent par séries. Là les luthiers, là les cordonniers, outillés classiquement comme les nôtres, là les fabricants de jouets d'enfants, là les faïenciers, là les ébénistes. Des devantures surchargées de comestibles coupent seules leurs files régulières : poissonneries très propres où, purifiante, l'eau coule de toutes parts, par blanches cascades, sur les entrailles roses des poissons, sur les écailles azurées et changeantes, sur les sombres coquillages ; boucheries et triperies, où des porcs fraîchement écorchés et rubescents, des chiens à la peau dorée par la fumée de l'âtre, s'égouttent sur des linges blancs entre des assiettes garnies, très appétissantes ; fruiteries et épiceries où les concombres, les salades aquatiques, des fruits mûrs, des fruits séchés au soleil, les ailerons de poisson, des cartilages inconnus de bêtes, les vers à soie frits à l'huile, les conserves innommées, des vermicelles vivants dont la putréfaction grouille au fond des porcelaines, où mille denrées inconnues, odorantes, menues, s'étalent sous les vols lourds des mouches, pour la folie des yeux et la torture de l'estomac...

Des faits-divers dont à Paris notre pupille a contracté l'accoutumance, peuplent la chaussée de bruits plus forts, distrayants ou pitoyables. C'est un voleur à la tire qu'on arrête, un criminel qu'on transfère ou que l'on confronte, une chaise dont les brancards se cassent, un débiteur insolvable dont, au milieu des cancans d'un quartier, les huissiers — engeance impitoyable sous tous les cieux, — marbrent d'affiches sang-de-bœuf la misérable devanture, une famille en larmes qui pleure sur un cercueil, parfois encore une noce, un baptême bouddhiste, une prise de bec entre commères, une vente de mont-de-piété. La vie revêt des formes pareilles sous toutes les latitudes, et Canton a quinze cent mille habitants ! Alors, las de la non-nouveauté de ces rumeurs et de ces agitations, nous nous rejetons sur l'observation des choses ou des types isolés.

Ce soir, je reconstitue ainsi — vivantes à les croire encore sous mes yeux, — certaines femmes du peuple, mal vêtues, en guenilles presque, qui, transfigurées par leur maternité triomphalement heureuse, portaient sur leurs bras, à quelque fête de famille, des fillettes assez grandes pour marcher, mais qu'elles craignaient de salir ou de blesser dans la foule. Les gamines, vêtues de soie miroitante, dominaient ainsi la cohue, et immobilisées, abêties par leur coquetterie, savouraient le bonheur de leur endimanchement criard, la joie d'être fardées à cru comme les modèles de nos modistes rustiques ; leur sourire fixe, leur œil hiératique en faisaient les reproductions fidèles et réduites des idoles d'Asie.

Ensuite, je découvre, comme photographié en moi, le cortège d'un haut mandarin qui se rend chez le vice-roi. La misère et la pompe orientales, le luxe et le haillonnage s'y confondent. Ce sont des marmiteux qui portent des parasols, des flambeaux, des idoles de bois invalides ou fendues, des drapeaux loqueteux, des insignes sans forme ni couleur ; ce sont des soldats déguenillés, superbes et ridicules, sous leurs défroques de figurants de cirque, sous leurs armes de pompiers chinois. Derrière leur armée de porte-piques, de porte-bannières, de clients, de mendiants, de solliciteurs, d'argousins, de moutards, s'avancent quelques chefs militaires juchés, comme des singes, sur des poneys tout en crins. Ils ont des selles orange, des harnachements couleur chrome, des étriers de deux kilogrammes, des uniformes écarlates, sales et râpés. Ce sont des braves, moustachus à la façon des chats, imberbes du menton. A notre vue, ils se redressent, paradent, ricanent, ravis de nous voir nous coller contre les murs, désireux de ne point être écrasés et, à tout dire, peu rassurés par les goguenardes clameurs, parfois menaçantes, du public. Un chapeau de lampe en soie jaune terminé par un bouton de jade ou de corail d'où retombe un gland de soie carminée, coiffe ces mandarins farouches. Leur troupe précède une chaise dans laquelle se vautre un poussah de paravent, ventripotent et flasque, aux yeux abrités d'énormes lunettes, qui nous sourit au passage et ressemble à un tenancier de maison publique. Volontairement, dans ce rappel d'impressions, j'oublie, malade encore, les musiques grotesquement infernales qui escortent le haut personnage...

D'ailleurs, ce défilé n'est qu'un incident de la rue. La rue elle-même m'obsède davantage, plus intéressante. J'en rebâtis les boutiques aux piliers laqués, et, dans le fond de leurs alvéoles, les autels des ancêtres mouchetés jour et nuit par les flammes blafardes de cierges parfumés ; à côté des porches, je revois le buste ou l'image du Plutus chinois au nez duquel roussine une baguette de papier, traditionnel hommage. J'en reconstitue surtout les parties non-européennes, vraiment étranges, vraiment neuves, et surtout les enseignes verticales accrochées par le haut aux devantures et perpendiculaires au sol, les planches bariolées qui font ressembler les ruelles cantonaises à d'infinis couloirs de théâtre, glissant entre deux haies d'interminables décors. Merveilleuses sont ces enseignes, soit qu'une nacre azure, dans le bois de teck, le creux zigzaguant de leurs lettres idéographiques, ou qu'une dorure mate, qu'un plaquage d'argent fassent scintiller leurs caractères ; soit que ceux-ci enfin, purpurins ou verts, s'étalent en reliefs étranges sur la laque luisante dont la clarté fugitive qui tombe entre les toits, adoucit les miroitements. Inégales, variées à l'infini, humbles ou larges, elles peuplent la rue de reflets divers, de sautillements de couleurs, d'arcs-en-ciel aux cassures roides. Souvent, à des angles, elles paraissent masquer la suite de la rue, titillent la rétine de leur muraille illuminée, dans laquelle couleurs fauves, rutilances de prisme, irradiements de vernis se contrarient à peine, attendris par la pénombre.

Et je songe à ceux de mes amis, peintres doués, à qui notre esthétique officielle et notre Ecole démodée de Beaux-Arts ont passé au cou le carcan ; je songe aux castrations de talents, fruits des ventes assurées par ce temps de Mécènes yankees... L'an prochain, je les retrouverai au Salon, ces peintres condamnés aux antiquailleries classiques, ou aux tableaux de genre déjà faits, exposant les sempiternels ressouvenirs de la villa Médicis et de l'Espagne. A pas un, l'idée ne sera venue de retremper son imagination dans un voyage en l'Extrême-Orient, et, par exemple, de rendre sur la toile, cette rue principale de Canton qui me hante, que j'ai là sous le crâne, mouvementée, colorée comme je l'ai vue, mais qu'avec un outil puéril dans ma main malhabile et novice, je m'exténue bêtement à rendre par blanc sur noir, sur du papier, en cette lettre suprême qui, imprimée, fera sourire les confrères, mais, par contre, me fera pleurer sur mes impuissances d'écrivain !

Baste ! à quoi bon rêves et regrets ? la fosse commune est au bout des résignations comme des ambitions. Qu'on s'y traîne en cul-de-jatte, qu'on y galope sur de vacillantes échasses : tôt ou tard, on y tombe. Alors à quoi bon se souvenir ? à quoi bon prévoir ? à quoi bon souhaiter ?

Ma tâche est faite : foin du reste ! Si je ne sais pas rendre mes sensations d'artiste, je ne les en aurai pas moins goûtées ! Est-il besoin, après une voluptueuse nuictée d'amour, de trompetter sur les toits l'analyse de ses jouissances, pour en ruminer longtemps, dans la solitude propice aux rêves, le savoureux et très vif souvenir ?

Adieu, Chine ! adieu, lettres d'étapes ! Voici venir, voyageur, le moment suprême et le dîner d'adieux ! Le champagne se frappe dans les glacières et tes compagnons d'un jour préparent tout bas leurs toasts ! Secoue-toi sur un dernier regard à la rade où des feux s'allument, vers-luisants de cette mer qui, demain, te bercera !... Elle a sonné, l'heure du retour, l'heure du repos — précédant le moment des déconvenues littéraires pour le voyageur fantaisiste, oublieux des conventions...

Au diable tout ! Je veux boire ce soir par avance à tous ceux qui m'attendent, à ceux qui m'aiment, à ceux qui me haïssent, à ceux enfin qui, bouche bée, me guetteront au débarcadère pour me demander, ahuris, quelle fantaisie m'a poussé d'aller, à quatre mille lieues, tâter de la cuisine anglaise, des balles chinoises et de la crasse annamite !

Car, déjà, pour me consoler de tout, je la déguste,

la joie du retour, et je le profère tout haut, devant mon boy qui me croit fou, le vers délicieux du bon La Fontaine :

J'étais là : telle chose m'advint...

Il y a bien quelques amis que cette citation de bachelier ne contentera qu'à moitié. A ceux là, je réserve la riposte de Dickens : elle fermera la bouche aux amitiés les plus indiscrètes.

— Qu'alliez-vous chercher en Amérique ? demandait-on au poète des déshérités.

Le doux conteur des Christmas répondit :

— La joie d'en revenir !

Et Dickens était Anglais !...

FIN.

TABLE DES MATIÈRES

		Pages
I	Départ	1
II	En route	11
III	A l'étape	20
IV	Un début	30
V	De Hanoï à Bac-Nihn	39
VI	Premières impressions	109
VII	L'Opium	130
VIII	Le Sang	142
IX	De Hanoï à Hong-Hoa	157
X	La Colonie idéale	190

TABLE

		Pages.
XI	A travers Hanoï.	207
XII	Hanoï et l'art annamite	225
XIII	En Sampan	245
XIV	Retour	263
XV	La Paix.	282
XVI	Où l'auteur est las, et le prouve	304

SAINT-QUENTIN. — IMP. J. MOUREAU ET FILS.

APPORT 20

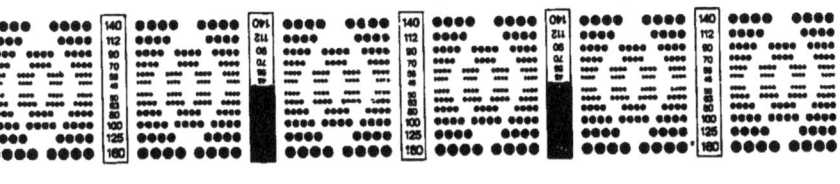

CETTE MICROFICHE A ETE REALISEE PAR LA SOCIETE

M S B

1992

www.ingramcontent.com/pod-product-compliance
Lightning Source LLC
Chambersburg PA
CBHW060327170426
43202CB00014B/2691